KOSMOS NaturReiseführer

Rainer Waterkamp
Winfried Wisniewski

Ostafrika

Kenia, Tanzania, Uganda
Tiere und Pflanzen entdecken

Kosmos

Ostafrika – Das Herz Afrikas **4**	Tsavo East und West:
Geschichte:	Zweigeteilte Schönheit 47
Von Eroberern und Entdeckern 6	Amboseli:
Politik: Von der Kolonie zur	Im Angesicht des Kilimanjaro 51
Unabhängigkeit 13	Lake Jipe:
Wirtschaft mit Struktur-	Grenzsee zu Tanzania 53
problemen 14	
Geographie: Zwischen Küste	**Zweiländer-Reise durch**
und Hochgebirge 15	**Kenia und Tanzania** **54**
Geologie:	Mount Kilimanjaro:
Wo tektonische Kräfte wirken 18	Das Dach Afrikas 56
Bevölkerung: Museum der Völker 19	Auf der Nordroute durch
Flora und Fauna:	Tanzania 58
Safariparadies Ostafrika 22	Ngorongoro Crater:
Klima und beste Reisezeit 26	Das achte Weltwunder 62
	Serengeti National Park:
Mombasa und die Küste	Die unendliche Ebene 64
Kenias **28**	Die Masai Mara:
Mombasa: Das Tor zu Ostafrika 30	Höhepunkt der Kenia-Safari 70
Die Südküste:	
Paradies für Badeurlauber 34	**Lake Victoria: Rund um den**
Die Nordküste:	**Dreiländersee** **72**
Strände und Swahili-Stätten 37	Der Lake Victoria in Tanzania 74
Lamu Town:	Kenias Lake Victoria und
Stadt aus 1001 Nacht 41	westliches Hochland 79
Safariparadiese im Süden	**Nairobi und der Norden**
Kenias **44**	**Kenias** **84**
Heia Safari:	Nairobi:
Ausflüge von Mombasa 46	Ort am „kalten Wasser" 86

Inhalt

Central Highlands: Hochland unter dem Äquator	90
Off-Road-Abenteuer in Nordkenia	93
Die Wüstenroute zum Lake Turkana	96
Im Grabenbruch: Die Seen des Rift Valley	100

Dar es-Salaam und die Küste Tanzanias	**102**
Dar es-Salaam: Der „Hafen des Friedens"	104
Zanzibar: Die Gewürz- und Zuckerinsel	107
Die Küste Tanzanias: Geschichte und Kultur	112

Der unberührte Süden von Tanzania	**116**
Selous Game Reserve: Größtes Reservat Afrikas	118
Ruaha National Park: Fern der Touristenrouten	121
Der Lake Malawi: See der Sterne	123
Vom Lake Malawi zum Lake Tanganyika	124
Lake Tanganyika: Der zweitgrößte See Afrikas	127

Begegnung mit Schimpansen	130

Uganda: Die „Perle von Afrika"	**132**
Kampala: Die Hauptstadt Ugandas	134
Murchison Falls: Die Fälle des Nils	137
Die Ruwenzori Mountains: Land of Mist	139
Kibale und Queen Elizabeth National Park	140
Bwindi und Mgahinga: Im Reich der Berggorillas	143
Lake Mburu National Park: Im Land der Seen	145

Bestimmungsteil	**146**
Säugetiere	148
Vögel	174
Reptilien und Amphibien	242
Wirbellose	252
Wildblumen	256
Bäume und Sträucher	264

Reiseinformationen von A–Z	**272**
Register	280
Impressum	287

Ostafrika
Das Herz Afrikas

Ostafrika übt eine unwiderstehliche Faszination aus. Zwischen den Ruwenzori Mountains an der Westgrenze Ugandas und den Traumstränden am Indischen Ozean erstrecken sich einzigartige Landschaften mit großem Wildreichtum. Entlang der Küste reihen sich geheimnisvolle Ruinenstädte der Swahili-Kultur aneinander. So vielfältig das Völkergemisch, so ähnlich sind die gegenwärtigen Probleme im Herzen Afrikas.

Geschichte
Von Eroberern und Entdeckern

Schon zu römischer Zeit berichteten Geographen, Mathematiker und Historiker wie der griechisch-ägyptische Gelehrte Claudius Ptolemaeus (85–160 n. Chr.) von der ostafrikanischen Küste. Erste Informationen aus arabischen Quellen lassen sich bis ins 8. Jahrhundert zurückverfolgen, als arabische Seefahrer und Kaufleute an der Küste landeten, um mit Elfenbein und Gold zu handeln. Vor allem unter der Regierung des berühmten Kalifen Harun al-Rashid (786–809) verstärkte sich der Einfluß der Araber. Das belegt u.a. auch ein im Jahr 956 in Kairo veröffentlichtes Buch des arabischen Geographen Abdul Hasan al-Mas'udi, in dem der Handel mit den Zanj, den Schwarzen, beschrieben wird. Die Bezeichnung „Zanj" lebt in dem Wort „Zanzibar" bis heute weiter.

Die Entwicklung der Swahili-Kultur
Die Nachkommen der Araber vermischten sich mit den afrikanischen Ureinwohnern. Sie wurden „Suaheli" (Swahili) genannt, abgeleitet von dem arabischen Wort „swahil" für Küste. Die Swahili-Kultur blühte besonders ab dem späten 10. Jahrhundert. Ihre Städtebaukunst gipfelte in der mächtigen Moschee von Kilwa Kisiwani (Kilwa auf der Insel), in einer geschützten Bucht im Süden Tanzanias gelegen. Die Moschee mit ihren reich verzierten Korallensäulen, quadratischen Jochen und erhabenen Kuppeln war die größte und eine der schönsten entlang der Küste. Der Sultan von Kilwa, Al-Hassan ibn Talut (1277–1294), ließ bereits Geld prägen. Den Höhepunkt seiner Bedeutung erreichte Kilwa im 14. und frühen 15. Jahrhundert nach dem Abstieg des ursprünglich führenden Pemba, einer Insel nördlich von Zanzibar.

Im 11. und 12. Jahrhundert strömten verstärkt Araber aus dem Persischen Golf und Südarabien an die ostafrikanische Küste. Sie ließen sich in Südsomalia nieder und dehnten ihr Siedlungsgebiet bis nach Südtanzania aus. Im 12. Jahrhundert kontrollierten Shirazi, Abkömmlinge von Persern und Arabern, den Handel. 1331 sprach der

 Geschichte

Wiege der Menschheit

Die Vermutung, Afrika sei die Wiege der Menschheit, wurde bereits 1871 von Charles Darwin geäußert. 1972 gruben Richard Leakey und seine Frau Meave in Koobi Fora am Lake Turkana die Einzelteile des Schädels eines *Homo habilis (Australopithecus habilis)* aus, der 1,8 Mio. Jahre alt war und unter der Katalognummer „1470" bekannt wurde.

Weitere spektakuläre Funde wurden von einem Team unter Donald Johanson bei Hadar im Afar-Dreieck in Äthiopien gemacht. Zuerst entdeckten sie 1973 ein Kniegelenk, das auf ein aufrechtgehendes Wesen hinwies. Ein Jahr später fanden die Forscher das Skelett von „Lucy", das noch zu 40 % erhalten war. Sie schätzten es auf ein Alter von 3 Mio. Jahren und ordneten es dem Vormenschen *(Australopithecus afarensis)* zu. 1975 stießen Wissenschaftler auf die 3,5 Mio. Jahre alten Knochen von 13 weiteren Frühmenschen. Für Aufsehen sorgte 1984 ein anderer Fund von Richard Leakey: Am Westufer des Lake Turkana legte er ein sehr gut erhaltenes Skelett eines *Homo erectus* frei, des ältesten direkten Vorfahren des Menschen. Die Überreste gehörten zu dem Skelett eines etwa zwölfjährigen Jungen, der vor 1,6 Mio. Jahren gelebt hatte.

Nur wenige Kilometer vom Fundort „Lucys" entfernt gelang Meave Leakey, Richards Frau, 1994 die Entdeckung einer neuen Hominidenart, die den Namen *Australopithecus anamensis* erhielt. 1995 tauchten Knochenreste eines 4,4 Mio. Jahre alten männlichen Hominiden (Menschenartigen) auf, der auf den Namen *Ardipithecus ramidus* getauft wurde. Damit kann sich Ostafrika rühmen, eine der längsten Ketten archäologischer Zeugnisse über die Evolution der Menschheit geliefert zu haben.

---

arabische Reisende und Schriftsteller Ibn Batuta bewundernd von der blühenden Kultur an der Swahili-Küste. Im 15. Jahrhundert begann die Insel Zanzibar, auf der seit dem 7. Jahrhundert ebenfalls Araber und Perser lebten, Kilwa zu überflügeln, bis die Ankunft der Portugiesen gegen Ende des 15. Jahrhunderts die Situation vollkommen veränderte. Um 1500 stellte die ostafrikanische Küste einen Vorposten des Islam dar, der stark auf Arabien bezogen war und mit den Afrikanern nur Handelsbeziehungen unterhielt. Die ersten Küstensiedlungen wurden dabei bevorzugt auf Inseln angelegt, um vor Angriffen ärmerer Bewohner aus dem Hinterland sicher zu sein.

Europa entdeckt Afrika

Mit der Ankunft der Europäer, vor allem der Portugiesen, denen die Umsegelung des Kaps der Guten Hoffnung als ersten gelungen war, begann sowohl für Europa als auch für Ostafrika eine neue Ära. Auf dem Weg nach Indien landeten die Portugiesen unter dem Seefahrer Vasco da Gama 1498 an der ostafrikanischen Küste. Ihre Ankunft blieb

In Malindi erinnert die Vasco da Gama-Säule an die Ankunft des portugiesischen Seefahrers im Jahr 1498.

zunächst ohne nennenswerte Folgen für die Bevölkerung. Doch bereits 1502 plünderte Vasco da Gama auf seiner zweiten Reise die Küstenstadt Kilwa, und die Erobererflotte unter Francisco d'Almeida verkündete 1505 unverhohlen die Ansprüche Portugals, das rücksichtslos überall an der Küste hohe Tributzahlungen verlangte. Überfälle kriegerischer Völker wie der Bantu-Horde der menschenfressenden Zimba, die 1587 von Kilwa bis nach Mombasa vordrangen, und häufige blutige Revolten der Küstenbewohner, seit 1631 unter Führung der Oman-Araber, führten schließlich zur Vertreibung der Portugiesen, zuletzt nach dreijähriger Belagerung von Fort Jesus 1698 auch aus Mombasa.

Herrscher der Küste wurden nun die arabischen Sultane von Oman, die sich jedoch wenig um diesen Landstrich kümmerten und nur einen schwachen Gouverneur (Liwali) einsetzten. Allein der Clan der Mazrui aus Oman unterstützte seine Gouverneure in Mombasa eine Zeitlang. Ein Grund dafür mögen die religiösen Gegensätze gewesen sein, denn die eingesessenen Swahili waren Sunniten, die Omani hingegen Ibadhiten, d.h. Anhänger einer besonders strengen fundamentalistischen Glaubensrichtung der Schiiten. 1746 ließ sich der Liwali zum von Oman unabhängigen Sultan in Mombasa ausrufen, doch 1837 fiel die Stadt wieder an die Omani, und die meisten Mitglieder der Mazrui wurden ermordet. Der Sieger über Mombasa, Sayyid Said, der seit 1804 herrschende Sultan von Oman, erschien immer häufiger auf Zanzibar, wo er sich 1840 endgültig niederließ.

Vorstoß in das Landesinnere

Im Gegensatz zur Küste blieb das Hinterland von den Einflüssen der Araber und Europäer bis gegen Ende der 40er Jahre des 19. Jahrhunderts nahezu unberührt. Erst ab diesem Zeitpunkt gelangten einige ethnische Gruppen in den Besitz von Feuerwaffen und erhielten damit regionale Dominanz. Meilenstein bei der Erschließung des Inlands für die Europäer waren die Expeditionen der beiden deutschen Missionare Johannes Rebmann (1820–1876) und Johann Ludwig Krapf (1810–1881) zwischen 1848 und 1849, durch die das bisherige „terra incognita" in das Blickfeld der Europäer rückte.

Für die Erforschung des Landesinneren war auch die Expedition unter Richard Burton (1821–1890), einem Leutnant der East India Company, und Leutnant John Hanning Speke (1827–1864) bedeutsam, die im Auftrag der Royal Geographical Society 1857 in Zanzibar startete und nach enormen Strapazen acht Monate später an ein großes Gewässer kam, das europäische Augen noch niemals zuvor erblickt hatten, den Lake Tanganyika. In einer dreijährigen Folgeexpedition von Zanzibar und Bagamoyo im Jahre 1860 schlug

Geschichte

In Ujiji fand Henry Morton Stanley 1871 den verschollen geglaubten David Livingstone.

Speke sich nach Norden bis zu einem anderen großen See durch, den er nach der britischen Königin Lake Victoria nannte. Bevor er seine Auffassung, die Quelle des Nils gefunden zu haben, beweisen konnte, starb er 1864 während einer Entenjagd durch eine Kugel aus seinem Gewehr. Erst dem amerikanischen Reporter Henry Morton Stanley (1841–1904), der 1871 in Ujiji den verschollenen David Livingstone aufspürte, blieb es vorbehalten, auf seiner Expedition (1874–1877) das Rätsel zu lösen und öffentlich erklären zu können, daß der Nil im Lake Victoria entspringt.

Kenia war bis zu diesem Zeitpunkt von den weißen Abenteurern vernachlässigt worden. Doch nun beauftragte die Royal Geographical Society den jungen schottischen Geologen Joseph Thomson (1858–1895), einen Weg von der Küste Ostafrikas zum Lake Victoria zu suchen. Die fast 5.000 km lange Reise „Through Masai Land" – so der Titel seines Buches, das zum Klassiker der Reiseliteratur wurde – führte ihn 1883/84 vom Mt. Kilimanjaro bis zu einem Gebirgszug, den er nach dem Vorsitzenden der Royal Geographical Society „Aberdares" taufte. Die letzte große, für die Erforschung Kenias bedeutsame Expedition unternahm 1886–1888 in Begleitung von Ludwig von Höhner der ungarische Graf Samuel Teleki von Szek (1845–1916). Er erreichte den Lake Turkana, den er nach dem Kronprinzen Rudolf benannte. Damit waren der europäischen Außenwelt die Hauptstrukturen Ostafrikas bekannt.

Die Kolonialisierung Ostafrikas

Den Missionaren folgten – wie überall auf der Welt – auch in Ostafrika schon bald Handels- und Kaufleute, die ihre Heimatländer um Schutz vor der unterdrückten einheimischen Bevölkerung baten. Dadurch kam es zum Streit zwischen den Kolonialmächten um die territoriale Gebietsabgrenzung, bei der die Bewohner nicht befragt wurden. Thronwirren nach dem Tod des Sultans von Oman 1856 nutzten die Briten als Chance, um das Sultanat, das im 17. Jahrhundert seine traditionelle Herrschaft über die ostafrikanische Küste wiedererlangt hatte, zu zerschlagen. Zanzibar, das bereits 1840 die Nachfolge

Der Historiker und Geograph Dr. Carl Peters war Mitbegründer der Gesellschaft für deutsche Kolonisation.

der Stadt Maskat als Residenz des Sultans von Oman angetreten hatte, wurde daraufhin zu einem unabhängigen Staat erklärt, der fortan unter der Oberhoheit Englands stand.

Für das Deutsche Reich gründete der 27jährige Historiker und Geograph Dr. Carl Peters gemeinsam mit dem Grafen Felix von Behr-Bandelin in Berlin die Gesellschaft für deutsche Kolonisation, die 1885 in „Deutsch-Ostafrikanische Gesellschaft" umbenannt wurde, mit dem Ziel „zur Annexion und später zur Verwaltung möglichst großer Koloniallander unter deutscher Flagge". Peters kam mit einer kleinen Expedition in Zanzibar an und beschloß, „Abtretungsverträge mit den eingeborenen Häuptlingen abzuschließen und daneben jedesmal die internationale Form der deutschen Flaggenhissung zu vollziehen". Er ergaunerte ein Dutzend Verträge mit zweifelhaften Methoden, etwa einem „Trunk guten Grogs", einem „Vertrag im deutschen Text", Fahnenhissen und Salven, die „den Schwarzen ad oculus" demonstrieren sollten, „was sie im Fall einer Kontraktbrüchigkeit zu erwarten hätten".

Die Aufteilung Ostafrikas

Für die Geschichte Ostafrikas sind die Berliner Konferenz (1884–1885) und der deutsch-britische Helgoland-Zanzibar-Vertrag von 1890 wichtig. In dem Vertrag akzeptierte das Deutsche Reich die britische Souveränität über Uganda und Zanzibar und gab seine Ansprüche auf das Witu-Land im Norden Kenias auf (seit 1885 deutsches Protektorat). Im Gegenzug wurde Helgoland deutsch, außerdem wurde dem Deutschen Reich das Recht eingeräumt, dem Sultan von Zanzibar den Küstenstreifen Tanganyika abzukaufen. Dieser kolonial-europäische Entwurf stand nicht nur in völligem Gegensatz zu den über Jahrzehnte verteidigten Prinzipien der Unabhängigkeit der afrikanischen Staaten, sondern berücksichtigte auch in keiner Weise landschaftliche Gesichtspunkte oder die Wünsche der eingeborenen Bevölkerung. Von jetzt an spaltete sich die bisher gemeinsame Geschichte Ostafrikas: Tanzania wurde deutsche Kolonie, und Kenia und Uganda wurden 1894 als Protektorate direkt der britischen Regierung unterstellt, was allerdings 1902 zu einer Teilung in eigene Verwaltungsgebiete – die heutigen Länder Uganda und Kenia – führte.

Von Anfang an hatten die europäischen Kolonialmächte mit dem Widerstand der afrikanischen Völker zu kämpfen. Alle Aufstände wurden jedoch brutal unterdrückt, so die der Luo und Luhya (1895–1899), der Nandi (1895–1906), der Kikuyu und Embu (1904–1907) und der Gusii (1907–1908) durch die Briten sowie die der Hehe und der Yao (1891–1898) durch die Deutschen. Auch der Maji-Maji-Aufstand (1905–1907) im Raum von Kilwa wurde von den Deutschen niedergeschlagen. Der Name „Maji-Maji" (Wasser) geht auf das Versprechen der Medizinmänner zurück, die Gewehrkugeln der Weißen könnten den Kriegern nichts anhaben, wenn sie zuvor geweihtes Wasser trinken und ihre Körper damit benetzen würden. Die Bilanz des Aufstandes waren die fast völlige Zerstörung weiter Landstriche im Süden Tanganyikas und eine verheerende Hungersnot.

Die Unabhängigkeit der Staaten

In den beiden Weltkriegen wurden viele Afrikaner aus Kenia und Uganda als Helfer der britischen Kolonialtruppen zwangsrekrutiert. Als Folge davon wuchs das Selbstbewußtsein der schwarzen Afrikaner, erstmals artikulierten sie ihre Unzufriedenheit. Ahnungsvoll hatte der damalige Gouverneur von Deutsch-Ostafrika, Heinrich Schnee, bereits vor dem Ausgang des Ersten Weltkrieges das Ende der weißen Kolonialherrschaft vorhergesehen: „Das Prestige des weißen Mannes steht auf dem Spiel. Wenn die Eingeborenen erfahren, daß sie die Weißen in der Schlacht besiegen können, wird es bei ihnen Gedanken wecken, die für die Zukunft aller Europäer in Afrika gefährlich sein werden."

Das ehemalige Deutsch-Ostafrika war bereits 1920 unter dem Namen „Tanganyika" zum Mandat des Völkerbundes geworden, und nach dem Ende des Zweiten Weltkrieges wurden Kenia (1963), Tanganyika (1961), Zanzibar (1963) und Uganda (1962) unabhängig. Unter den Parolen „Freiheit" (Uhuru) von Jomo Kenyatta und „Zusammenarbeit" (Harambee) von Daniel Arap Moi wählte Kenia einen demokratischen Weg. Im Dezember 1992 fanden die ersten Mehrparteienwahlen seit 1967 statt. Die Mehrheit der Kikuyu steht hinter der „Demokratischen Partei", die Luo finden sich in der „Nationalen Entwicklung Kenia" wieder, und die Kamba wählen meist die „Sozialdemokratische Partei".

Dagegen setzte Tanganyika unter Julius Nyerere mit dem Motto „Gemeinschaft" (Ujamaa) auf eine sozialistische Entwicklung. Zanzibar blieb zunächst britisches Protektorat und wurde im Dezember 1963 konstitutionelle Monarchie. Doch bereits im Januar 1964 wurde der Inselstaat nach einem blutigen Aufstand, der 5.000 Arabern das Leben kostete, zur Volksrepublik erklärt und im April 1964 – zusammen mit Pemba – mit dem Festland zu Tanzania vereinigt. 1985 legte Nyerere freiwillig sein Amt als Präsident nieder, 1992 wurde das Einparteiensystem abgeschafft. Seitdem erholt sich die Wirtschaft langsam, staatliche Banken, Fabriken und Hotels werden schrittweise privatisiert.

Uganda, von Winston Churchill einst als „Perle von Afrika" bezeichnet, wurde zum Schauplatz grausamer Diktaturen unter Milton Obote (1962–1971 und 1980–1985) und Idi Amin (1971–1979) und sucht seit 1986 unter Präsident Yoweri Museveni nach neuen Wegen für Politik und Wirtschaft. Dem Nachfolger des von Milton Obote in den 60er Jahren vertriebenen Königs von Buganda erlaubte Museveni 1993 die Wiederherstellung des Königreichs, allerdings ohne politische Funktionen. Im Mai 1996 fanden die ersten freien Präsidentschaftswahlen in Uganda statt.

Geschichtliche Daten im Überblick

12.–15. Jh.	Blütezeit der Swahili-Kultur in Malindi, Mombasa, Kilwa und Zanzibar
1498	Der Portugiese Vasco da Gama erreicht die ostafrikanische Küste
1652–1698	Oman-Araber erobern Pate, Zanzibar und Mombasa
1837	Die Küste fällt unter die Herrschaft von Sultan Sayyid aus Oman
1848–1849	Die Missionare Rebmann und Krapf dringen in das Landesinnere Ostafrikas vor
1857	Beginn der großen europäischen Expeditionen
1890	Der deutsch-britische Helgoland-Zanzibar-Vertrag wird geschlossen
1920	Das Deutsche Reich verliert Deutsch-Ostafrika (Tanganyika) an die Briten und Ruanda-Burundi an die Belgier; Kenia wird britische Kronkolonie
1947	Tanganyika wird Treuhandgebiet der UN
1961	Tanganyika wird unabhängig, Julius Nyerere wird Präsident
1962	Uganda erlangt die Unabhängigkeit, Milton Obote wird Premierminister
1963	Kenia wird unter Jomo Kenyatta unabhängig
1964	Vereinigung von Zanzibar und Tanganyika zu Tanzania
1985	Präsident Julius Nyerere (Tanzania) tritt zurück
1985	Sturz von Premierminister Milton Obote (Uganda)

Politik
Von der Kolonie zur Unabhängigkeit

Nach der Verfassung von 1969 ist Kenia eine präsidiale Republik. Der Staatspräsident, seit dem 10. Oktober 1978 Daniel Arap Moi, hat weitgehende Befugnisse: Er ist Regierungschef und zugleich Oberkommandierender der Streitkräfte. Das Parlament besteht aus 202 Sitzen. 188 der Abgeordneten werden in den Wahlen direkt vom Volk bestimmt. Zwölf weitere Abgeordnete ernennt der auf fünf Jahre gewählte Präsident. Darüber hinaus gehören dem Parlament ein vom Präsidenten ernannter Generalstaatsanwalt und ein Regierungssprecher an. Die kenianische Presse kritisiert seit einigen Jahren den zunehmenden Personenkult um den Präsidenten sowie Korruption und Vetternwirtschaft. Im Vorfeld der Wahlen 1992 und 1997 kam es zu blutigen Auseinandersetzungen zwischen den Angehörigen der verschiedenen Völker, worin auch Regierungsvertreter verwickelt waren. Das Land ist in acht Provinzen unterteilt, die sich in 41 Distrikte gliedern, und befindet sich im Umbruch zu einer Demokratie mit Mehrparteiensystem.

Tanzania ist nach der Verfassung eine Präsidialrepublik mit föderativem Charakter. Staatsoberhaupt ist der am 29. Oktober 1995 auf fünf Jahre gewählte Benjamin William Mkapa, der eine Kommission für Antikorruption errichtet hat. 1992 wurde die Verfassung geändert, um das Mehrparteiensystem einzuführen. Das Einkammerparlament hat 255 Sitze. 180 der Abgeordneten werden direkt gewählt, die restlichen 75 werden ernannt. Zanzibar verfügt über ein eigenes Parlament. Tanzania vollzieht zur Zeit eine schwierige Umstellung vom staatssozialistischen System zur Privatisierung großer Teile der Wirtschaft und zur Liberalisierung des Handels.

Uganda ist nach der neuen Verfassung von 1995 eine Präsidialrepublik mit föderativen Zügen, die aber keinen Parteienpluralismus zuläßt, d.h. politische Aktivitäten der offiziell zugelassenen Parteien sind verboten. Die verfassungsgebende Versammlung lehnte 1995 eine unmittelbare Rückkehr zu einem Mehrparteiensystem ab. Staatsoberhaupt ist seit 1986 Yoweri Kaguta Museveni, der zugleich auch als Oberbefehlshaber der Streitkräfte und Minister der Verteidigung fungiert. Er wurde 1996 in den ersten freien Wahlen seit mehr als zehn Jahren für eine weitere Legislaturperiode bestätigt. Das aus 280 Mitgliedern bestehende Parlament (National Resistance Council) wird von der derzeitigen Regierungspartei NRM (National Resistance Movement) beherrscht. An der Westgrenze operieren Rebellenbewegungen.

Wirtschaft
mit Strukturproblemen

Der Anbau von Tee ist eine der wichtigsten Erwerbsquellen der ostafrikanischen Landwirtschaft.

Tragende Säule der Volkswirtschaft Ostafrikas ist die Landwirtschaft. Sie bildet die Existenzgrundlage für rund 80 % der Bevölkerung. Kenia, Tanzania und Uganda leiden unter Überbevölkerung, chronischem Devisenmangel und Auslandsverschuldung. Die drei Länder stehen unter dem Zwang, die vom Weltmarkt abhängige Cash-crop-Produktion von Kaffee, Tee, Tabak, Baumwolle und Sesam für den Export zu steigern. Außerdem haben sie mit schwierigen ökologischen Bedingungen wie Überschwemmungen, Trockenheit, zunehmender Erosion und Umweltverschmutzung sowie mit schlechten Böden und Insektenplagen zu kämpfen. Ein besonderes Problem sind die Korruption und Vetternwirtschaft bei Regierungsstellen, die wuchernde Bürokratie und das Mißmanagement der einheimischen Führungsschicht. Im ehemals sozialistischen Tanzania und in Uganda sind Maßnahmen zur Privatisierung unter dem Druck der Weltbank und des Internationalen Währungsfonds vorangetrieben worden. In Tanzania ist die Inflation mit ca. 30 % hoch. Die Regierung in Kenia mußte sich zu einem Liberalisierungsprogramm und zu Wirtschaftsreformen entschließen. Alle drei Staaten haben im März 1996 die East African Cooperation (EAC) gegründet, um die Zusammenarbeit ihrer Länder zu fördern.

Geographie
Zwischen Küste und Hochgebirge

Ostafrika liegt im Bereich des tropischen äquatorialen Afrika, wobei sich Kenia (582.646 km²) beiderseits des Äquators zwischen 4° nördlicher und 4° südlicher Breite und zwischen 34° und 42° östlicher Länge erstreckt. Tanzania (945.087 km²) liegt zwischen 1° und 12° südlicher Breite und 29° und 40° östlicher Breite. Uganda (236.036 km²) nimmt das Gebiet zwischen dem 1. südlichen und 4. nördlichen Breitengrad beiderseits des Äquators ein. Die geographische Gliederung Ostafrikas mit ihren verschiedenen Lebensräumen hat eine reiche Tier- und Pflanzenwelt zur Folge.

Küstenregion und Inselwelt

Das vom Indischen Ozean bis auf etwa 150 m Höhe ansteigende Küstengebiet von Kenia und Tanzania ist dicht besiedelt und kennt deshalb nur wenige Wildschutzgebiete. Für Naturfreunde sind vor allem die Korallenriffe und der Mangrovengürtel ein Erlebnis, Badeurlauber lassen sich von schier endlosen palmenbestandenen, weißen Sandstränden verzaubern. Schon seit über tausend Jahren öffneten sich die alten Hafenstädte Malindi, Mombasa, Tanga, Kilwa und Dar es-Salaam den Seefahrern aller Nationen. Ortschaften wie Zanzibar (Tanzania) und Lamu (Kenia) blicken auf eine recht turbulente Vergangenheit zurück.

Der Afrikanische Grabenbruch

Wie ein gewaltiger Riß zieht sich der Afrikanische Grabenbruch durch den Kontinent. In Äthiopien teilt sich der Graben in den Zentralafrikanischen Graben (Western Rift Valley), der durch Uganda und Tanzanias Westen verläuft, und in den Ostafrikanischen Graben (Great Rift Valley), der vom Norden Kenias bis ins nördliche Tanzania reicht. Auf dem Grund des Zentralafrikanischen Grabens befinden sich bedeutende Seen wie der Albert-, Edward-, Kivu-, Tanganyika- und der Malawi-See (Nyasa-See). Auch im

Der Watamu Beach ist nur einer von vielen traumhaften Sandstränden an der Küste Kenias.

Ostafrikanischen Graben liegen zahlreiche Seen: der Turkana-, Baringo-, Bogoria-, Nakuru-, Elmenteita-, Naivasha-, Magadi-, Natron-, Manyara- und der Eyasi-See. In Höhe des Lake Turkana ist der Ostafrikanische Graben über 300 km breit, am Lake Baringo ist er mit etwa 70 km am schmalsten. Die Meereshöhe der Grabensohle steigt von 400 m in Nordkenia auf 2.000 m im Lake Nakuru an. Im Lake Tanganyika (Zentralafrikanischer Graben) erreicht sie mit 700 m unter dem Meeresspiegel den tiefsten Punkt des afrikanischen Kontinents. Viele der Seen haben keinen Abfluß und werden auch nur periodisch von Zuflüssen gespeist, so daß manche Gewässer in regenarmen Jahren ganz austrocknen. Die drei größten Seen Ostafrikas, der Lake Victoria (68.800 km^2), der Lake Tanganyika (32.880 km^2) und der Lake Malawi (23.000 km^2), sind Süßwasserseen.

Die Hochlandregion

Der Afrikanische Graben wird vom ostafrikanischen Hochland flankiert. Wegen des gemäßigten Klimas war diese Region das bevorzugte Siedlungsgebiet der Europäer, denn die fruchtbaren Böden erlaubten den Anbau von Kaffee und Tee, von Gemüse und Getreide. Große Plantagen findet man an den Berghängen des Mt. Kenya und des Mt. Kilimanjaro, aber auch in Tanzania, z.B. in den Usambara und den Pare Mountains, und in Uganda.

Oberhalb des bis in eine Höhe von 2.500 m dicht besiedelten und intensiv landschaftlich genutzten Gebiets ist die faszinierende Berg-

Das Great Rift Valley ist eines der eindrucksvollsten geografischen Szenarien Kenias.

Geographie

Bei der Grabenbildung wurden die Ruwenzori Mountains in Uganda emporgehoben.

und Regenwaldregion der beiden höchsten Berge Afrikas, des Mt. Kilimanjaro (5.895 m) und des Mt. Kenya (5.199 m), noch nahezu unberührt.

Das Nyika-Plateau

Weite Teile Ostafrikas nehmen großflächige Ebenen ein, die zwischen 150 m und 1.200 m über dem Meeresspiegel liegen. Die größte Plateauregion Ostafrikas bildet das Nyika-Plateau, das sich von den wüstenartigen Gebieten in Nordkenia bis zu den Savannen im Süden Tanzanias erstreckt. Der Name „nyika" heißt soviel wie „ödes Land" und rührt von dem spärlichen Bewuchs der Gegend her, der überwiegend aus dornigen Büschen besteht. Die Region ist nur dünn besiedelt, allerdings liegen hier große Nationalparks und Wildreservate wie der Meru- und der Tsavo-Nationalpark in Kenia oder das Selous-Reservat und der Ruaha-Nationalpark in Tanzania. In Kenia, v.a. im Norden des Landes, zeigt die Nyika auch Spuren vulkanischer Tätigkeit.

Aber auch das Yatta-Plateau zwischen Thika und Voi in Zentralkenia entpuppt sich als typischer erkalteter Lavastrom. Wegen des geringen Gefälles mäandern die meisten Flüsse, nur wenige führen ganzjährig Wasser. Die Region ist nur dünn besiedelt.

Das Lake Victoria-Becken

Den Kernraum zwischen den beiden Strängen des Afrikanischen Grabenbruchsystems nimmt der Lake Victoria ein. In dem ausgedehnten Becken erstrecken sich weite Gras- und Buschsavannen. Da das große Gewässer aufgrund der enormen Verdunstung ein eigenes Klima mit hohen Niederschlägen entwickelt, zählt das umgebende Plateau, das von den Ufersäumen bis an den Rand des Hochlands reicht, zu den fruchtbarsten und am dichtesten besiedelten Gebieten Ostafrikas. Im Einflußbereich des Lake Victoria befinden sich auch die tierreichsten Wildreservate Ostafrikas, die Masai Mara und die Serengeti.

Geographie

Geologie
Wo tektonische Kräfte wirken

Ostafrika ist Teil des einstigen Urkontinents Gondwanaland, dessen unterste Gesteinslagen aus dem Präkambrium stammen und mehr als 560 Mio. Jahre alt sind. Die ältesten dieser präkambrischen Schichten werden sogar auf 3,25 Mrd. Jahre geschätzt. Sie bestehen aus Gneisen, Schiefern und Quarziten.

An der östlichen Abbruchkante des ostafrikanischen Hochlands und am Lake Victoria gibt es auch Schichten aus dem späten Paläozoikum (vor 560–230 Mio. Jahren) und dem frühen Mesozoikum (vor 230–65 Mio. Jahren). Sie bestehen aus Kalken, Sandsteinen, Konglomeraten und Kohlen. Diese uralte Erdkruste hat nicht mehr die Flexibilität jüngerer Gesteine, sondern ist hart und brüchig geworden. Am eindrucksvollsten zeigt sich die Bruchstufe des Ostafrikanischen Grabenbruchs in der Gegend des Lake Manyara, der von über 400 m hohen „Mauern" überragt wird. Zwischen diesen Verwerfungszonen erstrecken sich die Hochländer des Ostafrikanischen Schildes, dem ältesten Teil Ostafrikas.

Das Plateau Ugandas, ein präkambrisches Gebirge, hob sich mit der Grabenbildung im Tertiär und im Quartär und zerbrach anschließend in mehrere Schollen. Es steigt nach Westen bis zu den altkristallinen Ruwenzori Mountains mit ihren vergletscherten Gipfeln an.

Die geologischen Formationen

Die Geologen unterteilen die geologischen Formationen dem Alter nach in verschiedene Systeme. Danach sind die Gesteine der präkambrischen Zone ehemalige Sedimente, die bei Gebirgsbildungen durch hohe Temperaturen und starken Druck umgewandelt wurden. Aus den Sandsteinen wurden Quarzite, aus den Kalksteinen Marmore, aus den Tonablagerungen Phyllite und aus den vulkanischen Eruptivgesteinen Amphibolite. Oft waren Temperatur und Druck so hoch, daß die Gesteine schmolzen und zu Graniten und Migmatiten wurden.

Die zweite geologische Formation besteht aus Sedimenten, die im späten Paläozoikum entstanden, als Afrika noch Teil von Gondwanaland war. In einem 30 bis 80 km breiten Küstenstreifen kam es zu Ablagerungen, die heute in Form von Sandsteinen und Tonschiefern vorhanden sind.

Die dritte geologische Formation bildet das transafrikanische Grabensystem, das im Jungtertiär durch Eruptionen zu Basaltdecken und Vulkankegeln geformt wurde und gegen Ende des Tertiärs (im Pliozän) aufbrach. Die jüngste geologische Formation besteht aus quartären Sedimenten – an der Küste erkennbar als Saumriffe –, die sich auf dem Festlandsockel aufbauen, der sich ins Meer absenkt.

Bevölkerung
Museum der Völker

In Kenia leben zur Zeit ca. 27 Mio., in Tanzania ca. 30 Mio. und in Uganda rund 20 Mio. Menschen. Kennzeichnend für alle Länder ist die Vielfalt ethnischer Gruppen, von denen es in Kenia 51, in Tanzania 131 und in Uganda 40 gibt. Manche Ethnien haben ihre kulturelle Identität bereits verloren, andere beharren weitgehend auf ihren Traditionen, wieder andere haben es verstanden, sich den großen Wandlungen anzupassen.

Die Mehrheit der Menschen in Ostafrika (70–90 %) lebt heute als Feldbauern vom Ackerbau und der Viehzucht. In Ostafrika galt der Boden von jeher als ein Geschenk der Natur, bestenfalls als Gemeinschaftsbesitz. Den Menschen konnten nur bestimmte Nutzungsrechte zugesprochen werden. Das führte bei der Landnahme durch die Kolonialmächte zwangsläufig zu Konflikten. Während in trockeneren Gebieten vor allem Hirse angebaut wird, gedeihen in Gegenden mit sicherem Niederschlag auch Maniok, Süßkartoffeln und Bananen. In feuchteren Landstrichen wie der Küste findet man Kokosnüsse, Erdnüsse und verschiedene Sorten von Bohnen und Erbsen. In Überschwemmungsgebieten wie dem Lake Victoria leben die Menschen vom Reisanbau. Für den Export werden Cash-crops kultiviert, in erster Linie Kaffee, Tee, Tabak und

Auf dem Weg zu einer Hochzeit haben sich Frauen auf der Insel Zanzibar in bunte Gewänder gehüllt.

Baumwolle. Als Ergänzung halten fast alle ostafrikanischen Feldbauern auch Vieh, insbesondere Rinder, Schafe und Ziegen.

Von diesen seßhaften Viehzüchtern sind die Nomaden zu unterscheiden, die mit ihrem Vieh ständig auf der Suche nach neuem Weideland sind. Durch das stete Herumziehen wird das Land vor Überweidung geschützt. Viehzüchtervölker wie die Masai und Samburu in Kenia oder die Karamojong in Uganda sind Männergesellschaften, in denen Viehraub nicht als verwerflich gilt. Rinder und Kamele werden nur in Ausnahmefällen geschlachtet. Genutzt wird allein die Milch, die – oft mit abgezapftem Blut vermischt – das Hauptnahrungsmittel darstellt.

Am Rande der Wälder fanden Jäger und Sammler ihr Auskommen, z.B. die Hadzapi am Lake Manyara in Tanzania. Sie sammelten Wurzeln und Kräuter und jagten Wild. Zwar wird die Jagd heute als Wilderei geahndet, doch sind Versuche der Regierung, diese Völker seßhaft zu machen, meistens gescheitert.

Ob Feldbauern, Viehzüchter, Jäger und Sammler – viele Ostafrikaner versuchen heute zunehmend in Industrie und Dienstleistungssektor ihren Lebensunterhalt zu verdienen und wandern in die Städte ab. Die Folgen davon sind Landflucht und teilweise Verarmung.

Feste und Brauchtum
Die Anlässe für ausgedehnte, oft tagelange Feiern und Feste sind Geburt, Taufe, Heirat und Beerdigung. Daneben gibt es die üblichen christlichen, islamischen und staatlichen Feiertage. Die Gebote des Fastenmonats Ramadan werden von der islamisch geprägten Bevölkerung an der Küste Kenias und Tanzanias sowie auf den Inseln Zanzibar und Lamu weitgehend befolgt.

Die Kikuyu, hier in traditioneller Tracht, sind heute erfolgreiche Geschäftsleute und Politiker.

Die Sitten und Bräuche der Völker sind so vielfältig wie die unterschiedlichen landschaftlichen Regionen. Die Familienstruktur der traditionellen afrikanischen Gesellschaftsordnung unterteilt sich in Altersgruppen, denen rechtliche und soziale Bedeutung zukommt. Die Mitglieder einer Altersgruppe absolvieren gemeinsam eine Reihe von Zeremonien, bis sie die nächste Altersstufe erreichen. Sie sind für das ganze Leben aufs engste miteinander verbunden.

Am Beginn des Erwachsenwerdens stehen immer noch Initiationsriten. Besonders bei den Beschneidungen der Mädchen kommt es nicht selten zu Todesfällen. Eheschließungen finden vorwiegend innerhalb der eigenen Volksgruppe statt. Zwar ist der Einfluß von Eltern und Familie bei der Partnerwahl stark zurückgegangen, doch wird eine Ehe selten gegen ihren erklärten Willen geschlossen. Der Brautpreis ist sowohl eine finanzielle Absicherung für die Frau als auch eine Art Abfindung für ihre Familie, der eine Arbeitskraft verlorengeht. Nach der Eheschließung und der Geburt eines Kindes, ist eine Ehescheidung mit rechtlichen Mitteln sehr schwierig. Der Zweck der Ehe ist die gemeinsame Erziehung der Kinder. Sexuelle Kontakte können auch zu anderen Partnern bestehen.

Bei Unfruchtbarkeit der Frau oder Ungehorsam in schweren Fällen ist der Mann dazu berechtigt, seine Frau zu deren Eltern zurückzuschicken, was einer Scheidung gleichkommt. In diesem Fall bleiben die Kinder in der Familie des Mannes. Die Frau erhält lediglich ihre Mitgift zurück, damit sie für ihr weiteres Leben abgesichert ist.

Für die Zubereitung eines Festmahls werden die Früchte des Waldes genutzt.

Der Vater der Braut gibt, wenn die Ehe mehrere Jahre kinderlos blieb, das Vieh zurück, das er bei der Hochzeit als Geschenk erhalten hatte.

Die Frauen der Muslims dürfen während der Ehe keine Beziehungen zu anderen Männern unterhalten. Bei einer Scheidung stehen sie völlig schutzlos da. Der Mann kann eine gesetzlich anerkannte Scheidung bereits dadurch erlangen, daß er in Gegenwart eines Zeugen dreimal langsam zu seiner Frau sagt: „Ich verstoße dich." Männliche Touristen dürfen – anders als weibliche Touristen – islamische Frauen unter keinen Umständen ansprechen.

Flora und Fauna
Safariparadies Ostafrika

Die Vegetationszonen

Ostafrika liegt nördlich und südlich des Äquators. Wo sonst auf der Erde in diesen geographischen Breiten tropische Regenwälder wachsen, erstrecken sich hier ausgedehnte trockene **Gras-, Busch- und Baumsavannen**, die sich nicht immer deutlich voneinander trennen lassen. Charakteristisch für sie ist das Rote Hafergras, das zu den wertvollsten Futterpflanzen Ostafrikas gehört. Die weiten Grassavannen, die in ihrer heutigen Form nur deshalb existieren, weil die zahlreichen grasfressenden Huftiere verhinderten, daß sich eine Busch- und Strauchvegetation entwickeln konnte, sind typisch für ganz Ostafrika.

Folgende Hauptvegetationszonen lassen sich unterscheiden:

Die **Trockengrassavannen** bedeckt ein Grasteppich mit Höhen zwischen 50 und 150 cm. Die **baumbestandenen Trockensavannen** können unterteilt werden in Dornbuschsavannen mit einer Baumhöhe von drei bis sechs Metern, in Akaziengehölze mit einer Baumhöhe von bis zu vier Metern (in der Serengeti auch besonders die bis zu zehn Meter hohen Schirmakazien) und in die harzausscheidenden *Commiphora*-Gehölze („Balsambäume") mit einer Baumhöhe von vier bis acht Metern, die vielen Tieren Schutz und Nahrung bieten.

Zu den **bewaldeten Trockensavannen** zählen Baobabwälder, verschiedene Palmenwälder, z.B. aus Borassuspalmen und Doumpalmen, sowie Miombewälder, die in Tanzania nahezu die Hälfte des Landes bedecken. In den Savannen Ugandas wiederum wachsen mächtige kaktusähnliche Baum- und Kandelabereuphorbien, die zu den Wolfsmilchgewächsen zählen.

In den etwas feuchteren Savannen (**Feuchtsavannen**) kann das Gras bis zu zwei Meter hoch wachsen, und Bäume bilden bisweilen kleine Waldinseln. Vor allem Borassus- und Doumpalmen sind an Flüssen zu finden. Entlang der in der Regel nur zeitweise wasserführenden Flußläufe erstrecken sich häufig **Galeriewälder**. Hier, an oft moskitoverseuchten Sümpfen, stehen die gelbgrünstämmigen

Schirmakazien sind in den trockenen Buschsavannen und Halbwüsten Ostafrikas weit verbreitet.

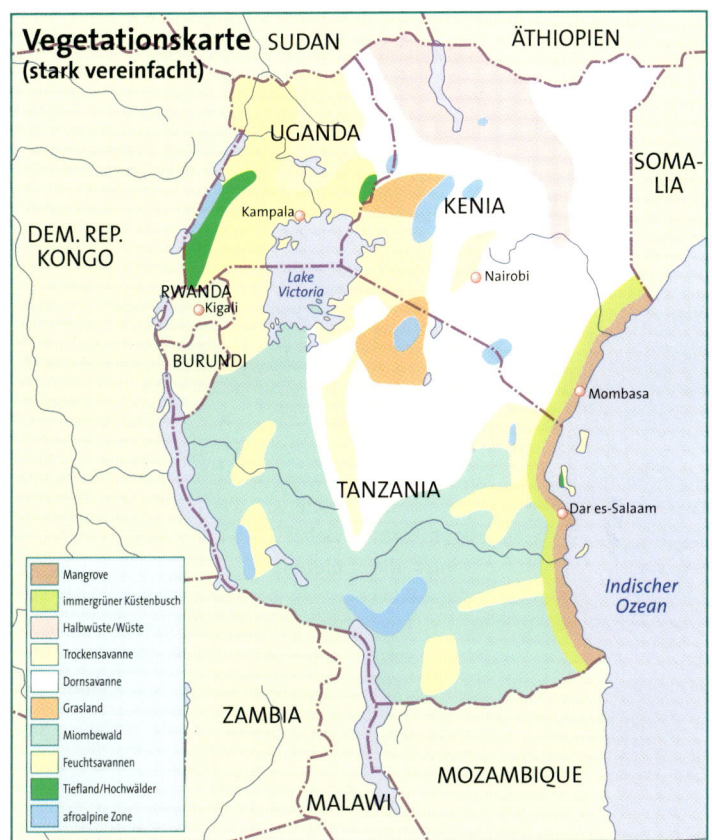

Vegetationskarte (stark vereinfacht)

Legende:
- Mangrove
- immergrüner Küstenbusch
- Halbwüste/Wüste
- Trockensavanne
- Dornsavanne
- Grasland
- Miombewald
- Feuchtsavannen
- Tiefland/Hochwälder
- afroalpine Zone

Sumpfakazien, von denen die Europäer glaubten, sie seien die Ursache für die Malaria (daher auch die Bezeichnung „Fieberakazien"). Am Westhang des Ostafrikanischen Grabens, z.B. am Lake Manyara, gibt es **Grundwasserwälder**.

Dritter Savannentyp neben Trocken- und Feuchtsavanne ist die **Halbwüsten-** oder **Dornsavanne** mit überwiegend harten Büschelgräsern. Fast zwei Drittel Kenias und Teile des nördlichen sowie zentralen Tanzanias werden von halbwüstenartigem Dornbusch, Commiphoren und Flötenakazien bedeckt. Diesen Namen tragen die Akazien, weil die Samenschoten, die von Ameisen ausgehöhlt werden, bei Wind pfeifende Geräusche erzeugen. Reine Wüstenvegetation ist in Ostafrika lediglich in der lebensfeindlichen Chalbi Desert im Norden Kenias anzutreffen.

Tropische Regenwälder sind in Ostafrika selten, denn Nieder-

Flora und Fauna

schläge fallen nicht in ausreichender Menge und nicht gleichmäßig über das ganze Jahr verteilt. Kleinere Wälder dieser Art gibt es lediglich im westlichen Uganda, bei Kakamega in Westkenia, nördlich des unteren Tana River und in den Usambara Mountains Tanzanias.

Viel ausgedehnter als die Regenwälder sind in Ostafrika die **Hochland-** und **Bergvegetationen**. Der Pflanzenbewuchs auf den Hochebenen beiderseits des Grabenbruchs und auf den Bergen (Mt. Kenya, Mt. Kilimanjaro, Ruwenzori Mountains) besteht in höheren Lagen zwischen 2.200 m und 3.300 m aus Bergbambus, Koniferen und Rosengewächsen. An den Berghängen kommen Lianen und Flechten hinzu, über dem Waldgürtel auch Moorland mit Erika- und Proteenbeständen.

Eine eigene Vegetationsform weist die **Küstenregion** auf. Vor der Küste, besonders in windgeschützten Gebieten, findet man neben Sümpfen ein bis fünf Meter hohe Mangroven, die mit breiten Stelzwurzeln im Salzwasser stehen und deren Holz besonders hart und widerstandsfähig ist. Sie bieten den Stranddünen Schutz. Außerdem werden sie als Baumaterial und zur Gewinnung von Holzkohle verwendet, aus der Rinde wird Gerbsäure für die Lederindustrie gewonnen. Große wirtschaftliche Bedeutung besitzt die Kokospalme. Ihr Saft und Fleisch dienen als Nahrung, aus den Fasern werden Seile und Matten hergestellt, die Schale liefert geeignetes Brennmaterial, die Blätter benutzt man als Dach und den Stamm für den Hausbau.

Die Tierwelt Ostafrikas

Die größte Attraktion der Tierwelt Ostafrikas sind die „Big Five": Dazu zählen Elefant, Nashorn, Büffel, Löwe und Leopard. Als Ostafrika noch ein Jagdparadies für weiße Trophäensammler war, wurden diese Tiere respektvoll so bezeichnet, weil man deren Stoßzähne, Gehörne und Felle begehrte. Seit die Jagd auf die „Big Five" weitgehend verboten ist (bis auf einige Jagdreservate in Tanzania), schätzen sich Reisende und Fotografen glücklich, wenn sie ihnen während einer Safari begegnen.

Bekannt ist Ostafrika auch für die großen Tierwanderungen von der Serengeti in Tanzania zur Masai Mara in Kenia und zurück. Während der Regenzeit sammeln sich rund zwei Millionen Huftiere, vor allem Gnus und Zebras, im Südosten der Serengeti, wo sie im Dezember/Januar ihre Kälber und Fohlen zur Welt bringen. Die im Mai/Juni einsetzende Trockenzeit zwingt die Tiere dazu, nordwärts zu ziehen, bis sie im September in der Masai Mara ankommen. Im November/Dezember treten die Tiere wieder ihren Rückweg in die Serengeti an. Auf dieser Wanderung werden Sie von zahlreichen Raubtieren begleitet und müssen viele reißende Bäche und Flüsse überwinden – ein dramatisches Schauspiel, das man auf Safaris miterleben kann.

 Flora und Fauna

Die Masai Mara im Südwesten Kenias beherbergt einen bemerkenswerten Tierreichtum.

Ein unbedingtes Muß für Tierfreunde ist das Aufspüren von wildlebenden Berggorillas und Schimpansen. Berggorillas kann man im Westen Ugandas (Bwindi Impenetrable Forest und Mgahinga Gorilla National Park), Schimpansen im Westen Tanzanias (Gombe Stream und Mahale Mountains National Park) begegnen – ein recht strapaziöses Unternehmen, dessen Erfolg auch nicht immer garantiert ist, aber dennoch von einer Reise durch Ostafrika nicht wegzudenken ist.

Nationalparks und Wildreservate
Die verheerenden Eingriffe weißer Jäger in das Gleichgewicht der Natur Ostafrikas führten fast zur völligen Ausrottung vieler Tierarten. Erst mit der Einrichtung von Nationalparks gelang es, dieser Vernichtung wildlebender Tiere Einhalt zu gebieten. Die ostafrikanischen Länder wenden erhebliche Mittel für den Schutz der Wildtiere auf, allein die Hälfte des Staatsgebietes von Tanzania sind heute Schutzgebiete. Auch die durch Bürgerkriege – besonders in Uganda – dezimierten Bestände an Wildtieren beginnen sich allmählich zu erholen.

Ein großes Problem ist immer noch die Wilderei, verursacht nicht nur durch traditionelle Jagdbräuche der Eingeborenen, sondern angeheizt durch profitsüchtige Hintermänner im Elfenbeinhandel und den Aberglauben kranker Menschen vornehmlich aus Asien, die sich z.B. vom Horn des Nashorns die Heilung von ihren Leiden erhoffen.

Flora und Fauna

Klima
und beste Reisezeit

In Ostafrika gibt es wegen der unterschiedlichen Höhenlagen von 0–6.000 m kein einheitliches Klima. Zudem liegen weite Teile Nordkenias und Nordugandas im Einflußbereich des Sahelgürtels. Klimabestimmend sind allerdings in ganz Ostafrika die Monsun- oder Passatwinde, die aus zwei unterschiedlichen Hauptrichtungen wehen. Von Oktober/November bis März/April liegt Ostafrika im Einzugsbereich der Nordostwinde (Kazkazi), so daß es im Land sehr trocken und warm ist. Ende März beginnen die Winde, von Nordost auf Süden und Südost zu drehen. Dann geht der Südostpassat (Kuzi) über das Land, der bis September viel Feuchtigkeit vom Indischen Ozean mitbringt. Typisch für Ostafrika ist aber, daß fast 80 % des Regenwassers wieder verdampfen, weil große Teile des Landes sehr hoch liegen und die Intensität der Sonneneinstrahlung unter dem Äquator sehr groß ist.

Es gibt keine ausgeprägten Sommer und Winter. Die kühlsten und wärmsten Monate unterscheiden sich nur um wenige Grade. Die wolkenlosen Jahreszeiten sind zugleich die heißesten. Im Tageszeitenklima Ostafrikas spielt die Bewölkung also eine größere Rolle als Sonnenstand und Temperaturen, die für das Jahreszeitenklima Europas verantwortlich sind.

Diese Klimakonstellation gilt jedoch nur für Kenia und das nördliche Tanzania, nicht für Uganda, das vom Wetter des östlichen Kongogebiets abhängig ist. In Uganda fallen die Niederschläge in den Monaten März/April bis November/Dezember, und zwar häufig als Sturzregen oder schwere Gewitter.

Auch das zentrale und südliche Tanzania unterscheidet sich von der geschilderten Norm. Hier fällt der Regen hauptsächlich zwischen November und April; während der übrigen Zeit ist es durchgehend heiß und trocken.

Generell muß beachtet werden, daß die Niederschlagsmenge von Ost nach West zunimmt, ebenso mit steigender Höhe von der Küste bis zu den Gebirgen. Das wird besonders am Beispiel des Mt. Marsabit deutlich, der aus der Halbwüste im Norden Kenias aufragt: Er erhält gut 800 mm Niederschlag (so viel wie z.B. Hannover) in einem Gebiet, das sonst nur 0 bis maximal 250 mm Regen verzeichnet.

Einen Sonderfall stellt auch das Lake Victoria-Plateau dar. Die riesige Fläche des Sees verdunstet jeden Tag enorme Wassermengen, die als Regen wieder auf die Erde herabfallen.

Die Differenz zwischen den periodischen Niederschlägen und dem Jahresdurchschnitt ist beträchtlich. So fällt in der Serengeti im Mittel ebenso viel Regen wie in Irland, allerdings regnet es hier hauptsächlich in der großen Regenzeit (April/Mai). Dann kommt es zu gewaltigen Überschwemmungen, weil der Boden die Wassermassen nicht auf einmal aufnehmen kann. Das übrige Jahr hindurch regnet es fast nicht.

Beste Reisezeiten

Kenia: An der Küste sind die Monate Januar/Februar trocken und angenehm. Das gilt auch für die tiefer gelegenen Gebiete im Osten und das westliche Rift Valley. Reisen in die von der Sonne durchglühten Wüsten und Halbwüsten im Norden sind zwischen März und September nicht so mörderisch. Im zentralen Hochland ist es im April/Mai regnerisch und zwischen Juni und August empfindlich kühl. In den Monaten September/Oktober ist es hier in der Regel sonnig und trocken, bis im November/Dezember die kleine Regenzeit einsetzt. In der Region um den Lake Victoria kann es jederzeit regnen.

Tanzania: Für die nördliche Hälfte und das Küstenvorland sind die Monate November bis März günstig, obwohl die kleine Regenzeit Mitte November bis Anfang Januar heftig sein kann. Für die südlichen, zentralen und westlichen Regionen empfiehlt sich die Zeit zwischen Juni und November, wobei es im Hochland im Juli und August nachts frieren kann. Eine Reise in das Selous Game Reserve und den Ruaha National Park bietet sich in der Zeit von Juli bis Oktober an. Auf Zanzibar ist die Luftfeuchtigkeit von Juni bis Oktober nicht so hoch, wenn auch kurze Regenschauer zu verzeichnen sind.

Uganda: Der Süden ist im Juni/Juli und Dezember/Januar relativ trocken, der Norden im November/März. Um den Lake Victoria kann es überall zu jeder Jahreszeit regnen, am wenigsten jedoch im Dezember/März und Juni/Juli.

Durchschnittstemperaturen und Niederschläge

	Temperaturen in °C						Niederschläge in mm
	Januar		Juli		Oktober		
	Tag	Nacht	Tag	Nacht	Tag	Nacht	
Nairobi	25	12	21	11	24	13	13–241
Mombasa	31	24	27	22	29	24	25–343
Kisumu	29	18	27	17	29	18	51–190
Marsabit	25	16	23	13	25	16	18–210
Kampala	27	17	25	17	26	17	86–280
Zanzibar	27	23	27	22	30	22	20–290
Dar es-Salaam	27	24	30	17	31	22	20–220
Mbeya	16	12	25	5	27	10	0–220
Moshi	36	15	18	12	29	12	20–300

Mombasa
und die Küste Kenias

Bereits der portugiesische Seefahrer Vasco da Gama machte auf dem Weg nach Indien 1498 in Mombasa Halt und berichtete von dem Reichtum der Stadt. Seitdem wechselten Besetzer und Eroberer ständig, blieb die große Hafenstadt Schauplatz von Ränkespielen der Mächte. Und so erhielt Mombasa schon bald den Namen „Insel des Krieges". An den endlosen Sandstränden am Indischen Ozean bietet sich Urlaubern ein Badeparadies.

Mombasa
Das Tor zu Ostafrika

Mombasa (500.000 Einwohner) ist die zweitgrößte Stadt Kenias und das Tor zu Ostafrika. Der Stadtkern liegt auf **Mombasa Island**, das über eine künstliche Landbrücke mit dem Festland verbunden ist. Das Herz der Altstadt ist das eindrucksvolle **Fort Jesus** ❶ (s. Kasten S. 32), das von einem 12 m tiefen Graben umgeben ist (geöffnet tgl. 8–18.30 Uhr). Mit seinen vier Wehrtürmen sowie seinem bis zu 16 m hohen und 2,5 m dicken Mauerwerk aus rötlichbraunem Korallenstein beherrscht der mächtige Bau die Einfahrt zum alten Dhau-Hafen.

Gleich hinter der Anlage beginnt ein Gewirr von Plätzen und Gäßchen. Den typischen Charme und Charakter einer ostafrikanischen Küstenstadt verdankt die Altstadt Mombasas arabischen Einflüssen. Überall trifft man auf Relikte der Vergangenheit. Da verweisen alte Schilder auf englische oder deutsche Handelsvertretungen, erheben sich halb zerfallene palastähnliche Gebäude, deren Glanz längst verblaßt ist.

In der alten Polizeistation von 1898 in der Mbarak Hinawy Road, befindet sich heute **Ali's Curio Market**. Vorbei an Gebäuden im Zanzibar-Stil mit abgeschrägten Blechdächern und Türen mit Rundbögen sowie an Häusern im Swahili-Stil aus Lehm und Korallen, an denen der Zahn der Zeit nagt, gelangt man zur **Mandhry Mosque** 2 mit einem etwas klobigen, kegelförmigen Minarett. Gegenüber befindet sich das einzige Relikt in der Altstadt aus portugiesischer Zeit, das **Portugiesische Brunnenhäuschen**.

An dem kleinen **Government Square** steht die einstige **Post** von 1899, heute ein Andenkenladen. Nicht weit davon, an der Stelle eines portugiesischen Klosters von 1567, liegt das alte Zollhaus **Customs House**. Am frühen Morgen ist die Luft hier von den Gerüchen des Fischmarktes am Ende des Platzes erfüllt, vom Meer weht unaufhörlich eine leichte

> ### Tip
>
> ## Dinner bei Kerzenschein
>
> Der kulinarische Höhepunkt eines Aufenthalts an der Küste Kenias und in Mombasa ist der Besuch des „Tamarind" im Vorort Nyali bzw. an Bord der „Tamarind-Dhau". Bekannt sind Restaurant an Land sowie an Bord für die exquisiten Fischgerichte, darunter auch fangfrischer Hummer in den unterschiedlichsten Zubereitungsarten. Salate, Saucen, Beilagen und Nachspeisen runden das Mahl ab. Wenn die Sonne abends den Himmel glutrot färbt, legt die Dhau ab. Einen „Sundowner" in der Hand, segelt man mit herrlichem Blick auf die Altstadt den ruhigen Tudor Creek entlang. Anschließend wird bei Kerzenschein und leiser Musik das mehrgängige Menü kredenzt. Vom Restaurant „Tamarind" in der Silo Road hat man einen schönen Blick auf den Old Harbour. Vorbestellung ist erforderlich unter Tel. (011) 471 47.

Das Brunnenhäuschen in Mombasa ist ein Relikt aus portugiesischer Zeit.

Brise herüber. Wellen schlagen gegen die Klippen und den Bug der Dhaus im **Old Port** 3, dem alten Hafen, wo heute noch Sträflinge arbeiten. Deshalb ist das Fotografieren hier auch strengstens untersagt.

Die massiv wirkende **Dawoodi Bohra Mosque** 4 von 1902 mit der Aufschrift „Burhani Masjid for Dawoodi Bohra Community" befindet sich in der Nähe der **Leven Steps**. Das 1904 errichtete Gebäude wurde von James Emery, dem ehemaligen Gouverneur von Mombasa, nach dem britischen Schiff „Leven" benannt. Dessen Kapitän Owen hatte 1824/26 im Kampf gegen den Sklavenhandel eigenmächtig ein britisches Protektorat errichtet, obwohl die Briten offiziell die Sklavenhändler unterstützen.

Mombasa

Die Geschichte von Fort Jesus

1593 erbauten die Portugiesen nach Entwürfen des Italieners Joao Batista Cairato in Mombasa das Fort Jesus. Es sollte zum Symbol für ihre über hundertjährige Beherrschung der ostafrikanischen Küste werden, gleichzeitig aber auch für ihren Niedergang.

Schon im August 1631 drang „Don Jeronimo", der arabische Sultan von Mombasa, in Fort Jesus ein und ließ alle Portugiesen töten. 1635 gelang es den Portugiesen jedoch, das Fort wieder zurückzuerobern.

Am 13. März 1696 begannen Flotte und Landheer des Sultans von Oman, Imam Said bin Sultan al-Yaarubi, eine Belagerung. Am 13. Dezember 1698 mußten die Portugiesen schließlich aufgeben. Die Eroberer kümmerten sich allerdings kaum um das Küstengebiet und setzten nur einen schwachen Gouverneur (Liwali) ein. 30 Jahre später, am 16. März 1729, nahmen die Portugiesen das Fort erneut in Besitz und bauten es weiter aus. Bereits im April desselben Jahres erhoben sich die Einwohner gegen die Portugiesen, die sich im November wohl oder übel geschlagen geben mußten.

Von 1741–1837 regierten die Mazrui, eine alteingesessene Shirazi-Familie, bis der Sultan von Oman, Sayyid Said, wieder Interesse an seinen Besitzungen in Afrika zeigte. Daraufhin baten die Mazrui den Kapitän eines vorbeisegelnden britischen Schiffes um Hilfe. Kapitän Owen beschloß, Mombasa zum britischen Protektorat zu machen, obwohl es eine politische Allianz zwischen England und Oman gab. Am 25. Juli 1826 erklärte London den Vertrag von Owen für ungültig und zog den britischen Repräsentanten ab. Am 7. Januar 1828 erlangte Sayyid Said die Kontrolle über Fort Jesus zurück. Die folgenden Jahre verliefen ruhiger. Lediglich im Januar 1875 gab es ein Scharmützel, als Truppen des Sultans rebellierten und zwei britische Kriegsschiffe das Fort beschossen. Am 1. Juli 1895 wurde Mombasa wieder zum britischen Protektorat erklärt. Fort Jesus wurde in ein Gefängnis umgewandelt, das bis 1956 existierte. 1960 wurde es der Öffentlichkeit zugänglich gemacht (geöffnet tgl. 8–18.30 Uhr).

Das Fort Jesus beherrscht die Hafeneinfahrt von Mombasa.

Das Protektorat war deshalb ein politischer Skandal und wurde von der britischen Regierung sofort rückgängig gemacht. Nach der Zahl der Stufen heißt die Anhöhe, von der man einen herrlichen Blick auf den Hafen genießt, auch „Thirtynine Steps".

Die **Basheikh Mosque** 5 in der Old Kilindini Street, auch Tangana Mosque genannt, stammt aus dem 16. Jahrhundert und präsentiert sich in strahlendem Weiß. In der Makadara Street erhebt sich die **Baluchi Mosque**, 1875 von Einwanderern aus dem heutigen Pakistan (Belutschen) gegründet, die als Söldner des Sultans von Zanzibar ins Land kamen. Die alte Moschee wurde 1964 durch einen Neubau in den Farben Grün, Weiß und Rosa ersetzt.

Der **Jain Temple** 6 unweit des Central Market wurde 1963 als Zuckerbäckerfassade ganz aus weißem Marmor erbaut. Besucher, die das reich verzierte Tempelinnere besichtigen möchten, müssen ihre Schuhe ausziehen. Vom Tempel aus gelangt man durch das lebendige Inderviertel, vorbei an Bazaren und Geschäften, zur Digo Road, der Haupteinkaufsstraße. Den Weg zu den vier überdimensionalen Elefantenzähnen aus weiß bemaltem Aluminium (Tusks), die die Moi Avenue überspannen, säumen zahllose Souvenirläden und Andenkenstände, die den Eingang zum **Uhuru Park** 7 westlich der Altstadt mit seinem Afrika-Brunnen nahezu verdecken. Auf der Terrasse des Castle Hotel in der Moi Avenue sollte man eine Verschnaufpause einlegen, um das rege Treiben zu beobachten (Tel. 011-22 34 03, Fax 31 25 58).

Wer noch Zeit hat, kann die Nyerere Avenue in südlicher Richtung zur **Likoni Ferry**, der Autofähre zum Festland, laufen und die **Mbaraki Pillar** 8 besichtigen, eine Säule aus Korallenstein, im 18. Jahrhundert als Grabmal für den Scheich von Changamwe errichtet. Ein Bummel entlang der malerischen Strandpromenade zum **Fort St. Joseph** 9 aus dem Jahr 1826 lohnt sich.

Informationen: Mombasa Tourist Office, Nyerere Avenue, Biashara Bank Building (1st floor), Mombasa, Tel. (011) 22 34 65.

Tip

Abstecher zu den Shimba Hills

Das Shimba Hills National Reserve (192 km^2) liegt nur 37 km südlich von Mombasa einige Kilometer von der Küste entfernt im Landesinneren. Es ist geradezu ideal, plant man eine kurze Safari. Übernachten kann man in einem Baumhotel, der Shimba Hills Lodge. Sie wurde – auf Pfähle gestützt – zwischen Bäumen errichtet, so daß in manchen Zimmern dicke Äste durch den Boden wachsen und in der Decke wieder verschwinden (Buchung über Tel. 02-33 58 07, Fax 34 05 41). An dem nachts beleuchteten Wasserloch der Lodge kann man regelmäßig Wildtiere beobachten. Im Reservat leben neben Giraffen und Büffeln auch die seltenen Rappenantilopen.

Auf der Suche nach Wasser kommen viele Tiere zum Wasserloch an der Shimba Hills Lodge.

Mombasa

Die Südküste
Paradies für Badeurlauber

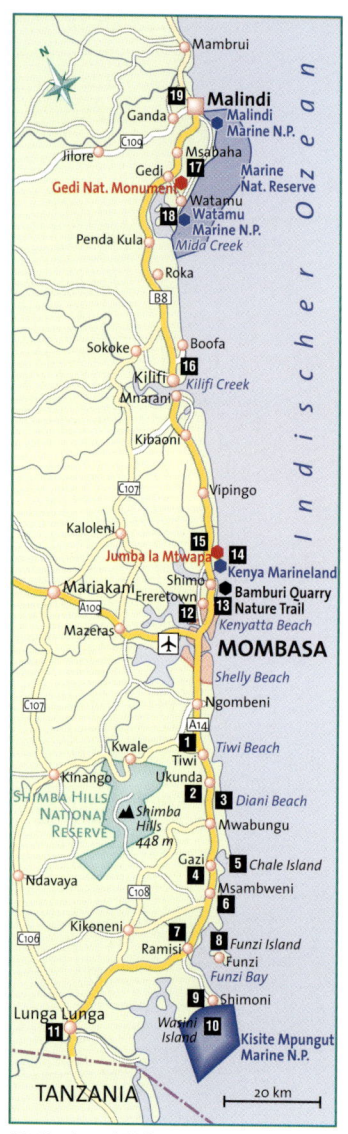

Die Nord- und Südküste Kenias

Die Küste Kenias ist 480 km lang und ein viel besuchtes Bade- und Urlaubsparadies mit zahlreichen komfortablen Strandhotels und Lodges. Das vielfältige Freizeitangebot sowie die Möglichkeit, den Urlaub mit einer kurzen Safari zu kombinieren, läßt den Aufenthalt an der Küste Kenias so attraktiv erscheinen. Die meisten Urlauber reisen vor allem an die herrliche Südküste, wo die Strände meist breiter als im Norden sind und nicht von längeren felsigen Abschnitten unterbrochen werden.

Von Mombasa nach Tiwi
Ausgangspunkt für eine Fahrt entlang der Südküste ist die **Likoni Ferry** in Mombasa im gleichnamigen Vorort. Die Fähre setzt von **Mombasa Island** zum Festland über. Von hier geht die Fahrt auf der A 14 in Richtung Süden weiter, vorbei am **Shelly Beach** mit vielen Unterkünften für Selbstversorger. Die Badefreuden werden hier allerdings häufig durch angespülten Tang getrübt. Nach 18 km erreicht man eine Abzweigung zum 3 km entfernten **Tiwi Beach** **1**. Wegweiser führen zu den Ruinen der arabischen **Tiwi Mosque** und zu der auf einem Felsen errichteten **Kongo Mosque** aus dem 18. Jahrhundert, die malerisch von großen Affenbrotbäumen umgeben ist. Die

34 Die Südküste Kenias

Mündung des **Mwachema River** trennt den Tiwi vom Diani Beach.

Wo Südseeträume wahr werden

Von **Ukunda** ❷, einer Siedlung mit einfachen Hütten, kleinen Läden, einer Post und einer Bank 30 km südlich von Mombasa, zweigt die E 965 zum **Diani Beach** ❸ ab, Kenias längstem Strand. Badeurlauber kommen hier voll und ganz auf ihre Kosten: Das kristallklare, türkisblaue Wasser des Indischen Ozeans erstreckt sich bis zum Horizont, Palmen säumen den weißen Sandstrand, Luxushotels und herrliche Villen warten auf die Touristen. Der Küste ist ein Korallenriff vorgelagert, das den Uferbereich vor der kräftigen Brandung schützt. Noch fügen sich die Unterkünfte architektonisch harmonisch in das Landschaftsbild ein, etwa die luxuriöse Leisure Lodge (s. Tip).

Rund um die Gazi Bay

48 km südlich von Mombasa gelangt man zu dem kleinen Ort **Gazi** ❹, früher einmal Hauptquartier des Mazrui-Anführers Sheik Mbaruk bin Rashid. Er erlangte zweifelhaften Ruhm, weil er Gefangene erst dann foltern ließ, wenn sie in

Kenias Küste, hier der Diani Beach, ist ein Dorado für Badeurlauber.

Tip

Ein Traum von Urlaub

Der 35 km südlich von Mombasa am Diani Beach errichtete Leisure Lodge Club verspricht Luxus pur. Er bietet neben einem Spezialitäten-Restaurant und einer Beach-Bar unter Palmen eine romantische Dinner-Terrasse. Zwei Swimmingpools liegen eingebettet in tropische Gärten, in denen Kokospalmen und farbenprächtige Hibiskusbüsche wachsen. Feudal sind die Golf-Villen mit eigenen, malerischen Swimmingpools. Folklore-Abende, Barbecues, Candlelight-Dinners und Tanzabende mit Livebands wechseln einander ab. Das Spielcasino lockt die Besucher ebenso wie die Tennis-Hartplätze mit Flutlicht, der Golfplatz oder die Windsurf-Schule. Informationen und Buchung: tbs, München, Tel. (089) 356 19 78, Fax 35 65 19 81.

Die Südküste Kenias

Tip

Fischen auf hoher See

Shimoni, 84 km südlich von Mombasa, besitzt einen ausgezeichneten Ruf bei Hochseeanglern. Die Shimoni Reef Fishing Lodge organisiert Ausflüge zum Kisite Mpunguti Marine National Park (28 km²) und zum Pemba Channel, einer Meeresenge zwischen Wasini Island und der ca. 40 km entfernten Insel Pemba, die bereits zu Tanzania gehört. Der Pemba Channel gilt als das fischreichste Gebiet der gesamten kenianischen Küste. Jeder Angler erhält ein Foto und eine Urkunde, die den Fang dokumentieren. Für Sportfischer gibt es spezielle Hotels und traditionelle Clubs im britischen Stil.
Informationen und Buchung: Pemba Channel Fishing Club, Tel. (011) 31 37 49, Fax 31 68 75 und Shimoni Reef Fishing Lodge, Tel. (011) 47 17 71, Fax 47 13 49.

den Dämpfen brennender Chilischoten schon halb erstickt waren. Seine Villa beherbergt heute eine Primary School. Sehenswert ist vor allem die kunstvoll geschnitzte Tür des Gebäudes. Der Ort kann darüber hinaus auch eine bedeutende Koprafabrik vorweisen. Das Fleisch der Früchte wird zu Fett verarbeitet, die Fasern der harten Schale liefern Polstermaterial.

Hinter Gazi dehnt sich die dicht mit Mangroven bewachsene **Gazi Bay** aus, die von einer Halbinsel zum offenen Meer hin geschützt wird. Der Halbinsel vorgelagert befindet sich die Privatinsel **Chale Island** ⑤. Das dortige Paradise Island Resort, eine kleine romantische Zeltanlage, führt auch Tauchlehrgänge durch (Buchung über Tel. 0127-25 15, Fax 33 20).

Auf dem Weg nach Wasini Island
Etwa 10 km von Gazi entfernt liegt **Msambweni** ⑥, der „Ort der Säbelantilope". Hier gibt es einen schönen Strand. Das ruhige, im arabischen Stil erbaute Hotel Seascape bietet gute Unterkunftsmöglichkeiten in Villen (Buchung über Tel. 02-74 40 33, Fax 74 39 66).

Die Weiterfahrt führt an ausgedehnten Zuckerrohrfeldern vorbei zu der Ortschaft **Ramisi** ⑦ 69 km hinter Mombasa. Von hier aus kann man mit dem Schiff auf das von Mangroven umgebene **Funzi Island** ⑧ übersetzen. In Ramisi ist die Zufahrtsstraße zu der Halbinsel **Shimoni** ⑨ ausgeschildert, den „Ort der großen Höhle", die man nach weiteren 14 km erreicht (s. Tip). Tatsächlich sind in dem Ort bislang noch kaum erforschte Tropfsteinhöhlen zu besichtigen. Wer möchte, kann mit einem Glasbodenboot die atemberaubende Welt der Korallenriffe erleben oder auf dem nur 5 km langen und 1 km breiten **Wasini Island** ⑩ ein mit chinesischem Porzellan verziertes Säulengrab einer alten arabischen Siedlung besichtigen. Die Region zwischen Shimoni und Wasini Island sowie das Meeresgebiet südlich von Wasini Island wurde zum **Kisite Mpunguti Marine National Park** (28 km²) zusammengefaßt, einem Paradies für Taucher und Schnorchler. Zurück zur Abzweigung bei Ramisi folgt man der A 14 weitere 30 km bis nach **Lunga Lunga** ⑪, dem letzten kenianischen Ort vor der Grenze nach Tanzania.

Die Südküste Kenias

Die Nordküste
Strände und Swahili-Stätten

Die Nordküste Kenias zieht sich von Mombasa über die Küstenorte Kilifi und Malindi bis zur Inselgruppe des Lamu-Archipels und endet mit dem Dorf Shakani an der Grenze nach Somalia. Traumhafte Strände mit luxuriösen Hotelanlagen reihen sich aneinander wie Perlen an einer Schnur, und verwunschene Ruinenstädte erzählen von längst vergangenen Zeiten.

Missionare und Sklavenhändler
Verläßt man Mombasa über die **New Nyali Bridge** und folgt der Clement Road zum Vorort **Nyali**, gelangt man nach **Ras Kidomani**. Hier legte der deutsche Missionar Johann Ludwig Krapf das Gelübde ab, den „schwarzen Kontinent" zu bekehren. Ihm zu Ehren errichtete man an dieser Stelle ein Denkmal.

Wendet man sich hinter der New Nyali Bridge nach Norden (B 8), erreicht man bald den Vorort **Freretown** 12, benannt nach dem britischen Gouverneur Sir Bartle Frere. Freretown wurde im Jahre 1874 als Siedlung für freigelassene Sklaven gegründet. In der Manuel

Der Schilderwald im Kenya Marineland zeigt Entfernungen in alle Welt.

Eine Chance für die Natur

Wie man mit Programmen zur Wiederaufforstung die häßlichen Narben eines gewaltigen Steinbruchs beseitigen kann, zeigt die Aktion des Schweizer Agrarexperten René Haller. 1971 nahm er die Rekultivierung eines großen Gebietes der Bamburi Cement Factory 11 km nördlich von Mombasa in Angriff. Hier hatte die Zementfabrik seit 1954 den Boden systematisch aufgewühlt, um Kalkstein zu fördern. Pro Jahr fielen diesem Unternehmen 35 ha Land zum Opfer.

Das Gelände liegt unterhalb des Meeresspiegels und ist ständig feucht, da der Kalkstein das Salzwasser durchsickern läßt. Haller pflanzte zunächst 30.000 der genügsamen, an der ostafrikanischen Küste vielfach vorkommenden Kasuarinen an, die auch stark salzhaltiges Grundwasser vertragen. Die abfallenden grünen „Nadeln" der Laubbäume sind eine bevorzugte Nahrung für Tausendfüßer, die wegen ihrer roten Beinchen und ihres schwarzen Körpers auch „Mombasa-Expreß" genannt werden. Die Ausscheidungen dieser Tiere werden von Würmern und Bakterien in Humus verwandelt – ein ideales Substrat für Gräser und andere Pflanzen, die ihrerseits wieder zahlreiche Insekten anlocken.

Auf diese Weise wurde ein kleines, ökologisch intaktes Paradies geschaffen mit schattigen Wäldern und grünen Wiesen. Um das Projekt auch touristisch zu erschließen, wurden Tiergehege mit Flußpferden, Krokodilen, Affen, Büffeln, Giraffen, Zebras und einigen Antilopenarten eingerichtet. Zahlreiche Vögel fühlen sich hier wie zu Hause. In einer Fischfarm hat man unterschiedliche Sorten des Tilapia-Fisches züchten können, die an viele Restaurants und Geschäfte der Umgebung verkauft werden. Die gemeinnützige Farm ist heute Touristenattraktion.

In Begleitung eines Führers kann man den Bamburi Quarry Nature Trail, einen von Kasuarinen gesäumten schattigen Pfad, absolvieren. Am Trail befinden sich auch eine Fischfarm und ein Schlangenpark, die zu besichtigen sind.

Informationen: Bamburi Quarry Nature Trail, Tel. (011) 48 57 29, Fax 48 50 88, geöffnet Mo–Sa 8–17 Uhr, Fütterung der Wildtiere tgl. 16 Uhr.

Church läutet noch die alte Glocke, die früher vor den nahenden Dhaus der arabischen Sklavenhändler warnte. In der Sakristei hängt ein Porträt von Matthew Wellington, eines von den Engländern befreiten schwarzen Waisen, der den amerikanischen Reporter Henry Morton Stanley nach Ujiji begleitete.

Kurz hinter Freretown ragt auf der linken Straßenseite das Portland (Bamburi)-Zementwerk auf. Ihm angeschlossen ist der **Bamburi Quarry Nature Trail** 13 (s. Kasten). Die drei nebeneinander liegenden Strände **Kenyatta**, **Bamburi** und **Shanzu Beach** bilden das Herzstück der Nordküste Kenias. Der weite, flache Shanzu Beach erstreckt sich bis zum **Mtwapa Creek**. An dieser tief ins Festland eingeschnittenen Meeresbucht 18 km nördlich von Mombasa, die den Großraum Mombasa von Kilifi trennt, befindet sich das **Kenya Marineland** 14 (geöffnet tgl. 8.30–18 Uhr, Tel. 0125-48 52 48). Hier werden Dhau-Fahrten über den Mtwapa Creek angeboten. Sie gehören zu den unverzichtbaren touristischen Pflichtübungen eines Aufenthalts an der Küste Kenias. Zu den Attraktionen des Kenya Marineland gehören auch tropische Parkanlagen, Krokodilteiche, ein Schlangenpark und das Spezialitätenrestaurant Aquamarine, das zu den besten an der Küste zählt (Tel. 0125-48 65 83). Außerdem werden Masai-Tänze aufgeführt.

Die Nordküste Kenias

In der Mitte des 15. Jahrhunderts war Gedi eine blühende arabische Stadt.

Von versunkenen Städten

Nur 1 km hinter der Brücke bei Mtwapa zweigt rechts eine unbefestigte Straße zu den Ruinen der versunkenen Swahili-Stadt **Jumba la Mtwapa** ab, die etwa zwischen 1350 und 1450 bewohnt war (geöffnet tgl. 8.30–18 Uhr). Der Name der Stadt, die als National Monument geschützt ist, bedeutet auf Swahili „Haus des Sklavenhalters". Warum die Stadt aufgegeben wurde und wer ihre Bewohner waren, ist bis heute ungeklärt. Die Mosque by the Sea (1972 freigelegt) liegt am Ende des Pfades, der vom Eingang der Anlage hinunter zur Küste führt. Mächtige Baobabs verleihen der Ruinenstadt eine seltsam unwirkliche und geheimnisvolle Atmosphäre.

Weiter in Richtung Norden zieht sich die B 8 an Bananen-, Mais- und Sisalplantagen entlang und erreicht etwa 40 km hinter Jumba la Mtwapa den Ort **Kilifi** (15.000 Einwohner), an der schönen Mangrovenbucht des **Kilifi Creek** gelegen. Hinter Kilifi erstreckt sich das **Arabuko Sokoke Forest Nature Reserve** (6 km²), ein Rest des tropischen Regenwaldes, der einst die gesamte Küstenzone bedeckte.

Tip

Tauchen vor Watamu

Südlich von Watamu, von der Blue Lagoon bis zum Mida Creek, erstreckt sich der Watamu Marine National Park (10 km²). Der Meerespark ist ein Dorado für Taucher, auch wenn die See in der Zeit zwischen Juni und August trüb und im Juli auch sehr bewegt sein kann. Der Mida Creek am Südende der Bucht von Watamu ist ein überflutetes Flußtal, das von tief liegenden Mangrovensümpfen und Watten eingefaßt ist. Gleich am Eingang des Mida Creek befinden sich drei große Unterwasserhöhlen („The Big Three Caves"), in denen bis zu 3 m lange Zackenbarsche leben. Die Höhlen liegen rund 4 m unter dem Flutwasserstand und sind auch bei Ebbe mit Wasser gefüllt. Tauchkurse und Tauchgänge werden vom Turtle Bay Beach Club angeboten (Tel. 0122-320 03, Fax 322 68).

Etwa 40 km von Kilifi entfernt zweigt ein kleiner Weg zum **Gedi National Monument** 🔢 ab, einer ebenfalls sehr gut erhaltenen Ruinenstätte (geöffnet tgl. 8–18 Uhr). Der Ort, von dem selbst die Portugiesen keine Kenntnis hatten, obwohl sie fast 100 Jahre im nur

Vor der Juma's Mosque in Malindi wurden früher jeden Freitag Sklavenauktionen abgehalten.

20 km entfernten Malindi lebten, wurde um die Wende zum 14. Jahrhundert erbaut. Mitte des 15. Jahrhunderts erlebte er seine Blütezeit, im frühen 17. Jahrhundert wurde er verlassen. Das gleich hinter dem Eingang zu der Anlage liegende Dated Tomb trägt eine Grabinschrift, die das Jahr 808 der Hedschra nennt. Das entspricht dem Jahr 1399 unserer Zeitrechnung.

Rund um Malindi
Von Gedi führt eine etwa 5 km lange Straße nach **Watamu** (10.000 Einwohner) 🔢. An den phantastischen Buchten Watamu Bay, Blue Lagoon und Turtle Bay befinden sich einige berühmte Hotels, z.B. das Hotel Hemingways (Buchung über Tel. 02-22 52 55, Fax 21 65 35). Das vorgelagerte Riff sowie der südlich der Stadt gelegene **Mida Creek** gehören zum **Watamu Marine National Park** (10 km²), der 1968 gegründet wurde (s. Tip S. 39).

Etwa 15 km hinter der Abzweigung nach Watamu liegt **Malindi** (40.000 Einwohner) 🔢, ein bedeutendes Zentrum für Hochseefischer (Informationen: Malindi Tourist Office, Harambee Road, Malindi, Tel. 0123-207 47). Die Stadt ist auch ein beliebter Altersruhesitz für wohlhabende Europäer. Einen Besuch wert ist die Juma's Mosque, wo noch bis 1873 jeden Freitag Sklaven versteigert wurden. Neben der Moschee steht das Pillar Tomb, ein Säulengrab aus dem 15. Jahrhundert. Im Süden der Stadt erhebt sich auf einer Landzunge das **Vasco da Gama-Kreuz**. Es erinnert an den Besuch des portugiesischen Seefahrers im Jahr 1498.

Der Ort bietet einen breiten Sandstrand und eine üppige Meeresfauna, die im **Malindi Marine National Park** (6 km²) geschützt wird. Im Barracuda Channel, wo das vorgelagerte Malindi Reef 10 m steil abfällt, tummeln sich bunte Fische. Jenseits des Channel liegen im südlichen Teil des Parks die Korallengärten, die 15 m tief in die Stock Passage hinunterreichen. Das North Riff ragt bei Ebbe teilweise aus dem Wasser heraus. Dann erscheinen die Korallenbänke noch sehr viel farbenprächtiger.

 Die Nordküste Kenias

Lamu Town
Stadt aus 1001 Nacht

Hinter Malindi geht die Asphaltstraße unvermittelt in eine Piste mit Schotter und Schlaglöchern über, die nur schwer zu befahren ist. Wer das nahe der Grenze nach Somalia der Küste vorgelagerte **Lamu Island** besuchen möchte, sollte von Malindi aus einen Flug mit einer kleinen Maschine auf die benachbarte Insel **Manda Island** buchen (45 Minuten, z.B. Prestige Air Services, Tel. 0123-208 61, Fax 208 60), denn Lamu Town selbst besitzt keine Landepiste. Von Manda Island setzt man mit flachen Segelbooten nach Lamu Island über.

Alles geht noch seinen Gang
In Lamu Town (18.000 Einwohner) gehen die Uhren noch anders. Die Stadt hat sich ihr mittelalterliches Flair bewahrt. Das orientalisch wirkende Panorama des Hafens erscheint wie eine Fata Morgana aus längst vergangener Zeit. Die repräsentativen Gebäude an der Uferstraße (Sea Front) wurden zwar erst im 19. und 20. Jahrhundert errichtet, wirken jedoch authentisch. In dem Gewirr enger Gassen gibt es keine Autos. Tagsüber sind die von weißgekalkten Häusern und vereinzelten Kokospalmen gesäumten Sträßchen menschenleer. Abends ändert sich das Bild jedoch schlagartig. Dann verwandelt sich die Uferpromenade in einen Basar.

Wenn am Nachmittag eine vom Meer aufkommende Brise die alles lähmende Hitze des Tages vertreibt, kommt endlich Leben in die Stadt.

Bummel durch die Stadt
An der **Harambee Street** (Nyia Kua), der parallel zur Sea Front verlau-

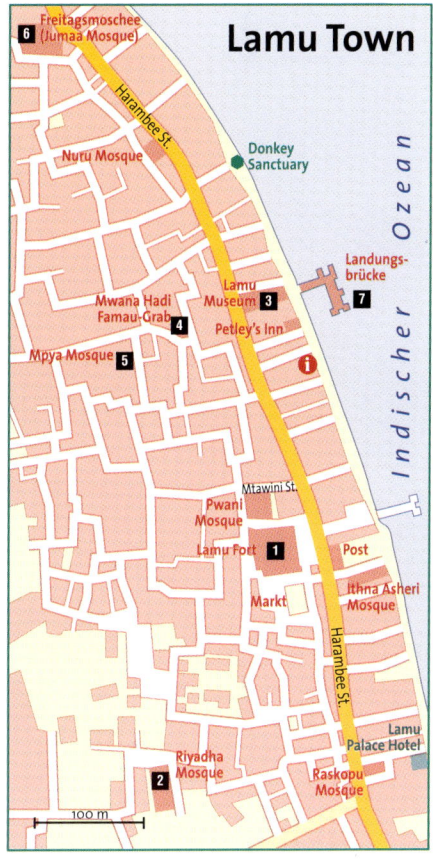

Die Swahili-Architektur

Architektonische Schätze und Sehenswürdigkeiten dürfen im Landesinnern nicht erwartet werden, denn die früher hier durchziehenden verschiedenen Nomadenstämme brachten keine baulichen Meisterwerke zustande. Ihre Unterkünfte aus Lehm, Dung und Holz mußten nur kurze Zeit beständig sein. Und die später errichteten Bauten waren rechteckige, wellblechgedeckte Hütten oder Hochhäuser von nüchterner Zweckmäßigkeit.

An der Küste dagegen findet man erstaunliche bauliche Leistungen. Sie lassen einen starken arabischen Einfluß erkennen. Zwar orientierte sich die Swahili-Architektur weitgehend an arabischen Vorbildern, doch kam es aufgrund der verwendeten einheimischen Materialien (z.B. porösem Riffkalk) durchaus zu eigenständigen Prägungen.

Das Äußere eines traditionellen Swahili-Hauses wirkt massiv und abwehrend. Die dicken Wände der Gebäude aus Kalkstein wurden meist mit Lehm oder Kalkmörtel verputzt. Für die Flachdächer benutzte man Mangrovenholz und Lehm. Charakteristisch ist der Kontrast zwischen den schmucklosen, glatten Außenwänden und der reichen Ornamentik im Inneren.

Besonders in Lamu sorgen dicke Mauern für angenehme Kühle. Auch die schmalen, windstillen Gassen verhindern, daß die sengende Sonne in die Häuser eindringt und die Mauern aufheizt. Der „kiwanda" (Innenhof) versorgt das Haus mit Licht und frischer Luft. Die begrenzte Spannweite der ursprünglichen Holzarchitektur führte dazu, daß ein Haus in mehrere Galerien (misana) unterteilt wurde, die oft mit wunderschön geschnitzten Verzierungen in Form eines Frieses oder einer Nische versehen sind. Die Wohnräume befinden sich im ersten Stock, einige Gebäude haben einen Balkon. Die „daka", die meist prachtvoll geschnitzte Eingangstür mit herrlichen Stukkaturen, ist gleichzeitig Bestandteil des Hauses und der Gasse. Oft steht eine „baraza" (Steinbank) vor der Tür. Zwei Gebäude werden durch eine „wikio", eine Brücke über die Straße, miteinander verbunden. Die Häuser besonders wohlhabender Kaufleute besitzen auch eine Veranda.

fenden Hauptstraße von Lamu Town, liegt das **Lamu Fort** ❶, erbaut um 1820. Das mächtige Gebäude diente während der Kolonialzeit als Gefängnis. Es wurde liebevoll restauriert und beherbergt heute eine Bibliothek, Ausstellungsräume mit naturkundlichen Exponaten sowie ein Café (geöffnet tgl. 8–18 Uhr). Südwestlich des Forts befindet sich die **Riyadha Mosque** ❷ aus dem Jahr 1900 mit ihrer grünen Kuppel und der berühmten Koranhochschule. Die Moschee ist die wichtigste von über zwei Dutzend in Lamu. Jedes Jahr wird hier das berühmte Maulidi-al-Nabi-Fest gefeiert (etwa Juni/Juli), zu dem Pilger aus ganz Afrika kommen.

In den engen Gassen von Lamu scheint die Zeit stehengeblieben zu sein.

Die Kunst des traditionellen Schiffsbaus wird in Lamu nach wie vor gepflegt.

Mosque ❻ aus dem 16. Jahrhundert, auch **Freitagsmoschee** genannt. Sie ist das größte der zahlreichen Gebetshäuser der Stadt.

Nahe der **Landungsbrücke** ❼, wo das Schiff von Manda Island anlegt, befindet sich Petley's Inn, ein ehemaliges Herrenhaus mit Dachterrasse, wo auch Alkohol ausgeschenkt wird (Tel. 0121-331 07, Fax 333 78). Es lohnt sich, entlang der Hafenpromenade einen Bummel zum Lamu Palace Hotel zu unternehmen (Tel. 0121-332 73, Fax 331 04). Das Hotel unter Leitung des Schweizers Pius Gmuer bietet

Vom Fort führt die Harambee Street zum **Lamu Museum** ❸, dem ehemaligen Haus des Distriktkommissars (geöffnet tgl. 8–18 Uhr). Das Gebäude im alten Zanzibar-Stil mit seinen geschnitzten Türen vermittelt einen guten Eindruck von der Lebensweise der Swahili. Kostbarster Besitz des Museums sind zwei Siwa-Hörner aus Elfenbein und Messing, die nur zu besonderen Anlässen geblasen werden. Im Museum sind auch Kanonen ausgestellt, mit denen die Briten 1892 das Sultanat von Witu beschossen.

Westlich des Museums liegen das **Grabmal Mwana Hadi Famau** aus dem 15./16. Jahrhundert ❹ und die **Mpya Mosque** ❺. Geht man die Harambee Street noch etwas weiter entlang, erreicht man die **Jamaa**

Tip

Schiffsbau in Matondoni

In Matondoni an der Westseite von Lamu Island werden auch heute noch auf traditionelle Weise große Dhaus gebaut. Von Lamu Town aus führt ein etwa zweistündiger Fußmarsch auf einem Sandpfad dorthin. Am Hafen kann man sich auch eine Dhau mit einer Bootsmannschaft mieten, um nach Matondoni zu fahren. Zeitpunkt und Preis sind Verhandlungssache. Charakteristisch für das Lamu Dhau ist das große, dreieckige Lateensegel. Das Heck läuft nicht spitz zu wie bei den Mtepe Dhaus mit ihren viereckigen Segeln, sondern rund, und der Bug ist reich verziert. Man kann den Schiffsbauern bei ihrem traditionellen Handwerk zuschauen, fotografieren darf man sie dabei allerdings nicht. Der Bau einer Dhau dauert etwa zwei Jahre.

eine vorzügliche Küche (Meeresfrüchte und Curry-Gerichte). Hier kann man auch eine Dhau mieten, um zu den Schiffsbauern von **Matondoni** an der Westseite der Insel zu segeln (s. Tip).

Safariparadiese
im Süden Kenias

Einige der beliebtesten Ziele auf einer Reise durch Ostafrika liegen im Süden Kenias. Hier ragt der gewaltige, schneebedeckte Mt. Kilimanjaro (5.895 m) hoch über den Amboseli National Park auf. Der atemberaubende Anblick des höchsten Bergs in Afrika bleibt jedem Besucher unvergeßlich. Und der Tsavo, der größte Nationalpark Kenias, ist für seinen enormen Wildreichtum und die luxuriösen Lodges bekannt.

Heia Safari
Ausflüge von Mombasa

Mombasa ist nicht nur ein beliebter Ausgangspunkt für Fahrten an die Küste Kenias, die Stadt bietet sich auch als Basis für Safaris in die nahe gelegenen Wildreservate im Süden des Landes an. Dazu zählen neben dem Shimba Hills National Reserve (s. Tip S. 33) vor allem der Tsavo West und der Amboseli National Park. Zahlreiche Reiseunternehmen in Deutschland, aber auch in Kenia (z.B. Pollman's Tours & Safaris, Tel. 011-31 25 65, Fax 31 22 45) sowie einige Lodges an der Küste veranstalten Safariausflüge mit Bussen, Geländewagen oder kleinen Sportmaschinen dorthin.

Anreise auf holpriger Straße
Sobald man Mombasa hinter sich läßt, verschwindet der Mittelstreifen auf der A 109. Sisalplantagen und Bananenhaine, Affenbrotbäume und Strohhütten säumen den Weg. Nach 37 km erreicht man den üppiggrünen Ort **Mariakani**, 28 km weiter dann **Samburu**. Die Straße steigt stetig an, und die Landschaft wird allmählich trockener.

Über **Mackinnon Road** gelangt man 90 km hinter Mombasa an das **Buchama Gate**, den ersten Eingang zum Tsavo East National Park. Der Hauptzugang, das **Voi Gate**, liegt etwa 60 km entfernt bei der kleinen Ortschaft **Voi**. Setzt man die Fahrt auf der A 109 in Richtung Nairobi fort, kann man den Tsavo West National Park über das **Tsavo Gate** 48 km hinter Voi oder über das **Mtito Andei Gate**, 49 km weiter, betreten.

Tip

Unterwegs mit dem Mombasa-Expreß
Wer einmal koloniales Ambiente erleben möchte, für den ist eine Zugfahrt mit dem „Mombasa-Expreß" von Mombasa in die Hauptstadt Nairobi und wieder zurück genau das Richtige. Täglich verkehrt ein Zug in jede Richtung (Fahrzeit 13 Std.). Sobald der Zug langsam den Bahnhof verläßt, bereitet das Zugpersonal das Bett für die Nacht. Zum Abendessen wird ein herzhaftes britisches Menü serviert. Die Fahrt geht am Tsavo East-Nationalpark entlang, durch den die Bahnstrecke des „Wahnsinnsexpreß" Anfang des 20. Jahrhunderts unter großen Strapazen gebaut wurde. Informationen und Buchung: Kenya Railways Corporation, Nairobi, Tel. (02) 22 12 11 oder Mombasa, Tel. (011) 31 22 20.

Die Man Eaters von Tsavo

Endlich, im Dezember 1901, konnte Florence Preston, die Frau des Chefingenieurs der „Lunatic Line" (Ugandabahn), in Kisumu am Ufer des Lake Victoria den letzten Nagel in die Schwelle der Bahnlinie schlagen. Der Bau verschlang die damals unvorstellbare Summe von insgesamt 5 Mio. Pfund.

1896 waren in Mombasa die ersten Schienen verlegt worden. Der Bau der „Wahnsinnslinie" geriet zu einem der gewagtesten kolonialen Unterfangen, übertroffen nur vom Bau des Suezkanals.

Zahlreiche Probleme vom schwierigen Gelände bis hin zu den Streiks der 40.000 Arbeiter waren zu überwinden. Zudem versetzten zwei menschenfressende Löwen (Man Eaters) die Bautrupps in Aufregung. Denn kaum hatten die Arbeiter eine vorläufige Holzbrücke über den Tsavo River gebaut, verschwand ein indischer Streckenarbeiter. Seine Leiche deutete auf den Überfall von Löwen hin. Mehrere Monate dauerte die Jagd auf zwei Löwinnen, während der die indischen Arbeiter zuhauf desertierten und der Bau der Bahnstrecke fast zum Erliegen kam.

Erst Colonel J. H. Patterson gelang es am 9. 12. 1899, eine der Löwinnen in eine Falle zu locken. Sein erster Schuß ging fehl, der zweite verwundete das Tier nur. Ein weiteres Mal lauerte er der Löwin von einem Hochstand aus auf. Zwei Stunden mußte er auf der wackligen Holzkonstruktion ausharren, während die Löwin ihn unablässig umkreiste. Schließlich eröffnete er blindlings das Feuer und traf das Tier.

Drei Wochen später konnte der Colonel nach mehreren wenig heldenhaften Episoden auch die zweite Löwin töten. Der Schütze notierte, der „Menschenfresser" sei „tapfer im Kampf gestorben".

In seinem 1914 in London erschienenen Buch „The Man Eaters of Tsavo" berichtet Patterson auf anschauliche Weise von seinen Erlebnissen beim Eisenbahnbau, so auch von der Streckenführung durch das Rift Valley. Der steile Abfall erforderte sehr schwierige und zeitaufwendige Terrassierungsarbeiten, die ein spezielles Quartier am von den Masai so genannten „Ort des kühlen Sumpfes" (Enkare nairobi) notwendig machten. Aus dem Arbeitscamp entwickelte sich schließlich die Hauptstadt Kenias, Nairobi.

Tsavo East und West
Zweigeteilte Schönheit

Der Tsavo – einst bevorzugtes Revier weißer Jäger – ist mit einer Fläche von 20.812 km² der größte Nationalpark Kenias. Er wird von der Bahnlinie und der Straße zwischen Mombasa und Nairobi in zwei Stücke geteilt. Der eine Teil, der **Tsavo West**, wird im Nordwesten von felsiger Dornbuschsavanne und den Ausläufern des Shetani-Lavafeldes, im Südosten von den **Taita Hills** begrenzt. Der andere Teil, der **Tsavo East**, ist deutlich größer und liegt flacher. Besonders der Norden von Tsavo West ist touristisch gut erschlossen.

Durch die Dornbuschsavanne im Tsavo East

Tsavo East (11.747 km²) ist überwiegend mit mageren Akazien bestanden. Der Haupteingang, das **Voi Gate** ❶, liegt nur 6 km von der Ortschaft **Voi** entfernt. Die Attraktion des Wildparks sind seine „roten Elefanten". Rot sind sie deshalb, weil sie sich zum Schutz vor der Sonne und den Insekten mit der eisenhal-

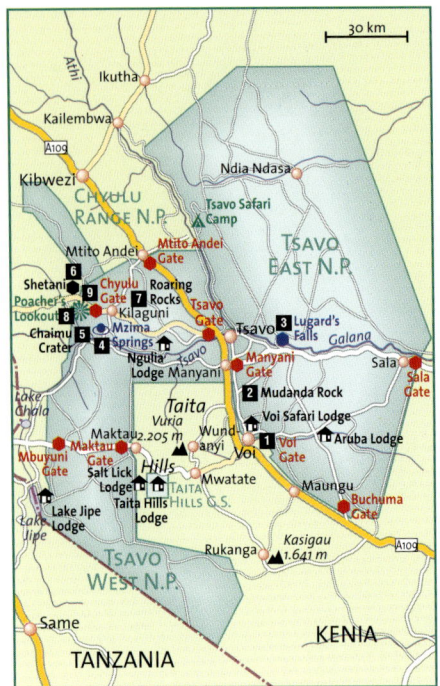

Tsavo East und Tsavo West National Parks

tigen, roten Erde besprühen. Noch vor etwa 30 Jahren war Tsavo für seine vielen Elefanten berühmt, Anfang der 70er Jahre lebten hier 20.000 der Dickhäuter. Doch dann dezimierten Wilderer die Bestände um etwa drei Tiere pro Tag, und 1978 zählte man nur noch 8.000 Exemplare. Erst nach Gründung des Kenya Wildlife Service im Jahr 1989 unter der Leitung von Richard Leakey konnte das Wildererunwesen eingedämmt werden.

Tsavo East ist wegen seiner Größe und seiner Lage in einem berüchtigten Gebiet der Tsetsefliege zwar noch immer relativ unberührt geblieben, doch wegen der aufwendigeren und schwierigeren Überwachung durch Ranger weiterhin durch Wilderer gefährdet. Deshalb sind das nördliche **South Kitui National Reserve** und die nördlich des **Galana River** gelegene Region in der Regel für Touristen gesperrt und dürfen nur mit Sondergenehmigung besucht werden.

Südlich des Galana River befindet sich nicht nur das infrastrukturell am besten erschlossene, sondern auch das landschaftlich reizvollste Gebiet des Nationalparks. Von der Terrasse der komfortablen **Voi Safari Lodge** (Buchung über Tel. 02-33 68 58, Fax 21 81 09), nur 4 km hinter dem Voi Gate, genießt man den Blick auf ein grandioses Panorama. Impalas, Zebras und Gazellen löschen ihren Durst an den Wasserstellen. Ihr hastiges Saufen läßt die glatte Oberfläche erzittern. Elefanten- und Büffelherden ziehen vorüber. Vor allem die Sonnenuntergänge, wenn der glutrote Ball tief am Himmel steht, sind ein unvergeßliches Erlebnis.

Von der Voi Lodge lohnt sich die Fahrt zu dem 24 km entfernten **Mudanda Rock** **2**. Nach größeren Regenfällen befindet sich zu dessen Füßen das **Irima-Wasserloch**, an dem sich viele Tiere versammeln. Oder man wagt einen Abstecher zu den **Lugard's Falls** **3**, 110 km nördlich der Voi Safari Lodge gelegen. Der Galana River ergießt sich hier nicht gerade allzu spektakulär über ein Plateau bizarrer, rosa und bräunlich gefärbter

Lavafelsen. Die Fälle sind nach dem ersten britischen Gouverneur in Ostafrika, Frederick Lugard, benannt. Im seinem späteren Verlauf zur Küste heißt der Galana dann Sabaki River. Die nahe der Lugard's Falls gelegenen View Points **Crocodile Point** und **Hippo Point** laden zu einem kurzen Aufenthalt ein.

Zu Lavabetten und Lookouts in Tsavo West

Tsavo West (9.065 km²) besitzt mehrere Wasserstellen, die viel Wild anlocken. An zwei von ihnen wurden Lodges errichtet. Die **Ngulia Lodge** (Buchung über Tel. 02-33 68 58, Fax 21 81 09), wurde zu Füßen der **Ngulia-Spitze** (1.850 m) mit Aussicht auf das **Kalanga Valley** erbaut. Sie liegt, erhaben auf einem Felsen, in einer Gegend, die gerne von Leoparden aufgesucht wird.

Die andere, die **Kilaguni Lodge** (Buchung über Tel. 02-21 81 08, Fax 33 69 61), wurde 1962 als erste Lodge in einem der Nationalparks Kenias eröffnet und erfreut sich bei Besuchern großer Beliebtheit. Die Veranda mit Blick auf die beiden Wasserstellen ist der gesellschaftliche Mittelpunkt der Lodge. Kellner in dunklen Anzügen huschen umher, servieren heiße Suppe, kredenzen guten Wein und naturgepreßte Säfte und schöpfen köstliche Fleisch- und Fischgerichte aus dampfenden Schüsseln. Während die Gäste noch ihr Dessert löffeln, turnen diebische Affen auf dem Verandageländer nahe der gedeckten Tische herum.

Die Wasserstellen im Tsavo West National Park im Süden Kenias locken viele Tiere an.

Unweit der Kilaguni Lodge befinden sich die **Mzima Springs** ▲, eine von Akazien und Palmen umstandene Quelle, die vom Schmelzwasser des Mt. Kilimanjaro und von unterirdischen Flüssen aus der **Chyulu Range** nördlich von Tsavo West gespeist wird. Eine Attraktion ist der Unterwasserbunker, durch dessen Scheiben man Fische und Krokodile beobachten kann. Ganz in der Nähe liegt der **Chaimu Crater** ▲. Westlich der Kilaguni Lodge erstreckt sich das Lavabett des erloschenen Vulkans **Shetani** ▲. Es durchschneidet die Verbindungsstraße (C 103) zwischen Tsavo West und Amboseli. Die Oberfläche der Lava gleicht erstarrtem Teer, und die Landschaft wirkt wie von einem anderen Planeten.

Ein weiteres Highlight, etwa in der Mitte zwischen Kilaguni und Ngulia Lodge, sind die **Roaring Rocks** ▲, in denen der Wind oft pfeifende Geräusche erzeugt. Von den 100 m steil abfallenden Felsen eröffnet sich ein fantastischer Blick, ebenso wie vom **Poacher's Lookout** ▲ südwestlich der Kilaguni Lodge. Der Aussichtspunkt wurde in Erinnerung an Jack Hilton angelegt, einen ehemaligen Direktor des Nationalparks. Im Westen erhebt sich der Mt. Kilimanjaro, den man an klaren Tagen sehen kann.

Informationen: Ministry of Tourism & Wildlife, Tourism Department, Utalii House (5th floor), Uhuru Highway, Nairobi, Tel. (02) 33 10 30, Fax 21 76 04.

Im Konvoi durch Masai-Land

Um von Tsavo West zum Amboseli National Park oder zum Lake Jipe zu reisen, muß man sich ab dem **Chyulu Gate** ▲ einem bewaffneten Konvoi anschließen. Die C 103 führt an der grünen Hügelkette der **Chyulu Range** vorbei, die dem Park 1983 angeschlossen wurde. Durch das dicht besiedelte Masai-Land geht die Fahrt vorbei an weidenden Viehherden und zahlreichen Sorghum-Feldern bis zu einer Kreuzung mit einem Curio Shop, 67 km hinter dem Chyulu Gate. Hier muß man sich entscheiden, ob man lieber in südlicher Richtung über den bunten Masai-Ort **Oloitokitok** weiter zum Lake Jipe (118 km) und den **Taita Hills** (s. Tip) oder in nördlicher Richtung über **Kimana** zum Amboseli National Park (30 km) fahren möchte.

> **Tip**
>
> ### Luxuslodges in den Taita Hills
>
> Das Taita Hills Game Sanctuary (110 km²) liegt inmitten einer hügeligen Savannenlandschaft außerhalb der Tsavo-Parkgrenzen etwa in der Mitte zwischen Tsavo West und Tsavo East. Es befindet sich im Besitz des Hilton Hotel-Konzerns, der auch zwei luxuriöse Lodges unterhält. Während die Taita Hills Lodge an eine Ritterburg erinnert, besteht die Salt Lick Lodge aus Pfahlbauten, wobei die einzelnen Türmchen auf Betonstelzen über frei hängende Stege miteinander verbunden sind. Dank mehrerer Wasserstellen und Salzlecken ist die Tierkonzentration in den vielfach zerklüfteten Vulkanhügeln der Taita Hills sehr hoch. Informationen und Buchung: Hilton Hotels, Nairobi, Tel. (02) 33 25 64, Fax 33 94 62.

Amboseli
Im Angesicht des Kilimanjaro

Der Amboseli National Park (392 km²) gehört zu den bekanntesten und am meisten besuchten Nationalparks Kenias. Er kann von Nairobi auf der A 109, der Hauptverbindungsstraße zwischen Nairobi und Mombasa, und dann via Namanga über die A 104 erreicht werden. Außerdem besteht die Möglichkeit, über eine Naturpiste, die bei Emali von der A 109 abzweigt, zum Amboseli National Park zu gelangen. In beiden Fällen folgt man der den Park durchquerenden Naturpiste C 103.

Die Faszination Ostafrikas
Seine Beliebtheit verdankt der Nationalpark neben der guten Verkehrsanbindung und dem großen Wildreichtum vor allem der herrlichen Lage am Fuße des Mt. Kilimanjaro (5.895 m). „Es war ein Land, um beglückt aufzuwachen, nachdem man davon geträumt hat", schreibt Ernest Hemingway in seinem autobiographischen Roman „Die grünen Hügel Afrikas".

Wenn sich – vielleicht an hundert Tagen im Jahr – am frühen Morgen im Licht der ersten Sonnenstrahlen die Konturen des Mt. Kilimanjaro aus dem Dunst der Wolken befreien, scheint die silbrigweiße Kuppe durch den darunter liegenden Wolkenkranz in der Luft zu schweben. Diese Szenerie beeindruckte 1948 auch das Filmteam vom „Schnee am Kilimanjaro" (mit Gregory Peck und Susan Hayward), das für seine Dreharbeiten **Ol Tukai** 🔳 als Versorgungsstation gründete. Die damals erbauten rustikalen Rundhütten dienen heute als Self Service Lodge.

Der Amboseli National Park liegt malerisch zu Füßen des eindrucksvollen Kilimanjaro-Massivs.

Unterwegs im Amboseli
Der Amboseli National Park wurde bereits 1948 für Wildtiere abgegrenzt und ist teilweise von offenen, bis zur Brust reichenden Gras-

Der Amboseli National Park

decken und Miombewäldern bedeckt. Der Park zählt zu den Schutzzonen mit der dichtesten Konzentration von Wildtieren in Ostafrika. Um Tiere beobachten zu können, sind der zentrale und der südliche Teil des Parks mit den zwei Sümpfen **Enkongo Narok** 2 und **Olokenya Swamp** 3 am besten geeignet. Aber auch der **Ol Tukai Swamp** 4 bietet herrliche Oasen, in denen große Vogelkolonien nisten. Die Sümpfe werden von den Schmelzwassern des Mt. Kilimanjaro gespeist, die durch die poröse Vulkanerde sickern, unterirdische Flüsse bilden und dann an die Oberfläche treten.

Als Unterkunft empfehlen sich die im Stil einer Masai-Manyatta errichtete **Serena Lodge** (Buchung über Tel. 02-71 10 77, Fax 71 81 03) und die außerhalb des Parks in Richtung Kimana errichtete **Kilimanjaro Buffalo Lodge** (Buchung über Tel. 02-22 71 36, Fax 21 99 82) mit schöner Sicht auf den Kilimanjaro.

Wildparadies mit Problemen

Die Idylle im Amboseli ist jedoch etwas getrübt. Der Park hat z.B. unter den oft querfeldein fahrenden Autos der Safaritouren sehr gelitten. Und der Konflikt um die Nutzung der letzten Weideressourcen für die Viehherden der Masai einerseits und den Schutz der Wildtiere andererseits hätte den Park beinahe zerstört. Erst als eine neue Wasserleitung für die Masai gebaut wurde, räumten sie das Gebiet innerhalb der Parkgrenzen.

Amboseli bietet außerdem ein anschauliches Beispiel für die ökologischen Schäden, die durch ungesunde Konzentration von Wildtieren, die damit einhergehende Überweidung und einen ungezügelten Tourismus entstehen. Schmutzwolken aus feinstem Staub wirbeln über den **Lake Amboseli** 5 und vermischen sich mit dem abgelagerten Salz. Eine trockene Fläche aus fahlgrauer, zusammengebackener vulkanischer Erde dehnt sich weithin aus, und auch die Zahl der früher von hohen Fieberakazien umgebenen Sümpfe ist alarmierend geschrumpft. Mit steigendem Wasserspiegel wurden giftige Salze nach oben gespült, die die Baumwurzeln absterben ließen. Nach Ansicht von Naturschützern benötigt Amboseli dringend eine Erholung, denn der Nationalpark verwüstet zusehends.

Informationen: Ministry of Tourism & Wildlife, Tourism Department, Utalii House (5th floor), Nairobi, Tel. (02) 33 10 30, Fax 21 76 04.

Amboseli National Park

Lake Jipe
Grenzsee zu Tanzania

Nähert man sich dem Lake Jipe von Norden über die D 536, erreicht man 70 km hinter der Masai-Ortschaft **Oloitokitok** den **Lake Chala**. Wegen seiner Unterwasserhöhlen könnte er das reinste Paradies für Taucher sein – wären da nicht die Krokodile, die sich neben den Flußpferden im See tummeln.

Etwa 20 km hinter dem Lake Chala kreuzt die Straße die A 23. Hier hat man die Wahl zur Weiterfahrt nach **Taveta**, dem Grenzübergang zu Tanzania, zum **Mbuyuni Gate** (Tsavo West) und den **Taita Hills** oder südwärts zum Lake Jipe. Der Weg zum See ist ein Rausch der Farben. Über der tiefroten Piste wölbt sich ein azurblauer Himmel, rundherum erstreckt sich sattes Grün, am Fahrbahnrand erheben sich Sisalpflanzen und knorrige Baobabs.

Der Lake Jipe (40 km^2) wird vom **Lumi River** gespeist, der vom Mt. Kilimanjaro kommt. Die Grenze zwischen Kenia und Tanzania verläuft mitten durch den See. Das Ufer ist nur von kenianischer Seite aus zugänglich. Zwischen Papyrusstauden und Wasserlilien leben unzählige Wasservögel. Über den See hinweg blickt man auf die **North Pare Mountains**, die auf tanzanischer Seite 2.100 m hoch aufragen. Unterkunft bieten ein einfacher Campingplatz am Eingang zum Tsavo West National Park und die Lake Jipe Safari Lodge (Buchung über Tel. 02-22 76 23, Fax 21 83 76).

Hinter dem Lake Jipe erhebt sich die Kulisse der North Pare Mountains.

Zweiländer-Reise
durch Kenia und Tanzania

Nirgendwo zeigt sich die Willkür kolonialer Grenzziehung deutlicher, ist die ökologische Einheit der Landschaft offensichtlicher, als rund um den Mt. Kilimanjaro und in der Region der Masai Mara und der Serengeti. Hier findet der Besucher eine Wildkonzentration wie kaum sonst auf der Welt. Die Chancen, die „Big Five" zu sehen, stehen hier gut. Außerdem kann man eines der größten Spektakel Afrikas erleben, die Gnuwanderung.

Mount Kilimanjaro
Das Dach Afrikas

Die beiden ostafrikanischen Staaten Kenia und Tanzania partizipieren gleichermaßen von der touristischen Anziehungskraft des **Mt. Kilimanjaro** ❶, des höchsten Bergs in Afrika. Er besteht aus den drei erloschenen Vulkanen **Kibo** (5.895 m), **Mawenzi** (5.145 m) und **Shira** (4.002 m). Das eigentliche Schutzgebiet umfaßt nur gut 756 km² der höher gelegenen Bergregionen und wurde 1973 als **Kilimanjaro National Park** (753 km²) eingerichtet. Kilimanjaro bedeutet in Swahili „Berg des bösen Geistes". In der Sprache der Masai trägt er den Namen „Nga-ja Ngai" (= Haus Gottes).

Die majestätisch über der weiten Landschaft aufragende Kibo-Kuppe ist das ganze Jahr über mit Schnee bedeckt und bietet einen eindrucksvollen Kontrast zu der umgebenden Trockensavanne, die von lichten Akazienwäldern durchwachsen ist. Bereits die Häuptlinge der Chagga hatten ihre Späher ausgeschickt, das vermeintliche Silber herabzuholen, das den Gipfel bedecken sollte. Doch die Kundschafter hatten enttäuscht erleben müs-

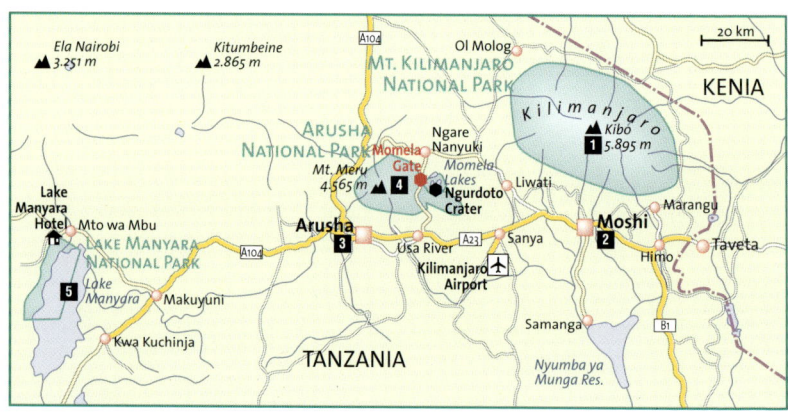

Der Nordosten von Tanzania

Die Erstbesteigung des Kili

Am 11. Mai 1848 erreichte der deutsche Missionar Johannes Rebmann die hohen Berge im Chagga-Land. Seinem 1849 veröffentlichten Bericht vom „Schnee unter der Äquatorsonne" schenkte man jedoch zunächst keinen Glauben.

Bis zu dem „Saddle" genannten Gebiet zwischen den Gipfeln des weißen, sanft gerundeten Kibo (5.895 m) und des dunklen, wild zerklüfteten Mawenzi (5.145 m) drang 1881 der britische Missionar Charles New vor. Die gefürchtete Höhenkrankheit zwang 1887 den ungarischen Grafen Samuel Teleki von Szék und seinen österreichischen Begleiter Ludwig Ritter von Höhnel zum Abstieg, ehe sie ihr Ziel erreichen konnten.

Nach wiederholten Versuchen konnte am 6. Oktober 1889 der Geograph Hans Meyer aus Leipzig zusammen mit dem Alpinisten Ludwig Purtscheller aus Salzburg den vereisten Gipfel des Kibo tatsächlich bezwingen. „Um 10.30 Uhr", so notierte der Deutsche in seinem Tagebuch, „betrat ich als erster die Mittelspitze. Ich pflanzte auf dem verwitterten Lavagipfel mit dreimaligem, von Herrn Purtscheller kräftig sekundierten 'Hurra' eine kleine, im Rucksack mitgetragene deutsche Fahne und rief frohlockend: Mit dem Recht des Erstbesteigers taufe ich diese bisher unbekannte, namenlose Spitze des Kibo, den höchsten Punkt afrikanischer und deutscher Erde: Kaiser-Wilhelm-Spitze." So kurios und kennzeichnend für das Selbstverständnis der Europäer diese Szene sein mag, der Kilimanjaro blieb fast drei Jahrzehnte lang (bis 1918) der höchste Berg „deutscher Erde".

Erst am 9. Dezember 1961 stieg eine Gruppe der „Tanganyika African National Union" (TANU) auf den Kibo und entzündete dort die Fackeln der Freiheit. Seitdem trägt der Gipfel den Namen „Uhuru Peak".

Der Kilimanjaro ist der höchste Berg Afrikas (5.895 m).

sen, wie der Schnee in ihren Händen zerrann. Es war im Mai 1848, als der deutsche Missionar Johannes Rebmann den Berg im Lande der Chagga als erster Europäer erblickte. Er notierte damals, der Kilimanjaro sei „von einer blendend weißen Wolke umgeben".

Man kann den Kibo, gute Kondition vorausgesetzt, das ganze Jahr über in 5–6 Tagen erklimmen. Bergsteigerische Erfahrung ist nicht erforderlich, doch erreicht wegen der drohenden Höhenkrankheit nicht einmal die Hälfte der Trekker den Kraterrand, nur wenigen gelingt die Besteigung des Gipfels. Von den zehn angebotenen Trekking-Routen ist die Marangu-Route die einfachste. Individuelle Bergtouren sind nicht erlaubt. Idealer Ausgangspunkt für einen Besuch des Nationalparks ist die Stadt **Moshi** (130.000 Einwohner) **2**, südlich des Kilimanjaro an der A 23 gelegen.

Informationen und Buchung: Hauser Exkursionen, München, Tel. (089) 23 50 06-0.

Auf der Nordroute durch Tanzania

Im Nordosten Tanzanias lohnen neben dem Kilimanjaro National Park auch der Arusha, der Tarangire und der Lake Manyara National Park einen Besuch. **Arusha** (250.000 Einwohner) **3**, 50 km westlich von Moshi, bietet sich als Basis für eine Safari in die nahegelegenen Wildreservate an.

Arusha National Park und Mt. Meru
Der Arusha National Park (137 km²) **4**, 1960 eingerichtet und durch den Film „Hatari" mit John Wayne und Hardy Krüger (1960/61) bekannt geworden, wird im Osten vom **Ngurdoto Forest Reserve** und im Norden, Westen und Süden vom **Mt. Meru Forest Reserve** umschlossen, mit denen er ein zusammenhängendes Ökosystem bildet. Der Name „Arusha" geht auf das Volk der Arusha zurück, die hier einst lebten. Der Park gliedert sich in drei Regionen: den Ngurdoto Crater im Südosten, die Momela Lakes im Nordosten und den Mt. Meru (4.565 m) im Westen. Es gibt nur wenig touristische Infrastruktur. Eine Straße durchquert den Park von Süden nach Norden. Von Arusha sind es 37 km, von Moshi 57 km auf asphaltierter Straße bis zum **Ngurdoto Gate** im Südosten.

Östlich des Tors liegt der **Ngurdoto Crater**. Er ist ein Nebenschlot des Mt. Meru, dessen Spitze vor vielen tausend Jahren in sich zusammenfiel und eine Caldera bildete. 300 m hoch ragen die Wände des Kraters über die grüne Ebene auf. Der Kraterboden wurde zum Tierschutzgebiet erklärt und darf nicht betreten werden.

Die **Momela Lakes** (Big Momela, Small Momela, Rishateni, Tulusia, Lekandiro, Kusare und El Kekhotoito) sind nicht sehr tief und werden von unterirdischen Zuflüssen des Mt. Meru gespeist. Abhängig vom Mineralgehalt sind die Seen in ganz unterschiedliche Farben getaucht, von Helltürkis über Moosgrün bis hin zu Rotbraun. Lediglich die zwei westlichsten Seen, der Lake Kusare und der Lake El Kekhotoito, sind Süßwasserseen. Abends kann man ein imponierendes Naturschauspiel erleben, wenn die glutrote Sonne langsam hinter den Seen versinkt.

Der **Mt. Meru**, der gelegentlich von Schnee bedeckt ist, hat seinen Namen von dem Volk der Meru, Verwandten der Chagga, die am Mt. Kilimanjaro leben. Er stellt den Kern eines Vulkans dar, dessen Hänge verwittert und abgetragen sind. Innerhalb des hufeisenförmig nach Nordosten geöffneten Kraters befindet sich der Ash Cone, ein steiler Aschekegel aus rotem und grauem Geröll und Staub, der wie eine bedrohliche, dunkle Wand 1.500 m in die Höhe gewachsen ist. Der Aufstieg zum Mt. Meru ist nur durch das **Momela Gate** westlich der Momela Lakes aus erlaubt. Hier bekommt man das Parkpermit und kann Selbstversorgerhütten buchen. Bewaffnete Ranger begleiten Wanderer auf der bis zu 4 Tage dauernden Tour zum Gipfel des Mt. Meru. Anderweitig empfohlene Routen sind verboten, Zuwiderhandlungen werden bestraft.

Informationen und Buchung: Tanzania Tourist Board, Boma Street, Arusha, Tel. (057) 38 42-3, Fax 82 56.

Der Tarangire National Park

Folgt man der asphaltierten A 104 von Arusha 105 km bis zu dem Dorf **Kwa Kuchinja** und biegt dort links in die Schotterpiste ab, erreicht man nach 115 km das **Main Gate** im Norden des Tarangire National Park (2.600 km²). Während der Norden des Parks eine wellige Hügellandschaft ist, in der sich riesige Affenbrotbäume erheben, schließt sich im Südosten eine Trockensavanne mit Schirmakazien an. Die Lebensader des 1970 eingerichteten Parks ist der **Tarangire River**, der sich in Süd-Nord-Richtung durch das Gebiet zieht und westlich in den **Lake Burungi** mündet. In einem bis zu 5 km breiten Band zieht sich eine teilweise sumpfige Savanne am Fluß entlang. Im Zentrum beim **Lamarkau Swamp** (Ol Lakau = Flußpferd) erstreckt sich während der feuchten Jahreszeit (Anfang April bis Ende Juni) ein unpassierbarer Sumpf, Mbuga genannt, der nach der Regenzeit allmählich austrock-

Im Tarangire National Park erstrecken sich während der Regenzeit ausgedehnte Sumpflandschaften.

Auf der Nordroute durch Tanzania

net. Der Süden des Parks ist für Touristen nicht zugänglich.

Informationen: Tanzania Tourist Board, Boma Street, Arusha, Tel. (057) 38 42-3, Fax 82 56.

Der Lake Manyara National Park
Der Lake Manyara National Park (325 km²) **5** 156 km westlich von Arusha war bis zu seiner Gründung 1960 ein bevorzugtes Jagdrevier reicher Weißer. Ernest Hemingway beschreibt seine Jagdabenteuer in dem Buch „Die grünen Hügel Afrikas". Der Haupteingang des Parks befindet sich 700 m hinter dem Ort **Mto wa Mbu** (s. Tip). Vom Lake Manyara Hotel (Tel. 057-85 02, Fax 82 21), das – noch außerhalb des Parks – auf der Höhe am Rande des Ostafrikanischen Grabenbruchs steht, genießt man einen grandiosen Blick auf den tiefer liegenden Nationalpark. Er erstreckt sich entlang des nordwestlichen Ufers des **Lake Manyara**. Die dicht bewaldeten, steilen Wände des Grabens ragen 700 m über dem See auf und bilden die westliche Parkgrenze. Der leicht alkalische Lake Manyara, der durch Süßwasserflüsse und die Quellen der Berghänge gespeist wird, ist 42 km lang und 16 km breit. Zahlreiche Flamingos tummeln sich an seinem Ufer. Der Wasserstand schwankt je nach Regenmenge. Zwischen Juni und September trocknet der See in der Regel fast völlig aus.

Vom Eingangstor im Norden führt eine etwa 50 km lange Piste durch den nur wenige Kilometer breiten Streifen zwischen See und Bergwall bis zum südlichen Parkende. Da es im Süden keinen Ausgang gibt, muß man die Strecke wieder zurückfahren. Hat es viel geregnet, ist die Piste oft in schlechtem Zustand und nicht durchgängig passierbar. Wie überall in den Nationalparks Tanzanias darf die Piste nicht verlassen werden.

Hinter dem Gate erheben sich mächtige Feigenbäume, Tamarinden und Rauwolfien, die dicht am Boden ihre ersten Zweige entwickeln. Weiter südlich schließen sich Buschvegetation mit Termitenbauten und palmenbestandene Grassavanne an. Bäche durchziehen das Gebiet, gesäumt von schmalen Galeriewäldern. Unterwegs sieht man neben dem Wunderstrauch, einem Wolfsmilchge-

Tip

Marktleben am „Fluß der Mücken"

Nördlich des Lake Manyara am Ufer des Manyara River liegt das Städtchen Mto wa Mbu inmitten des üppigen tropischen Urwalds. Der Name bedeutet „Fluß der Mücken". In der Umgebung wird intensiv Ackerbau betrieben. Bananenplantagen, Mangohaine und Maispflanzungen prägen das Landschaftsbild. Der malerische Markt der Flußoase ist einen Besuch wert. Neben unzähligen Souvenirläden gibt es eine Fülle von Obst- und Gemüsesorten, Stoffen und Korbwaren. Man kann sich mit Benzin und den wichtigsten Lebensmitteln versorgen. Auch die ursprünglich aus Ebenholz geschnitzten, heute mit Schuhcreme behandelten schwarzen Makonde-Figuren werden angeboten.

Auf der Nordroute durch Tanzania

wächs, auch Mahagonibäume und buschige Mangobäume, die mit ihren glänzenden Blättern und unzähligen wachsartigen, weißen Blüten Gardenien ähneln.

Im mittleren und südlichen Teil des Parks wechseln dichter Busch und Akazienwald mit offener Grassavanne. Das fette Riedgras dient den Büffeln als Nahrung.

In dem lichten Waldland am **Bagayo River** haben sich in den Ästen der Bäume einige Löwen zur Ruhe niedergelassen. Sie sind eine der Hauptattraktionen des Parks. In der Tat ist der Park durch die Forschungen von Ian Douglas-Hamilton über die Elefanten und besonders die „Baumlöwen" bekannt geworden.

Noch weiter südlich lichtet sich der Akazienwald, jahrhundertealte Affenbrotbäume bestimmen das Landschaftsbild, und man begegnet riesigen Elefantenherden. Hinter dem **Endabash River** gelangt man zu den heißen Süßwasserquellen **Maji moto ndogo** mit Temperaturen von 40–60 °C.

Informationen: Tanzania Tourist Board, Boma Street, Arusha, Tel. (057) 38 42-3, Fax 82 56, geöffnet Mo–Fr 8–16 Uhr, Sa 8.30–13 Uhr.

„Baumlöwen" gibt es nicht nur am Lake Manyara, sondern auch im Selous Game Reserve im Süden Tanzanias.

Der leicht alkalische Lake Manyara wird von typischer Buschvegetation eingerahmt.

Auf der Nordroute durch Tanzania

Ngorongoro Crater
Das achte Weltwunder

Die 1959 geschaffene **Ngorongoro Conservation Area**, etwa 180 km westlich von Arusha, umfaßt eine Fläche von 8.280 km². Der Krater selbst (ca. 320 km²) mißt etwa 16 × 20 km und ist 610 m tief. Bis 1956 war er Teil der Serengeti, mit der er eine ökologische Einheit bildet. Seit 1978 ist der Krater, von Bernhard Grzimek als „eines der Weltwunder" bezeichnet, als World Heritage Site geschützt.

Der „kalte Ort" erhielt seine gegenwärtige Form vor 2 bis 3 Mio. Jahren durch die Erdfaltung, die das Great Rift Valley entstehen ließ. Lavaströme, die nicht abfließen konnten, schufen das Kraterhochland auf einer Höhe von 2.500 m.

Bei einer gewaltigen Explosion sackte die Mitte des Ngorongoro-Kraters ein und bildete eine Caldera, einen eingefallenen Vulkankegel (10 × 16 km). Die nebelverhangenen Kraterwände sind mit dichtem Buschwerk und Bergwald überzogen. Vor dem Abgrund zum Krater thronen zwischen Bäumen schwindelerregend einige Lodges.

Der Weg zum Kratergrund
Die Abfahrt mit Geländewagen führt vom Kraterrand in vielen Kurven vorbei an prächtigen, mit Epiphyten bewachsenen und mit Bartflechten behangenen Bäumen, herrlichen Orchideen und frischen Moosen auf halber Höhe. Hier wachsen Kandelabereuphorbien zwischen dichtem Buschwerk, dann wird es trockener und wärmer, bis sich die Vegetation in die typische ostafrikanische Savanne verwandelt.

Schon bald beginnen die ersten Sonnenstrahlen ihr wärmendes Licht zu entfalten. Und während der Nebel, der in zarten Schleiern über dem feuchten Erdboden wabert, wie von Zauberhand zerrissen wird, enthüllt sich auf dem Kratergrund eine exotische Flora und Fauna. Noch schimmern die Kronen der Akazien vage durch den Nebel, kein Laut ist zu hören. Doch allmählich zeigen sich die ersten Kaffernbüffel und beginnen, genüßlich

Der Nordwesten von Tanzania

 Ngorongoro Crater

Ausgrabungen bei Olduvai

Die 55 km lange Olduvai Gorge, 180 km von Arusha an der Straße vom Ngorongoro-Krater in die Serengeti gelegen, wurde bereits 1911 von Wilhelm Kattwinkel, dem Münchener Erforscher der Schlafkrankheit, für die Wissenschaft entdeckt. Auf der Suche nach Schmetterlingen stieß er durch Zufall auf fossile Knochenreste einer längst ausgestorbenen dreizehigen Pferdeart.

Im Jahr 1926 begab sich der britische Anthropologe Louis Seymour Bazett Leakey (1903–1972) nach Afrika und unternahm 1931 erstmals Ausgrabungen in der Olduvai-Schlucht, wo er rund 1 Mio. Jahre alte Faustkeile fand. 28 Jahre später grub seine Ehefrau Mary Leakey (geb. 1913) dort zahlreiche Schädelsplitter eines menschenähnlichen Wesens mit großen Zähnen aus. Sie ordnete den „Nußknackermenschen" der Gattung *Zinjanthropus* bzw. *Australopithecus* zu und nannte ihn nach Charles Boise, einem britischen Geschäftsmann, der die Leakeys unterstützte, auch *Australopithecus boisei*. Dieser Vorfahre des heutigen Menschen muß vor ca. 2 Mio. Jahren gelebt haben.

1979 entdeckte Mary Leakey in Laetoli, 40 km südlich von Olduvai, die 3,6 Mio. Jahre alten Fußspuren von Hominiden, zwei Erwachsenen und einem Kind, die später der Vormenschenart *Australopithecus afarensis* zugeschrieben wurden. Bereits 1948 hatte das Ehepaar Leakey auf der zu Kenia gehörenden Insel Rusinga im Lake Victoria den Schädel eines affenähnlichen Wesens gefunden, dessen Alter auf etwa 25 Mio. Jahre geschätzt wurde. Nach dem Schimpansen „Consul", der auf den Varieté-Bühnen Europas berühmt geworden war, tauften sie ihn auf den Namen Proconsul. Die Arbeit der Leakeys in Tanzania wurde von ihrem Sohn Richard und dessen Frau Meave in Kenia fortgeführt (s. Kasten S. 7).

---

zu grasen. Und während im **Lerai Forest** ❶ am südwestlichen Kraterrand zahlreiche Vögel in den Fieberakazien lärmen, tauchen auf der weiten Fläche des sodahaltigen **Lake Magadi** ❷ in der Mitte des Kraters große Flamingoschwärme auf. Während der Mittagszeit kann man an einem Teich des **Mandusi Swamp** im Nordwesten oder bei den **Ngoitokitok Springs** südöstlich des Lake Magadi im Schatten von Feigenbäumen ein Picknick einlegen. Doch sollte man beim Verzehr der Lunchpakete auf die Milane achten, die einem die Happen aus der Hand schnappen, was zu Verletzungen führen kann.

Informationen: Ngorongoro Conservation Area Authority, Makongoro Road, Arusha, Tel./Fax (057) 33 39.

Auf dem Grund des Ngorongoro-Kraters leben noch Spitzmaulnashörner.

Serengeti National Park
Die unendliche Ebene

Der Serengeti National Park (14.763 km²) im Nordwesten Tanzanias ist wohl einer der bekanntesten Nationalparks der Welt. Den Spuren der Masai folgend, hatte der österreichische Forschungsreisende Dr. Oscar Baumann auf dem Weg nach Burundi die Serengeti (siringet = unendliche Ebene) bereits 1892 durchquert. 1913 kamen Jäger, die den Bestand der Löwen innerhalb von nur acht Jahren so drastisch reduzierten, daß das Gebiet 1921 zum Wildschutzreservat erklärt werden mußte. Dreißig Jahre später wurde die Serengeti, die mehr als 3 Mio. größere Säugetiere bevölkern, zum Nationalpark erhoben. Eines der großartigsten Schauspiele, das man in der Serengeti beobachten kann, ist zweifellos die alljährliche Wanderung der riesigen Tierherden (s. Tip S. 67).

Der größte Teil des Parks liegt im Becken des Lake Victoria mit Gesteinen wie Granit und Gneis sowie Sedimentgesteinen. Im Osten grenzt die Serengeti an das Hochland des Ngorongoro-Kraters.

Die Vielfalt der Landschaften in der Serengeti spiegelt sich bereits in den Niederschlagsmengen, die im Südwesten 500 mm und im Norden sowie Westen 1.200 mm im Jahr betragen. Offenes, bis zu 30 cm hohes Grasland und weite, mit Hirse und rotem Hafergras bewachsene Ebenen sind für das Landschaftsbild der Serengeti charakteristisch. Die Trockensavanne mit teilweise brusthoher Grasdecke ähnelt sehr der außertropischen Steppe. In den westlichen, kaum zugänglichen Baum- und Buschsavannen bleibt es auch während der Trockenzeit feuchter

Die abgeschliffenen Granitberge im Südosten der Serengeti werden Kopjes genannt.

 Serengeti National Park

als in den anderen Teilen der Serengeti, die sich dann in hitzeflimmernde Ebenen verwandeln.

Der Westkorridor mit seinem offenen Grasland folgt dem **Grumeti River** bis zum Lake Victoria. Das Landschaftsbild bestimmen Wasserlöcher und Sümpfe. Der Süden des Parks ist durch Kurz- und Langgrasebenen mit Kopjes gekennzeichnet. Im Zentrum der Serengeti herrscht Savanne mit Schirmakazien vor.

Durch den Süden der Serengeti

Gleich hinter dem **Naabi Hill Gate** 3, dem Haupteingang zum Serengeti National Park, gelangt man auf einer Abzweigung links von der Hauptstraße an den **Lake Ndutu** 4. Den kleinen Sodasee durchqueren zwischen Januar und April oftmals Gnuherden. Besonders im Januar und Februar halten sich viele Tiere in der südlichsten Region des Parks auf.

Noch vor Erreichen des Naabi Hill Gate kann man querfeldein rechts zu den **Gol** und **Barafu Kopjes** 5 fahren. Hier besteht allerdings Rangerzwang, und man folgt Autospuren als Wegmarkierung. Kopjes sind aus der Erde herausragende Felsbrocken aus hartem Gneis und Quarzit. Ursprünglich lagen diese Gesteinsformationen unter der Erdoberfläche. Sonne, Regen und Wind haben das umgebende weichere Material abgetragen und die Inselberge herausmodelliert. Die schalenartigen Absprengungen und Risse der kleinen Felsgruppen sind das Ergebnis gewaltiger Temperaturunterschiede.

Vereinzelte Akazienbäume lockern die typische Savannenlandschaft der Serengeti auf.

Die Grzimeks

1945 übernahm Bernhard Grzimek die Leitung des nach dem Zweiten Weltkrieg völlig zerstörten Zoologischen Gartens in Frankfurt am Main. Auf seinen zahlreichen Reisen nach Ostafrika war er fasziniert von dem Tierreichtum der Savannen. 1959 erschien sein Buch „Serengeti darf nicht sterben", dessen Verfilmung ihn weithin bekannt machte. Bei den abschließenden Dreharbeiten zum Film kam sein 24jähriger Sohn Michael 1959 ums Leben, als ein Weißrückengeier in den Propeller des Kleinflugzeuges geriet.

Seit 1957 hatte Bernhard Grzimek mit seinem Sohn den Versuch unternommen, die Zahl der in der Serengeti lebenden Wildtiere zahlenmäßig zu erfassen und Erkenntnisse über die großen Tierwanderungen zu erlangen. Durch die unermüdliche Arbeit und die Werbeaktionen, durch seine 150 Tiersendungen und vor allem durch sein Buch gelang es Bernhard Grzimek, eine Welle der Unterstützung für den Tier- und Naturschutz in Gang zu setzen.

1962 konnte das Serengeti Research Institute errichtet werden, das heute unter dem Namen „Serengeti Wildlife Research Institute" arbeitet. Hier werden ethnologische und ökologische Forschungsarbeiten geleistet. Sie tragen dazu bei, das Ökosystem der Serengeti, seit 1981 als Weltnaturerbe dem Schutz der UNESCO unterstellt, noch intensiver zu erforschen.

In seinem Buch „Serengeti darf nicht sterben" bezeichnete Bernhard Grzimek den Ngorongoro-Krater in Tanzania als eines der Weltwunder. Heute erinnert ein pyramidenförmiges Denkmal am Rande des Kraters neben dem Grab seines Sohnes an den ehemaligen Frankfurter Zoodirektor, der 1987 an einem Herzinfarkt starb. Seine Asche wurde über dem Ngorongoro-Krater verstreut.

An den **Simba Kopjes**, etwa 5 km westlich der Gol Kopjes, dösen oft Löwen – im Dickicht gut getarnt. Die **Moru Kopjes** weiter westlich weisen Felszeichnungen der Masai auf. Für den Besuch beider Felsen ist ein Führer obligatorisch.

Zwei Routen zur Wahl

Im Herzen der Serengeti, 75 km vom Naabi Hill Gate entfernt, liegt inmitten der endlosen Grassavanne die bekannte **Seronera Lodge** ◨ (Buchung unter Tel. 057-27 19, Fax 85 02). Tritt man nach einem schmackhaften Dinner hinaus auf die Veranda und lauscht auf die vielfältigen Stimmen, die in der Nacht geheimnisvoll aus dem Dunkel an das Ohr dringen, dann wird man vom eigenartigen Zauber Ostafrikas umfangen.

Nördlich der Seronera Lodge gabelt sich die Piste: Links führt sie in den Westkorridor, rechts nach Norden. Die Route durch den Westkorridor folgt dem Grumeti River bis zum **Ndabaka Gate** ◨. Von hier aus sind es noch 262 km bis nach **Mwanza** (250.000 Einwohner) am Lake Victoria. Am Grumeti River befinden sich zwei Luxuscamps, das Grumeti River Camp (Buchung über Tel. 057-63 52, Fax 83 71) und das Kirawira Luxury Tented Camp (Buchung über Tel. 057-81 75, Fax 40 58). Am Unterlauf des Grumeti River, wo der Fluß die Flutebenen des Lake Victoria erreicht, lauern Krokodile.

Biegt man an der Gabelung nach rechts ab, gelangt man nach 18 km zu den **Banagi Hills**. Der Weg führt weiter durch buschiges, hügeliges Gelände entlang herrlicher

 Serengeti National Park

Galeriewälder mit gewaltigen Feigen- und Mangobäumen, bis man nach 80 km zur **Lobo Lodge** 8 kommt (Buchung über Tel. 057-85 02). Sie ist ebenso wie die Seronera Lodge in Felsformationen eingefügt, und von der Terrasse hat man einen traumhaften Ausblick auf die Ebenen. Zwischen August und November kommen hier die Tiere auf ihren großen Wanderungen vorbei und bieten dem Besucher ein prächtiges Schauspiel. Nördlich der Lodge geht das Land in eine sanfte Hügellandschaft über, in der man häufig Büffel und Elefanten sehen kann. Das **Bologonja Gate** 9, das Tor zur Masai Mara in Kenia, ist zur Zeit nicht geöffnet.

Informationen: The Serengeti Centre, Tanzania National Parks, Arusha, Tel. (057) 82 16.

> # Tip
>
> ## Wanderung der Gnus
>
> Die Wanderung der großen Gnu-, Zebra- und Gazellenherden ist eines der beeindruckendsten Schauspiele der Natur. Auf der Suche nach üppigen Weidegründen ziehen die Tiere weiter. Der Zeitpunkt richtet sich nach der Menge der Niederschläge. Etwa im Juli/August machen sich die Herden von der Serengeti (Tanzania) in die Masai Mara (Kenia) auf, im Oktober/November treten sie wieder den Rückweg an. Dabei müssen sie den reißenden Mara River an einer seichten Stelle, „Kiboko Crossing" (Flußpferd-Furt) genannt, überqueren. Während in der Ferne Blitze über das Land huschen und sich gewaltige Gewitter durch dumpfes Grollen ankündigen, füllt sich die weite Ebene unversehens mit zahllosen Tieren. Weißschäumende Stromschnellen zeugen von scharfkantigen Felsen unter der Wasseroberfläche, und auf den flachen Uferbänken lauern Krokodile auf Beute. Nur eine halbe Stunde währt das Drama um Leben und Tod.
> Informationen und Buchung: Duma-Reisen, Heidelberg, Tel. (0 62 21) 16 30 21, Fax 16 68 80.

Auf der Suche nach Nahrung ziehen riesige Gnuherden durch die Serengeti.

Zugvögel in Ostafrika

Viele Besucher aus Europa sind nicht überrascht, wenn sie auf einer Safari durch die ostafrikanischen Nationalparks während des europäischen Winters zahlreiche Vögel aus ihrer Heimat antreffen. Schließlich weiß jedes Kind: „Im Winter sind unsere Zugvögel in Afrika." Für die meisten Arten gilt das auch. Scharen von Weißstörchen halten sich bis in den März hinein in den Grassteppen der Serengeti oder der Masai Mara auf. Kuckucke und Bienenfresser sitzen auf Warten am Wegesrand, Steinschmätzer fliegen vor dem Jeep von den Schotterstraßen auf. Lachseeschwalben machen Jagd auf Insekten, Wiesenweihen suchen im Schaukelflug nach Insekten und Kleinsäugern. Doch auch Vertreter der asiatischen Vogelwelt halten sich in großer Zahl in Ostafrika auf, z.B. Isabellsteinschmätzer, Wermutregenpfeifer und Kiebitzregenpfeifer. Etliche Arten ziehen auch weiter bis in den Süden des Kontinents.

Die meisten Brutvögel der kalten und gemäßigten Breiten verbringen den Winter in wärmeren Klimazonen und legen auf dem Weg dorthin oft weite Strecken zurück. Mag diese lange Wanderung auf den ersten Blick gefährlich und kräftezehrend sein, so ist sie aus dem Blickwinkel der Biologie der Zugvögel durchaus sinnvoll. Vor allem gewährleistet der Zug aus den Brutgebieten in die Winterquartiere das ganze Jahr über eine gleichmäßige Versorgung mit Nahrung. Vögel ziehen im Winter nicht nach Süden, weil sie frieren, sondern damit sie genug zu fressen haben.

Zeit, Richtung und Ziel des Zuges sind von Art zu Art verschieden. Der Zug der meisten auf der nördlichen Halbkugel brütenden Vogelarten ist von Nord nach Süd orientiert. Es gibt jedoch auch anders verlaufende Zugwege. In Europa zwingt die Barriere der Alpen die meisten Zugvögel mit Ziel Afrika zu einem Umweg nach Südwest oder Südost, bevor der Zug nach Süden fortgesetzt wird. Die große Wasserfläche des Mittelmeeres veranlaßt viele Arten überdies zu einem sogenannten „Trichterzug" über die Meerengen von Gibraltar im Westen und den Bosporus im Osten.

Eine exakte Orientierung ist für Zugvögel für das Überleben notwendig. Viele besitzen eine innere Uhr mit einem 24-Stunden-Rhythmus, der es den tagsüber ziehenden Arten erlaubt, die Zugrichtung aus dem Sonnenstand abzuleiten. Die nächtlich ziehenden Arten, wie z.B. Grasmücken, orientieren sich am Stand der Sterne. Manche Arten können sich sogar an den von Pol zu Pol verlaufenden Magnetfeldlinien der Erde orientieren. Diese Fähigkeit ist angeboren.

Für die langen Flüge benötigen die Vögel genügend Energie. Einige Arten wie Schwalben und Segler können „auftanken", indem sie unterwegs Insektennahrung aufnehmen. Andere legen vor dem Abflug ein Fettdepot an und können dabei ihr Gewicht verdoppeln. Über Land fliegende Thermiksegler mindern den Energieverbrauch, indem sie von einem Gebiet mit günstigen Aufwinden zum nächsten segeln. Beim Segelflug verbraucht ein Vogel nur 5 % der für den Schlag- oder Kraftflug aufzubringenden Energie.

Das gesamte Leben eines Vogels muß an den jährlichen Zug ins Winterquartier und zurück angepaßt sein: Die Zeit für das Anlegen einer Energiereserve, für Brutbeginn und Mauser sowie der Abflugtermin müssen sorgfältig aufeinander abgestimmt sein. Deshalb besitzen Zugvögel auch eine innere Uhr für den Jahreszyklus.

Sogar der Körperbau einer Vogelart kann Anpassungen an das Zugverhalten zeigen. Die einheimischen Laubsänger Zilpzalp und Fitis sehen nahezu identisch aus. Der Langstreckenflieger Fitis hat jedoch deutlich längere Flügel als der Kurzstreckenzieher Zilpzalp.

1 Weißstorch / White Stork / *Ciconia ciconia*
2 Wiesenweihe / Montagu's Harrier / *Circus pygargus*
3 Steppenadler / Steppe Eagle / *Aquila nipalensis*
4 Schreiadler / Lesser Spotted Eagle / *Aquila pomarina*
5 Kiebitzregenpfeifer / Grey Plover / *Pluvialis squatarola*
6 Wermutregenpfeifer / Caspian Plover / *Charadrius asiaticus*
7 Lachseeschwalbe / Gull-billed Tern / *Gelochelidon nilotica*
8 Kuckuck / Cuckoo / *Cuculus canorus*
9 Mauersegler / Swift / *Apus apus*
10 Bienenfresser / Bee-eater / *Merops apiaster*
11 Rauchschwalbe / Swallow / *Hirundo rustica*
12 Pirol / Golden Oriole / *Oriolus oriolus*
13 Steinschmätzer / Northern Wheatear / *Oenanthe oenanthe*
14 Isabellsteinschmätzer / Isabelline Wheatear / *Oenanthe isabellina*
15 Gartenrotschwanz / Redstart / *Phoenicurus phoenicurus*
16 Drosselrohrsänger / Great Reed Warbler / *Acrocephalus arundinaceus*
17 Fitis / Willow Warbler / *Phylloscopus trochilus*
18 Mönchsgrasmücke / Blackcap / *Sylvia atricapilla*
19 Rotkehlpieper / Red-throated Pipit / *Anthus cervinus*
20 Gebirgsstelze / Grey Wagtail / *Motacilla cinerea*

Serengeti National Park 69

Die Masai Mara
Höhepunkt der Kenia-Safari

Tip

Im Ballon über die Savanne

Verschiedene Luxuscamps und Lodges in der Masai Mara und der Serengeti bieten Ballonfahrten an. Das Erlebnis beginnt gleich mit den ersten Sonnenstrahlen. Sobald die Passagiere in die Weidengondel geklettert sind, erhebt sich der Ballon auch schon in die Luft. Schnell hat die Sonne die Reste des morgendlichen Dunstschleiers vertrieben, und die weite Graslandschaft breitet sich unter den Reisenden aus. Außer dem Fauchen des Bunsenbrenners liegt eine friedliche Stille über der Gegend. Aus der Vogelperspektive hat man einen guten Überblick. Giraffen ziehen gemächlich vorüber, aufgeschreckte Gazellen galoppieren davon. Die Fahrt dauert etwa eine Stunde. Das stilvolle Champagner-Frühstück in der Wildnis nach der Landung beschließt das Abenteuer.
Buchung: in Kenia über Mara Balloon Safaris, Tel. (02) 33 18 72, Fax 72 64 27, in Tanzania über Seronera Lodge, Tel. (057) 27 19.

In großen Serpentinen schlängelt sich der Mara River durch die Masai Mara.

Das 1961 errichtete Masai Mara National Reserve (1.672 km^2) liegt im Südwesten Kenias an der Grenze nach Tanzania. Gut 500 km^2 des Reservats haben den Status eines Nationalparks. Die Masai Mara bildet zusammen mit der Serengeti eine ökologische Einheit. Von **Ewaso Ngiro** 152 km hinter Nairobi kann man die schnellere Anfahrt (87 km) über die C 12 zu der bekannten **Keekorok Lodge** wählen (Buchung über Tel. 02-33 58 07, Fax 34 05 41). Oder man nimmt ab Ewaso Ngiro die interessantere, etwas längere Alternative (C 13) durch Masai-Land zu luxuriösen Unterkünften wie der **Olkurruk Mara Lodge** (Buchung über Tel. 02-33 68 58, Fax 21 81 09) oder **Kichwa Tembo** (Buchung über Tel. 02-75 07 80, Fax 74 68 26).

Die Masai Mara ist wegen ihrer abwechslungsreichen Landschaft und nicht zuletzt wegen ihres großen Tierreichtums von unvergeßlicher Schönheit. Im Westen des Reservats erhebt sich das **Oloololo Escarpment** etwa 300 m hoch über die Ebene. Östlich davon wird der Park von dem gewundenen Bett des **Mara River** durchzogen, in den von Nordosten her der **Talek River** einmündet. An das fruchtbare **Mara Triangle**, das nach ergiebigen Niederschlägen oft überschwemmt wird, schließen sich

Safari durch die Masai Mara

weite Grassavannen mit einzelnen Akazien an. Der Osten der Masai Mara ist von Hügeln und Inselbergen von bis zu 2.100 m Höhe geprägt.

Ein Erlebnis besonderer Art ist die Übernachtung in einem Camp inmitten der Wildnis. Die Geräusche der afrikanischen Nacht – das monotone Zirpen der Zikaden, das heisere Bellen der Paviane oder das keuchende Kichern der Hyänen – erwecken Urängste zum Leben. Alle deutschen Reiseunternehmen haben die Masai Mara im Angebot.

Informationen: Kenya Tourist Office, Neue Mainzer Straße 22, 60 311 Frankfurt/Main, Tel. (069) 23 20 17-18, Fax 23 92 39.

Das im Südwesten Kenias gelegene Masai Mara National Reserve (1.672 km^2) ist der berühmteste Tierpark des Landes. Vom Talek Gate ❶ gelangt man zur Keekorok Lodge ❷ und weiter zum Olaimutiek Gate ❸ bzw. zum Sekenani Gate ❹ mit zahlreichen Camps und Lodges. Südlich der Keekorok Lodge erreicht man das Sand River Gate ❺, westlich der Lodge kommt man zum Hippo Pool ❻ und dann auf der Piste in Richtung Norden zur Mara Serena Lodge ❼ nahe dem Olpunyata Swamp. Vom Hippo Pool den Mara und Talek Rivers folgend, gelangt man über die Burrungat Plain ❽ wieder zum Talek Gate zurück. Folgt man aber von der Mara Serena Lodge dem Mara River noch weiter nach Norden, erreicht man die Lodges und Camps am Musiara Swamp ❾. Es gibt auch die Möglichkeit, vom Hippo Pool zum Mara Triangle ❿ im Südwesten des Parks zu fahren. Vorbei an der Mara Serena Lodge kommt man an das Oloololo Gate ⓫.

Lake Victoria
Rund um den Dreiländersee

Die Region um den Lake Victoria gehört zu den fruchtbarsten und am dichtesten besiedelten Gebieten Ostafrikas. Während im Nordosten die Cherangani Hills mit ihren Hochmooren den Übergang zum trockenen Turkana District markieren, schließt sich im Südosten die Savannenzone mit der Masai Mara an. Am Fuß des Mt. Elgon und im Kakamega Forest finden sich Relikte des Regenwaldes.

Der Lake Victoria in Tanzania

See der Superlative

Der Lake Victoria (68.800 km²) ist nicht nur der größte See Afrikas, nach dem Kaspischen Meer und dem Lake Superior in Nordamerika ist er auch der drittgrößte See der Welt. Außerdem rangiert er unter den Süßwasserseen der Erde nach den Great Lakes in Nordamerika auf Platz zwei. Uganda und Tanzania haben den größten Anteil an dem gewaltigen Binnenmeer des Lake Victoria, von der einheimischen Bevölkerung Lake Nyanza genannt. Auf Kenia entfällt nur eine Fläche von 3.755 km². Am 3. August 1858 erreichte eine erschöpfte Gruppe unter Führung von John Hanning Speke an der Stelle des heutigen Mwanza den See und taufte ihn auf den Namen der britischen Königin.

Der Lake Victoria (68.800 km²), der größte See Afrikas, ist das Hauptquellbecken des Nils.

Der Lake Victoria bildet das Hauptquellbecken des Nils, der bei der ugandischen Ortschaft **Jinja** (70.000 Einwohner) seinen Weg nach Norden beginnt und in seinem weiteren Verlauf einige Arme des sumpfigen **Lake Kyoga** durchfließt, der sich rund 140 km nördlich von **Kampala** und Jinja erstreckt und aus einem in der Nachpluvialzeit entstandenen Flußnetz entwickelte. Größter Zufluß des Lake Victoria ist der von Uganda in den See mündende **Kagera River**. Schon Ptolemaeus (85–160) nahm an, die Quelle des Nils läge in den „Mondbergen" Ugandas (Virunga-Vulkane), aber erst nach der Erforschung der anderen Zuflüsse wurde der Kagera als Quellfluß des Nils anerkannt.

Der Lake Victoria ist im Durchschnitt 40 m tief, nur an einigen Stellen erreicht er Tiefen von bis zu 85 m. Das meist ruhige Wasser spiegelt an schönen Tagen das faszinierende Blau des Himmels wieder. Wenn es stürmt, entspricht die Farbe des Wassers dagegen einem düsteren Grau. Den Schriftsteller Alan Moorehead beeindruckte die „geheimnisvolle und beunruhigende Stimmung" am See: „Man spürt die Ursprünglichkeit Afrikas, eine überwältigende Weite." Besonders von den Ostufern kann man dramatische Sonnenuntergänge über dem „See ohne Ende" (Nam lolwe) erleben, wie die Luo in Kenia ihn nennen. Der Lake Victoria bietet dem Besucher zahlreiche reizvolle Uferabschnitte, ist jedoch

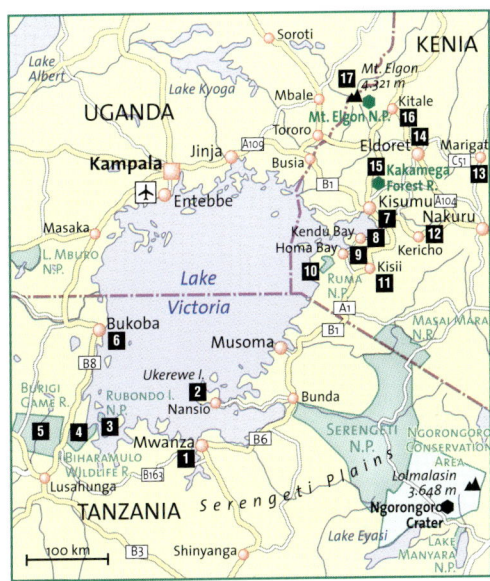

Rund um den Lake Victoria

in hohem Grad von Bilharziose verseucht. Man sollte daher nicht im Wasser schwimmen oder barfuß am Ufer entlanggehen.

Am Lake Victoria befinden sich einige der am dichtesten besiedelten Gebiete der Anrainerstaaten. Westlich des Sees leben die Hima, die in Rwanda und Burundi als Tutsi bekannt sind. Im Nordwesten Tanzanias haben sich die Haya niedergelassen, die allein 183 Wörter für die verschiedenen Zubereitungsarten von Bananen kennen. Die größte Region Tanzanias rund um den See bewohnt das Volk der Sukuma. Auf kenianischer Seite siedelten bereits vor 500 Jahren die aus dem Sudan eingedrungenen Luo, das drittgrößte Volk Kenias. Das warme, feuchte Klima ermög-

Ökologie des Lake Victoria

Der Lake Victoria (68.800 km²) ist ein Beispiel ökologischer Schäden durch menschliche Eingriffe. Britische Biologen setzten in den 50er Jahren Nilbarsche (mbuta) im See aus. Das Projekt erwies sich als Katastrophe: Der Fisch erreichte zwar eine enorme Größe, vermehrte sich jedoch explosionsartig und vernichtete als großer Raubfisch die bisherigen Fischbestände, insbesondere die beliebtere *Tilapia*, einen bis zu 2 kg schweren Buntbarsch. Seit der Ausrottung der Krokodile im Lake Victoria vermehrte sich auch der Lungenfisch, der sich vom Laich der *Tilapias* und anderer Speisefische ernährt. Er sorgte für eine weitere Reduzierung der *Tilapia*-Bestände. Für die armen Fischer am Lake Victoria haben diese Eingriffe in die Natur auch schwere wirtschaftliche Konsequenzen. Erstens erzielt der Nilbarsch auf dem Markt einen geringeren Preis als die *Tilapia*. Zweitens kann man ihn nicht an der Sonne trocknen, sondern muß ihn räuchern, was zu erhöhtem Holzverbrauch führt. Und drittens benötigt man zum Fang besonders große und teure Netze, die sich die meisten Fischer nicht leisten können. Auch Brandrodungen rund um den See wirkten sich negativ auf die Ökologie des Lake Victoria aus. Wertvolle Nährstoffe wurden dadurch aus dem Boden gewaschen und bei starken Regenfällen in den See gespült. Die Folge war ein vermehrtes Algenwachstum. Die Algen wiederum bilden einen günstigen Nährboden für die Schnecken, die für die Bilharziose verantwortlich sind. Da abgestorbene Algen außerdem viel Sauerstoff verbrauchen, ist eine sauerstoffarme Todeszone entstanden, in der keine Fische mehr leben können, und das Ökosystem des Sees droht allmählich umzukippen.

licht eine relativ üppige Vegetation und ist Grundlage für einen intensiven Ackerbau. An den Ufern des Lake Victoria erstrecken sich die größten Baumwollfelder Ostafrikas, auch Kaffee und Zuckerrohr werden hier angebaut.

Mwanza und Umgebung

Zu den besonderen Erlebnissen eines Besuchs im tanzanischen Teil des Lake Victoria-Beckens gehören die Fußsafaris im Rubondo Island National Park, Schiffahrten über den See zu einigen Inseln und die Erkundung der kleinen Ortschaften am Ufer des Lake Victoria.

Mwanza (250.000 Einwohner) **1**, am südöstlichen Ufer des Sees gelegen, ist die zweitgrößte Stadt Tanzanias und besitzt den größten Binnenhafen des Landes. Seit dem Untergang des tanzanischen Schiffes „MV Bukoba" im Jahre 1995 gibt es zwischen Tanzania und Uganda bisher noch keinen Passagierschiffsverkehr. Nach Fertigstellung der „Lunatic Line" in Kenia 1901 verlor Mwanza seine Bedeutung als Endpunkt der großen Karawane-Routen. Doch bereits 1928 stellten die Briten die Bahnlinie von Tabora (mit Anschluß an Dar es-Salaam) nach Mwanza fertig, die auch heute noch die wichtigste Verkehrsverbindung zwischen dem Lake Victoria und dem Indischen Ozean darstellt. Diese Route benutzte auch der britische Entdecker John Hanning Speke, der auf der Suche nach den Nilquellen 1858 in Mwanza ankam.

Die Stadt, deren Name sich von dem Ausspruch der Sukuma „nga nyanza" (zum See) ableitet, wurde auf mehr als sieben Hügeln erbaut und liegt auf einer kleinen Halbinsel. Man sagt Mwanza mit seinen

Der Lake Victoria in Tanzania

schönen Kolonialgebäuden wie der Railway Station einen Hauch von Wildwest-Atmosphäre nach. Hier gibt es auch eine große Brauerei, eine Fischmehlfabrik und Textilindustrie sowie einen alten deutschen Friedhof.

Die Stadt ist von großen, grauen Granitblöcken, den Kopjes, umgeben. Der **Bismarck Rock**, eine Felsgruppe aus Granit, ragt nördlich des Zentrums in der Nähe des Dhau Harbour aus dem Wasser. Er wird von einem dreieckigen Steinkoloß gekrönt und ist von zahlreichen Bussarden, Kormoranen und anderen Vögeln bewohnt. Jeden Abend bietet sich hier ein prächtiges Schauspiel, wenn die letzten Sonnenstrahlen glutrot am Horizont hinter dem Lake Victoria untertauchen. Wenige Minuten später heben sich die Bäume nur noch als Scherenschnitte vom tiefblauen Nachthimmel ab, das Land legt sich schlafen.

Rund 20 km östlich von Mwanza, kurz vor dem Ort Kisesse, befindet sich das **Bujora Sukuma Village Museum**, ein von einem Missionar aus Quebec eingerichtetes Freilichtmuseum mit traditionellen kegelförmigen, strohgedeckten Hütten der Sukuma, Musikinstrumenten und einigen Gegenständen des täglichen Gebrauchs. Um die einzelnen Hütten sind Schutzhecken aus Dornbüschen und Wolfsmilchgewächsen gepflanzt. Manchmal werden auch traditionelle Tänze vorgeführt.

Von Mwanza aus lohnt sich eine Schiffahrt zum **Ukerewe Island** 2 (4 Std., Rückfahrt am nächsten Morgen). Auf der größten Insel im Lake Victoria gibt es wunderschöne Sandstrände. Das Wasser, z.B. in der traumhaften Bucht von Rubya Beach, soll frei von Bilharziose sein.

Informationen: Gallu Beach Town Office, Kenyatta Road, Mwanza, Tel. (068) 507 64.

Bei Mwanza ragt die Felsgruppe des Bismarck Rock aus dem Lake Victoria.

Eine Insel als Nationalpark
Auch den **Rubondo Island National Park** (450 km^2) ❸ kann man von Mwanza aus mit dem Schiff erreichen. Der 1977 auf Anregung von Bernhard Grzimek eingerichtete Park 300 km westlich von Mwanza besteht aus Rubondo Island (230 km^2) und 11 kleineren Inseln im **Emin Pascha Gulf** an der südwestlichen Ecke des Lake Victoria. Baumsavanne wechselt sich hier mit Miombewäldern und ausgedehnten Papyrussümpfen ab, 90 % der Insel bedecken jedoch Feuchtwälder. Sie bilden den Lebensraum für zahlreiche Tierarten wie Wasserböcke, Sumpfmungos und Ginsterkatzen. Die größte Attraktion des Parks sind wohl die Sitatungas, die hervorragend an das Leben in den Sümpfen angepaßt sind. Rubondo Island, das man nur zu Fuß in Begleitung eines Rangers durchstreifen kann, beherbergt auch einige sehr giftige Schlangen wie Kobras, Grüne Mambas und Vipern sowie mächtige Pythons. Im Park gibt es zwei Bandas (überdachte Buschunterkünfte) für Selbstversorger. Seit 1997 existiert auch das luxuriöse Zeltcamp Rubondo Tented Camp (Buchung bei Flycatcher Safaris, Tel. 057-69 63, Fax 82 61).

Im Südwesten des Lake Victoria
Gegenüber von Rubondo Island, am südwestlichen Ufer des Lake Victoria, liegt das **Biharamulo Wildlife Reserve** (1.200 km^2) ❹. Die sanften Hügel sind mit dichtem Wald bewachsen, hin und wieder durchbrochen von offenem Grasland. Hier finden sich auch Bestände von Miombewald. Neben Flußpferden, die man am Ufer des Lake Victoria beobachten kann, leben im Reservat auch Kuhantilopen, Riedböcke und die seltenen Pferdeantilopen. An das Schutzgebiet grenzt das **Burigi Game Reserve** (2.300 km^2) ❺. Der Distriktort **Biharamulo** liegt ein wenig abseits der Durchgangsstraße (B 8). Der Park hat keine touristische Infrastruktur. Beide Reservate können zur Zeit wegen der Probleme mit den Flüchtlingen aus Rwanda und Burundi und wegen der Gefahr von Überfällen nicht besucht werden.

162 km nördlich der Reservate an der B 8 liegt **Bukoba** (60.000 Einwohner) ❻, benannt nach den Ureinwohnern, den Bukoba. Man erreicht die Stadt auch von Mwanza aus mit der „MV Victoria" (Fahrzeit 8–10 Std.). Bukoba thront auf einem üppigen grünen Hügel. Es bietet schöne sandige Uferstellen und ist von einer schroffen Granitkulisse umgeben. An die weite Bucht schließen sich ausgedehnte Sümpfe und intensiv bebautes Gartenland an. Hier wird neben Mais, Bohnen, Bananen und Süßkartoffeln auch der größte Teil des bekannten Robusta-Kaffees produziert, außerdem gibt es in Bukoba eine Zuckerraffinerie. Der unter dem Namen Emin Pascha bekannte Deutsche Eduard Schnitzer baute hier 1890 die erste Bahnstation und war Mitbegründer der Industrie für den Robusta-Kaffee.

Kenias Lake Victoria und westliches Hochland

Der Hauptanziehungspunkt im Westen Kenias ist der Lake Victoria, allerdings führen nur wenige Wege direkt zu seinem Ufer. **Kisumu** (190.000 Einwohner) ❼, die drittgrößte Stadt des Landes, erstreckt sich am **Winam Gulf**. Das dominierende Handels- und Wirtschaftszentrum Westkenias hieß zur Kolonialzeit nach der Frau des Chefingenieurs der „Lunatic Line" (s. Kasten S. 47), Ronald Preston, noch „Port Florence". Sie war es, die hier am 19. Dezember 1901 den letzten Nagel für die „Wahnsinnslinie" in die Schwelle trieb.

Breite Straßen, gesäumt von Bäumen und Blumenbeeten, prägen das Stadtbild der Neustadt. Der breite Jomo Kenyatta Highway führt in Nord-Süd-Richtung quer durch die Stadt zum Sunset Hotel in der Aput Lane (Buchung über Tel. 02-33 68 58, Fax 22 78 15). Von dem Hotel genießt man einen herrlichen Blick auf den Lake Victoria. Wer den See aus der Nähe kennenlernen möchte, kann vom Sunset Hotel 500 m weiter zum **Hippo Point**, einem mit Felsen übersäten Aussichtspunkt direkt am Ufer, laufen. Etwa 2 km weiter gelangt man in das Fischerdorf **Dunga**, wo es ein gutes Restaurant (Dunga Refreshments) gibt. Im **Kisumu Museum** in der Nairobi Road kann man Produkte aus der traditionellen Kultur der Luo und ein Luo-Gehöft besichtigen (geöffnet tgl. 8.30–18 Uhr). Zu dem Museum gehören auch ein Krokodilteich und ein Schlangenhaus. Kisumu ist ein idealer Aus-

Das geschäftige Städtchen Homa Bay schmiegt sich an eine malerische Bucht des Lake Victoria.

gangspunkt für Reisen in den Westen Kenias.

Von Kisumu nach Homa Bay

Von Kisumu aus kann man wunderschöne Schiffahrten über den Lake Victoria unternehmen. Ein Ziel ist z.B. **Mfangano Island** mit seinen uralten Felsmalereien. Die Reise strohgedeckten Hütten der Luo 35 km weiter nach **Homa Bay** ▉. Von hier aus werden die landwirtschaftlichen Erzeugnisse der Region nach Kisumu transportiert. Sehenswert in Homa Bay ist der Fischmarkt direkt am Lake Victoria. Die einzige Übernachtungsmöglichkeit ist das Homa Bay Hotel

Hinter Biretwo steigt die Landschaft zu dem westlichen Hochland von Kenia an.

führt durch den Winam Gulf und vorbei an dem wildromantischen **Rusinga Island**. Bekannt ist die Insel als prähistorische Ausgrabungsstätte: Hier entdeckte Mary Leakey den Schädel des Prokonsuls.

Empfehlenswert ist auch ein Ausflug mit der Motorfähre nach **Kendu Bay** ▉ im Süden des Golfs. Das Hafenstädtchen liegt idyllisch am Ufer des smaragdgrünen **Lake Sindi**, eines von Flamingos besuchten Kratersees. Auf dem Landweg geht es dann entlang der

(Buchung über Tel. 02-22 97 51, Fax 22 78 15). In dem schönen Garten des Hotels leben Heilige Ibisse.

Gut 30 km südwestlich von Homa Bay befindet sich der **Ruma National Park** (120 km^2) ▉, der bereits 1966 geschaffen wurde und sich über eine hügelige Savannenlandschaft mit lichten Baumbeständen erstreckt. Als wichtigste Attraktion des Parks gelten die sonst in Kenia seltenen Pferdeantilopen und eine Herde von Rothschildgiraffen.

Kenias Lake Victoria und westliches Hochland

Im Hinterland des Lake Victoria
Wendet man in Homa Bay dem Lake Victoria den Rücken zu und folgt zunächst der C 20 nach Südosten und dann der A 1 nach Nordosten, gelangt man nach 56 km in die Stadt **Kisii** (35.000 Einwohner) **11**, umgeben von Zuckerrohr- und Bananenpflanzungen. Auf der Weiterfahrt nach Kericho (B 3 / C 23) lohnt sich ein Zwischenstop in dem Dorf **Tabaka** (s. Tip). **Kericho** (45.000 Einwohner) **12**, 98 km von Kisii entfernt, liegt inmitten sanfter Hügel und großer Teeplantagen und strahlt koloniales Ambiente aus. Hier kann man in dem 1952 errichteten berühmten Tea Hotel übernachten oder auf dessen Terrasse speisen (Buchung über Tel. 02-22 97 51, Fax 22 78 15). Der Besuch einer Teeplantage ist bei Voranmeldung möglich (Buchung über Tel. 0381-201 46, Fax 363 47). Von Kericho sind es 107 km (B 1 / A 104) bis Nakuru, dem Ausgangspunkt für eine Fahrt zu den Seen des Rift Valley (s. S. 100 f.).

Unterwegs ins westliche Hochland
Von den Seen des Rift Valley führt eine Route durch das Kerio Valley in das Hochland Kenias, die zu den schönsten des Landes zählt. Sie beginnt 15 km südlich des Lake Baringo in **Marigat** **13**, einem kleinen Ort mit einer hellgrünen Moschee. Hier zweigt die asphaltierte C 51 nach Westen ab und steigt zu der 1.370 m hohen Westwand der **Tugen Hills** hinauf. Entlang enger Haarnadelkurven bieten sich herrliche Ausblicke auf den **Lake Baringo** sowie unzählige Krater ehemals aktiver Vulkane. 38 km hinter Marigat thront hoch über dem See die Ortschaft **Kabernet** mit schöner Sicht auf das saftige **Kerio Valley**. Von hier führt die Straße hinab zum **Kerio River** vorbei an der spek-

> **Tip**
> ### Shopping in Tabaka
> Der kleine Ort Tabaka 17 km nordwestlich von Kisii ist das Zentrum des Stammes der Gusii. Hier werden Souvenirs aus besonders weichem, hellem Speckstein (Soapstone) hergestellt. Der Stein kommt in vielerlei Farben und Härtegraden vor. Während sich die weiße Form am leichtesten bearbeiten läßt, ist die orange- und pinkfarbene etwas härter. Am härtesten ist der rosarote Speckstein, der auch am meisten wiegt. In den Werkstätten kann man den Handwerkern dabei zusehen, wie sie aus dem fetthaltigen Rohmaterial die im ganzen Land angebotenen Vasen, Schüsseln, Dosen, Tassen, Aschenbecher, Kerzenhalter, Eierbecher, Schachfiguren, Serviettenringe und Makondeschnitzereien fertigen. Im Ort gibt es zwei große Steinbrüche, in denen der Speckstein gewonnen wird.

takulären **Chebloch Gorge**, wo sich der Fluß durch eine nur 5 m breite Schlucht zwängt.

Auf der anderen Seite des Flußtals windet sich die Straße entlang der begrünten Berge über **Biretwo** wieder hinauf nach **Tambach**. Von einem View Point eröffnet sich ein grandioser Blick über das Rift Valley. Auf den Terrassen bei **Kesup** stehen zwischen Maisfeldern die runden Hütten der hier ansässigen Kerios. **Iten**, nur wenige Kilometer hinter Tambach, liegt

Tip

Zu Fuß im Regenwald

Etwa 50 km nördlich der Stadt Kisumu erstreckt sich der östliche Ausläufer des tropischen zentralafrikanischen Regenwaldes, der sich einst bis zur Atlantikküste dehnte. Das Kakamega Forest Reserve (115 km²) birgt eine Fülle verschiedener Tier- und Pflanzenarten, die anderswo nur selten zu finden ist, darunter die Weißnasenmeerkatze, die hier ihr einziges Vorkommen in Kenia hat, sowie zahlreiche Schlangen und Vögel. Den 1985 unter Naturschutz gestellten Park kann man in Begleitung eines Rangers zu Fuß erkunden. Man erreicht den Kakamega Forest auf der Verbindungsstraße A 1 zwischen Kisumu am Lake Victoria und Kitale am Mt. Elgon. Im Park befindet sich die Herberge Rondo Retreat Centre (Buchung über Tel. 0331-413 45, Fax 201 45).

endlich auf dem **Elgeyo Escarpment**, am Rand der scharfen Bruchkante des Rift Valley. Hier wird das Land allmählich flacher. Auf dem **Uasin Gishu Plateau** erstrecken sich zwischen Tannen-, Kiefern- und Zedernwäldern weite Weizenfelder.

Über ein kurzes, schlechtes Teilstück der Straße mit vielen Schlaglöchern erreicht man etwa 135 km hinter Marigat die Stadt **Eldoret** (100.000 Einwohner) **14**, das Zentrum des reichen und fruchtbaren Farmlandes der White Highlands. Eldoret liegt direkt an der A 104, die nach Norden und nach Uganda führt. Durch den starken Verkehr der Lastkraftwagen gekennzeichnet, ist der Straßenbelag entsprechend brüchig. Die von holländischen Bauern gegründete Poststation blieb bis 1912 ohne Namen und hieß nach der Nummer des Grundstücks der ersten Farm einfach nur „64". Von Eldoret lohnt sich ein Ausflug über die C 54 nach Südosten in das 50 km entfernte **Chepkorio** und weiter auf einer Forststraße zum **World's End**. Von hier aus genießt man noch einmal einen spektakulären Blick über den Steilabhang des Elgeyo Escarpment hinunter in das Kerio Valley.

Regenwald und Farmland

Von Eldoret kann man über Webuye zum **Kakamega Forest Reserve** (115 km²) **15** östlich der Stadt Kakamega reisen, einem der letzten Regenwaldgebiete Kenias mit über 125 Baumarten (s. Tip). Man kann sich von Eldoret auch nordwärts wenden, vorbei an **Soy**, bekannt für seinen Country Club, und **Moi's Bridge**, dem Zentrum des Maisanbaus. Der Weg führt weiter durch endloses Farmland mit Wiesen und Weiden bis **Kitale** (53.000 Einwohner) **16** 69 km hinter Eldoret. Der in englischer Kleinstadtbauweise errichtete Ort ist Sitz des **National Museum of Western Kenya** mit Exponaten aus prähistorischer Vergangenheit und dem Alltag der Siedler (geöffnet Mo–Sa 8–18 Uhr, So 9–18 Uhr). Bis sich in den 20er Jahren die ersten weißen Siedler in Kitale niederließen, war das Gebiet Weideland der Masai. Heute wird die Region intensiv landwirtschaftlich genutzt.

Kitale ist Ausgangspunkt für eine Fahrt nach **Lodwar** in die einsame Region westlich des Lake Turkana – ein Abenteuer, das wegen der fehlenden Infrastruktur und eventueller Sicherheitsrisiken zur Zeit allerdings nicht zu empfehlen ist. Auf jeden Fall sollte man aber einen Abstecher zum **Saiwa Swamp National Park** (2 km²) 22 km nordöstlich von Kitale unternehmen, in dessen sumpfigen Niederungen rund 100 Sumpfantilopen, auch Sitatungas genannt, leben. Den Park kann man nur zu Fuß erkunden.

Der Mt. Elgon National Park
Etwa 35 km westlich von Kitale liegt das gewaltige Bergmassiv des **Mt. Elgon** 🛇 (Ol doinyo igoon = Berg der Brust), der wie der Mt. Kenya ein erloschener Vulkan ist. Die Caldera hat einen Durchmesser von 8 km. 1890 erklomm Frederick Jackson als erster Europäer den zweithöchsten Berg Kenias. Sieben Jahre vorher hatte der britische Reisende Joseph Thomson bereits einige Höhlen am Mt. Elgon aufgesucht. Der höchste Gipfel, der freistehende Vulkankegel **Wagagai** (4.321 m), liegt in Uganda. Auf der zu Kenia gehörenden Seite des Massivs erheben sich der **Sudek Peak** (4.310 m) und der **Koitoboss Peak** (4.187 m). Der **Mt. Elgon National Park** (169 km²) beginnt auf einer Höhe von 2.336 m. Die Suam Gorge im Nordwesten des Parks liegt auf der Grenze zwischen Uganda und Kenia. Die Berghänge sind von dichtem Regenwald mit Steineben, Riesenlobelien und Riesenkreuzkräutern bedeckt.

Die größte Attraktion des Parks sind zweifellos zahlreiche Höhlen, deren Entstehung noch ungeklärt ist. Es wird vermutet, daß Elefanten sie auf der Suche nach Mineralien im Laufe der Jahrtausende in die Abhänge gegraben haben. Die zugänglichste und größte ist die **Kitum Cave** im Osten des Parks nahe des Chorlim Gate. Sie soll den englischen Schriftsteller Rider Haggard zu dem Abenteuerdrama „She" angeregt haben. In der nahe gelegenen **Makingeny Cave** stürzt ein Wasserfall 30 m in die Tiefe, und in der **Kimothon Cave** nördlich der beiden anderen Höhlen sind zahlreiche Felsmalereien zu finden.

Den Eingang zu der Makingeny-Höhle im Mt. Elgon National Park versperren ein Wasserfall und dichtes Grün.

Nairobi
und der Norden Kenias

Niemand konnte ahnen, daß aus der Ansammlung schäbiger Bretterbuden während des Baus der Ugandabahn einmal die Hauptstadt Kenias entstehen würde. Heute ist Nairobi die größte Stadt zwischen Kairo und Johannesburg. Nur 100 km von der Metropole entfernt erhebt sich der Berg, von dem das Land seinen Namen hat, der Mt. Kenya (5.199 m). Den unwirtlichen Norden Kenias bedecken weite Halbwüsten und Savannen.

Nairobi
Ort am „kalten Wasser"

Bis zum Ende des 19. Jahrhunderts befand sich an der Stelle der heutigen Stadt Nairobi nur ein Sumpf, von den Masai „enkare nyrobi" (kaltes Wasser) genannt. Doch der vorläufige Endbahnhof der Ugandabahn, der am 30. Mai 1899 offiziell eröffnet wurde, erhielt bereits am 16. April 1890 den Status einer Gemeinde. 1902 zogen die Kolonialbehörden von Mombasa nach Nairobi um, und innerhalb weniger Jahre entwickelte sich aus dem Camp eine Stadt.

Heue ist Nairobi (2 Mio. Einwohner) eine wuchernde Metropole, dennoch fällt die Orientierung nicht schwer. Hauptachse ist der Uhuru Highway, der sich einerseits zum Flughafen und weiter zur Küste verlängert (Mombasa Road), andererseits zum Rift Valley und

Die Jamia-Moschee der Sunniten-Sekte in Nairobi wurde im arabischen Stil erbaut.

Nairobi

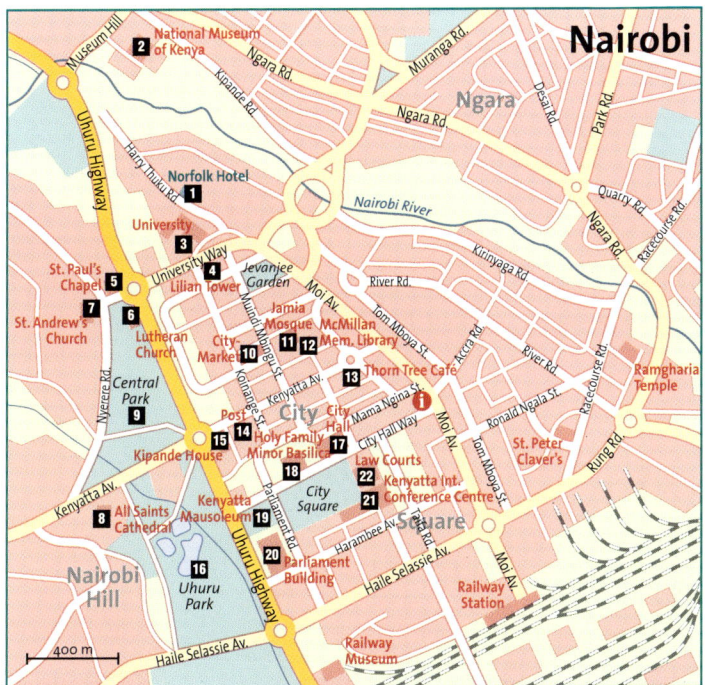

Nairobi

weiter in den Westen fortsetzt (Transafrican Highway). Parallel dazu verläuft östlich die Moi Avenue, die sich vom Bahnhof bis zum Norfolk Hotel hinzieht und damit das reichere Uptown vom ärmlichen Downtown abgrenzt.

Am berühmten **Norfolk Hotel** 1 in der Harry Thuku Road haben schon gekrönte Häupter, Präsidenten und berühmte Zeitgenossen wie Ernest Hemingway oder Winston Churchill genächtigt (Tel. 02-33 54 22, Fax 33 67 42). Jeder Besucher der Stadt wird wenigstens einmal an der Lord Delamere Bar einen Drink schlürfen wollen.

Um zum **National Museum of Kenya** 2 zu gelangen, nimmt man vom Hotel aus am besten ein Taxi. Das Museum beherbergt prähistorische, ethnische und naturkundliche Sammlungen (geöffnet tgl. 9.30–18 Uhr). Gegenüber im **Snake Park** gibt es eine Fülle ostafrikanischer Schlangen und Krokodile (geöffnet tgl. 9.30–18 Uhr).

Nicht weit vom Norfolk Hotel liegen die **University of Nairobi** 3 und der weiße **Lilian Tower** 4, Sitz des exklusiven Nairobi Safari Club. Entlang des breiten Uhuru Highway stehen einige sehenswerte Kirchen, darunter die katholische **St. Paul's Chapel** 5, die **Lutheran**

Jenseits von Afrika

„Ich hatte eine Farm in Afrika ..." Mit diesen Worten leitete die in Europa erst nach ihrem Tode am 1. September 1962 zu literarischen Ehren gelangte dänische Baronin Karen (Tania) Blixen ihr berühmtes Buch „Den afrikanske farm" (Afrika, dunkel lockende Welt) ein. Karen Blixen wurde am 17. April 1885 als Karen Christence Dinesen auf dem Landsitz Rungstedlund vor den Toren Kopenhagens geboren. 1914 heiratete sie in Mombasa ihren adeligen Vetter, Baron Bror Blixen-Finecke, und lebte 18 Jahre lang auf einer Kaffeefarm am Fuß der Ngong-Berge.

Nach der Scheidung von ihrem Mann, der sie betrog und mit Syphilis infizierte, lernte sie Denys Finch-Hatton kennen, dessen größte Leidenschaft die Jagdfliegerei war. Mit ihm erlebte sie ihr größtes Liebesglück, bis er während eines Fluges abstürzte.

Im Juli 1931 nach Europa zurückgekehrt, starb Karen Blixen 1962, ohne ihr geliebtes Afrika je wiedergesehen zu haben. Ihr Buch und mehr noch der 1985 folgende Film „Out of Africa" (Jenseits von Afrika) mit Meryl Streep und Robert Redford in den Hauptrollen haben Millionen von Menschen einen Eindruck von der Faszination Afrikas vermittelt.

Die Farm wurde 1931 verkauft, aber das ehemalige Wohnhaus der Baronin wurde renoviert und überwiegend mit Requisiten der Filmproduktion ausgestattet. Es kann in dem Vorort von Nairobi Karen, benannt nach Karen Blixen, besichtigt werden (Karen Blixen Museum, Karen Road, geöffnet tgl. 9.30–18 Uhr).

Die ehemalige Farm von Karen Blixen ist zu besichtigen.

Church **6**, die presbyterianische St. Andrew's Church **7** und jenseits der Kenyatta Avenue die **All Saints Cathedral** **8** mit ihren bunten Glasfenstern und den gotischen Zwillingstürmen. Zwischen Lutheran Church und Kenyatta Avenue erstreckt sich der **Central Park** **9**. Er wird vom **Nyayo Monument** überragt, das 1988 nach den ersten zehn Jahren der Amtszeit von Staatspräsident Arap Moi errichtet wurde.

Gegenüber dem Park befinden sich das **Maendeleo-Haus**, Sitz des Goethe-Instituts, und die Alliance Française. In der Mbingu Street öffnet allmorgendlich der pittoreske **City Market** **10**, eine Markthalle mit kuppelförmigem Dach, seine Pforten. In der Nähe erhebt sich die goldgeschmückte **Jamia Mosque** **11** mit ihren drei silberglänzenden Kuppeln und ihren zwei Minaretten. Nicht weit davon steht die von Steinlöwen bewachte **McMillan Memorial Library** **12**, die 1930 zum Gedenken an den Kriegsveteranen Sir Northrup McMillan von seiner Frau gestiftet wurde (geöffnet Mo–Fr 9–17 Uhr, Sa 9.30–13 Uhr). In der Kimathi Street locken zahl-

Nairobi

reiche Geschäfte, und an der Kreuzung zur Kenyatta Avenue liegt das New Stanley Hotel (Tel. 02-33 32 33, Fax 22 93 88). Sein berühmtes **Thorn Tree Café** 13 ist wohl der beliebteste Treffpunkt der Stadt.

Gegenüber dem **General Post Office** 14, dem Hauptpostamt, erhebt sich das Gebäude der Kenya Commercial Bank, besser bekannt unter dem früheren Namen **Kipande House** 15. Hier erhielten die Bewohner früher ihre Ausweise (kipande). Jenseits des Uhuru Highway erstreckt sich der **Uhuru Park** 16 mit einem Brunnen, der zur Erinnerung an die ersten zwanzig Jahre der Unabhängigkeit erbaut wurde.

Am **City Square** ragt gleich neben der **City Hall** 17, dem Rathaus der Stadt, die katholische **Holy Family Minor Basilica** 18 auf, die 1960 an der Stelle einer früheren Kathedrale erbaut wurde. Im **Kenyatta Mausoleum** 19 brennt die ewige Flamme. Um den Platz gruppieren sich das **Parlamentsgebäude** 20 mit dem zwölfstöckigen Pfeiler eines 40 m hohen Uhrturms, das **Kenyatta International Conference Centre** 21 und das ockergelbe, neoklassizistische Gerichtsgebäude **Law Courts** 22 mit einer strengen Säulenfassade über dem Eingang. Der 28stöckige KANU-Tower des Conference Centre (105 m) beherrscht die Stadtsilhouette.

Informationen: Kenya Tourism Foundation, Mama Ngina Street, Norwich Union House (5th floor), Nairobi, Tel. (02) 24 11 88, Fax 25 24 66.

> **Tip**
>
> ## Zu den „Big Four"
>
> Vor den Toren von Nairobi liegt der Nairobi National Park (117 km²). Der 1946 geöffnete erste Nationalpark Kenias vermittelt einen repräsentativen Eindruck von der Tierwelt Afrikas (geöffnet tgl. 6–19 Uhr). Von den „Big Five" fehlt hier nur der Elefant. Im dichten Waldgebiet und in der offenen Savanne im Westen des Parks, nicht weit vom Main Gate, trifft man die meisten Tiere. An den Ufern des ständig Wasser führenden Mbagathi River stehen Fieberakazien. Ihr Name rührt daher, daß sie vor allem in sumpfigen Malariagebieten wachsen. Schiebe- und Sonnendächer müssen geschlossen bleiben. Der Park ist zum Stadtgebiet von Nairobi hin umzäunt, gegen Süden aber offen, so daß die Wildtiere ungehindert in die Grassavannen Südkenias ziehen können. Der Park ist Sitz des Kenya Wildlife Service (Tel. 02-50 10 81). Gleich neben dem Main Gate befindet sich das Animal Orphanage, ein Tierwaisenhaus, das 1963 gegründet wurde.

Der Turm des Kenyatta Conference Centre (105 m) überragt die Dächer von Nairobi.

Central Highlands
Hochland unter dem Äquator

In der Bergwildnis der Aberdares stürzen die Chania Falls 25 m in die Tiefe.

Tip

Im Baumhotel

Die Übernachtung in einem Baumhotel des Aberdare National Park gehört zu den unvergeßlichen Erlebnissen einer Kenia-Reise. Vom Aberdare Country Club wird man (nur mit Handgepäck) zu der auf Holzpfählen errichteten Ark Lodge gefahren. Von einem Bunker aus kann man die Tiere aus nächster Nähe beobachten. Das Outspan Hotel in Nyeri ist das Basishotel für die Treetops Lodge, einen Holzpfahlbau zwischen Bäumen. Hier erreichte Prinzessin Elizabeth in der Nacht des 5. Januar 1952 die Nachricht vom Tod ihres Vaters, des britischen Königs George VI. Wenn sich interessante Tiere den Tränken nähern, wird man während der Nacht auf Wunsch geweckt. Informationen und Buchung: Ark Lodge über Tel. (02) 21 69 40, Fax 21 67 96, Treetops Lodge über Tel. (02) 33 58 07, Fax 34 05 41.

In Afrika waren es immer die Highlands, die es den Weißen angetan hatten. So ist es in Kenia noch heute: An Wochenenden und warmen Tagen setzt eine Völkerwanderung von Nairobi in die Central Highlands ein. Dazu zählen die Aberdares und der Mt. Kenya, die gemeinsam die Ostwand des Rift Valley bilden.

Unberührte Bergwildnis

Die **Aberdares**, vom britischen Entdeckungsreisenden Joseph Thomson 1883 nach Lord Aberdare, dem damaligen Präsidenten der Royal Geographical Society, benannt, sind

Trekkingrouten zum Mount Kenya

ein Gebirgszug von dramatischer Schönheit, der etwa 60 km in Nord-Süd-Richtung verläuft. Höchste Erhebungen sind der **Ol Doinyo Lesatima** (3.999 m) und der **Kinangop** bzw. **Nyandarua** (3.906 m). Das Landschaftsbild prägen sanfte Hügel, sonnige Lichtungen, kühle Weiden, sprudelnde Bäche und rauschende Wasserfälle. Stellenweise erinnern die Aberdares an die Alpen oder die Heideregionen in Schottland. Ausgangspunkt für einen Besuch des 1950 errichteten **Aberdare National Park** (767 km²) 146 km nördlich von Nairobi sind

Die Naro Moru-Route führt von Naro Moru durch das Teleki Valley ❶. Vorbei an der Mackinders Hut (4.175 m) ❷ und der Austrian Hut (4.800 m) ❸ geht es am Rande des Lewis Glacier zum Lenana Point (4.985 m) ❹. Die Sirimon-Route von Nanyuki aus startet am Parkeingang (2.600 m). Sie zieht sich durch das Mackinder Valley ❺, vorbei an den Shipton's Caves (4.200 m) ❻ zur Kami Hut (4.400 m) ❼ unterhalb des Batian (5.199 m). Über den Hausbergpaß (4.600 m) gelangt man zu der Mackinder's Hut. Die Chogoria-Route von Chogoria aus führt vorbei am Lake Michaelson ❽ und der Minto's Hut (4.290 m) ❾. Am Simba Tarn wendet man sich zur Shipton's Hut (4.240 m) ❿ und kehrt auf der Sirimon-Route zurück nach Nanyuki (Dauer jeweils 3–5 Tage).

Die Kamba nannten den Mt. Kenya (5.199 m), den höchsten Berg Kenias, „Kiinyaa".

das Outspan Hotel und der Aberdare Country Club (s. Tip S. 90).

Der höchste Berg Kenias

Hätte der erste Weiße, der ins Innere Kenias vordrang, genau hingehört, dann hieße das Land heute Kiinyaa, denn so wurde der erloschene Vulkan **Mt. Kenya** 180 km nördlich von Nairobi, Teil des **Mount Kenya National Park** (715 km^2), von den hier lebenden Kamba genannt. Als der Missionar Johann Ludwig Krapf den „schwarzweiß gefleckten Berg" am 3. Dezember 1849 erblickte, verstand er „Kenya". Das wurde der Name des Berges und des Landes, und mittlerweile haben sich die Kenianer an diese Bezeichnung gewöhnt.

Der gletscherbedeckte Mt. Kenya entstand vor etwa 2,5–3 Mio. Jahren. Er ist nicht nur der höchste Berg Kenias, sondern nach dem Mt. Kilimanjaro auch der zweithöchste Berg Afrikas. Obwohl seit der Erforschung seiner drei Gipfel, des **Batian** (5.199 m), des **Nelion** (5.188 m) und des **Lenana Point** (4.985 m), durch den schottischen Naturforscher John Gregory 1893 bereits sieben der ursprünglich 18 Gletscher infolge von Erosion und Erwärmung verschwunden sind, findet man noch immer imposante Gletscherformationen. Die Bergwelt erschließt sich am besten auf einer Wanderung (s. Karte S. 91). Übernachten kann man im Mount Kenya Safari Club (Buchung über Tel. 02-21 69 40, Fax 21 67 96).

Central Highlands

Off-Road-Abenteuer in Nordkenia

Nordkenia steht gleichbedeutend für ein romantisches Allradabenteuer, für Tausende von Quadratkilometern staubiger Savanne und Halbwüste, durchsetzt mit Vulkangestein und ausgetrockneten Wasserläufen (lugga), für rüttelnde Pistenfahrten und für die Begegnung mit exotisch anmutenden Völkern der Nomaden.

Das Abenteuer beginnt gleich hinter **Isiolo** (20.000 Einwohner), 324 km nördlich von Nairobi an der A 2 gelegen. Der Ort mit Markt und Moschee ist der letzte Vorposten der Zivilisation und Endpunkt der Nomadenrouten. Sobald man die Wellblechhütten hinter sich gelassen hat, beherrscht ein intensives Farbenspiel die landschaftliche Szenerie. Es zaubert immer neue Stimmungen hervor. Am Wegrand erheben sich einige Schirmakazien.

Im Samburu und Buffalo Springs National Reserve

Ziel der Reise sind das **Buffalo Springs** (300 km²), das **Samburu** (165 km²) und das **Shaba National Reserve** (239 km²) nördlich von Isiolo. Die drei Reservate stellen eine ökologische Einheit im halbwüstenartigen Norden Kenias dar. Offene Grassavanne und Dornbuschsavanne, durchsetzt von einigen felsigen Hügeln, wechseln sich ab. Der meist ganzjährig Wasser führende **Ewaso Ngiro River**, der „Fluß des braunen Wassers", bildet die nördliche Grenze des Buffalo Springs National Reserve, an das sich das Samburu National Reserve unmittelbar anschließt. Der Fluß markiert auch die Nordgrenze des Shaba National Reserve etwa 12 km weiter östlich. Das Buffalo Springs und das Samburu National Reserve werden von den steilen Wänden

Der Ewaso Ngiro River verläuft zwischen Buffalo Springs und Samburu National Reserve.

Tip

Kamelritt mit Nomaden

Kameltrekking ist etwas für Frühaufsteher. Die von Samburu-Kriegern geleitete Karawane startet in Isiolo 324 km nördlich von Nairobi. Sie vermag eine Ahnung vom Leben der Nomaden und von der kargen Vegetation dieser Gegend zu vermitteln. Das persönliche Gepäck und die Ausrüstung wie Zelte, „Küche", Wasserkanister und Brennholz werden von den Kamelen getragen. Man kann auf den Kamelen reiten oder auch zu Fuß gehen. Den Abend verbringt man an einem Lagerfeuer. Das Trekking kann bis zu 5 Tage dauern.
Informationen und Buchung: Yare Safari Company, Moi Avenue, Union Towers (1st floor), Nairobi, Tel. (02) 21 40 99, Fax 21 34 45 oder Camel Trek Ltd., Nairobi, Tel. (02) 89 10 79, Fax 89 17 16.

des **Ol Doinyo Lolokwe Sabachi** (1.980 m), eines imponierenden Tafelbergs, und dem spitzen Gipfel des **Koitogor** (1.245 m) überragt.

In dem üppigen Galeriewald entlang des Ewaso Ngiro River kann man eine erstaunliche Artenvielfalt afrikanischer Tiere erblicken: Elefanten, Büffel, Löwen, Gerenuks, Netzgiraffen, Grevyzebras, Strauße, Impalas, Oryxantilopen und sogar Leoparden. Unter den vielen Krokodilen sieht man wahre Prachtexemplare, die regelmäßig die beliebte Samburu Lodge, direkt am Flußufer im gleichnamigen Reservat gelegen, besuchen (Buchung über Tel. 02-33 58 07, Fax 34 05 41). Nicht weit von der Samburu Lodge gibt es am Ewaso Ngiro River einen einfachen Campingplatz. Hier hatte Arthur Neumann, der Autor des Buchs „Elephant Hunting in Equatorial East Africa", einst sein Camp, als er 1880 zur Großwildjagd nach Afrika kam. Ebenfalls am Fluß liegt das exklusive Larsen's Camp (Buchung über Tel. 02-33 58 07).

Das Buffalo Springs Reservat wird von zwei kleinen, ganzjährig Wasser führenden Flüssen durchzogen, dem **Isiolo River** und dem **Ngare Mara**. Nahe der Buffalo Springs Lodge (Buchung über Tel. 02-33 68 58, Fax 21 81 09) befinden sich auch die Quellen, denen das Reservat seinen Namen verdankt.

Auf der Weiterfahrt über die A 2 zum Haupteingang des Shaba National Reserve kommt man am **Samburu Cultural Centre** vorbei, wo Touristen gegen Bezahlung beliebig fotografieren dürfen und sich einen ersten flüchtigen Eindruck

Elefanten nehmen jeden Tag gerne ein ausgiebiges Bad.

Off-Road-Abenteuer in Nordkenia

Joy und George Adamson

Im Jahr 1967 kauften George Adamson, ein 1906 in Indien geborener Brite, und die gebürtige Österreicherin Friederike Victoria Gessner, genannt Joy, ein Haus am Lake Naivasha. Das Elsamere Conservation Centre, 16 km westlich vom Lake Naivasha Country Club, dient heute als Forschungszentrum und kleines Museum, das besichtigt werden kann (geöffnet tgl. 15–18 Uhr). Es zeigt private Erinnerungsstücke. Hier schrieb Joy Adamson die Geschichten über die verwaiste Junglöwin Elsa, deren Mutter ihr Mann George 1956 erschossen hatte. Ihr Buch „Born free" wurde verfilmt, und eine amerikanische TV-Serie über Elsa machte die Löwin weltberühmt. Im Meru National Park (870 km^2) 360 km nordöstlich von Nairobi wurde Elsa auf ihre neue Freiheit vorbereitet („Living free").

Die Tierfreundin und talentierte Künstlerin Joy Adamson, die 1937 nach Kenia kam, wurde am 3. Januar 1980 im Shaba National Reserve von einem zuvor entlassenen Angestellten ermordet, kurz vor der Fertigstellung eines Films mit der Leopardin Penny. Sie malte fast 600 ausdrucksstarke Porträts zwanzig verschiedener Ethnien. Ihre fünf Bücher mit Zeichnungen ostafrikanischer Blumen, Bäume und Sträucher sind in Ausstellungen zu sehen.

Im Meru National Park befindet sich nahe der Adamson's Falls das Grab der Gepardin Pippah. George Adamson, der 1963 seinen Posten als Wildhüter aufgegeben hatte, lebte zuletzt zurückgezogen im Kora National Reserve (1.700 km^2) südlich des Meru National Park, bevor er im August 1989 von einer bewaffneten Bande von Wilderern ermordet wurde. In seinem 1986 erschienenen Buch „My Pride and Joy" schildert er insbesondere seine Abenteuer mit den Löwen, denen er sich in den letzten Lebensjahren vollauf widmete.

---

vom Leben in einem Samburu-Dorf verschaffen können.

Wo Joy Adamson starb

Der Besuch des Shaba National Reserve (shaba = Kupfer) lohnt sich nur während der Regenzeit im März/April, da der Park das übrige Jahr recht trostlos wirkt. Allerdings kann man auf den schlechten Pisten bei Regen auch leicht steckenbleiben. Im äußersten Nordwesten, nahe dem Natorbe Gate, bietet die komfortable Sarova Shaba Lodge eine gute Unterkunft (Buchung über Tel. 02-33 32 48, Fax 21 14 72).

Das stark vulkanisch geprägte Reservat war der letzte Wirkungsort von Joy Adamson, die hier 1980 kurz vor der Fertigstellung eines Filmes mit der Leopardin Penny ermordet wurde (s. Kasten). Ihr Ehemann, der berühmte Tierschützer George Adamson, wirkte südöstlich des Shaba National Reserve im **Kora National Park** (1.700 km^2), wo er 1989 von Wilderern ebenfalls getötet wurde.

Aufbruch nach Norden

Die drei zusammenhängenden Reservate sind die nördlichsten Wildparks, die von Touristen normalerweise aufgesucht werden. Nördlich davon beginnt bereits die Wüsten- und Halbwüstenregion. Hinter **Archer's Post**, einer stauberstickten Ansammlung von Blech- und Bretterhütten etwa 20 km nördlich von Isiolo, entpuppt sich der Trans Eastern African Highway (A 2) als eine üble Wellblechpiste. Hier sammeln sich die Fahrzeuge zu einem Konvoi, um mit bewaffneten Begleitern in den verdorrten Norden des Landes vorzudringen.

Off-Road-Abenteuer in Nordkenia

Die Wüstenroute zum Lake Turkana

Zum Marsabit National Park

Der Weg in den Norden Kenias führt von **Archer's Post** über **Laisamis** quer durch die **Kaisut Desert**. 230 km hinter Archer's Post erreicht man den **Marsabit National Park** (360 km²). Im Zentrum des Parks ragt der **Mt. Marsabit** (Ort der Kälte) 1.722 m über die dürre Halbwüste auf. Die heiße Luft, die von der Wüste aufsteigt, kühlt nachts ab und schlägt sich am Berg nieder, entweder als Nebel oder in Form von Wolken, die sich abregnen. Dieser Feuchtigkeit verdankt der Bergwald seine Üppigkeit. Das Marsabit-Massiv ist vulkanischen Ursprungs. In Gofs, ehemaligen Vulkankratern, bildeten sich Seen, z.B. der **Lake Paradise** (Gof Sokorte Guda). Übernachten kann man am Rande des baumbestandenen **Gof Sokorte Dika** in der einfachen Marsabit Lodge (Buchung über Tel. 02-22 34 88, Fax 22 78 15).

Das sich westlich an den Park anschließende Areal wurde als **Marsabit National Reserve** (1.555 km²) ebenfalls unter Naturschutz gestellt, darf aber von den hier lebenden Nomaden als Weideland genutzt werden.

Durch die Chalbi Desert

Auf der Weiterfahrt, zunächst über die C 82, vorbei an **Mayidahad** zu der Oase **Maikona** und dann durch die lebensfeindliche **Chalbi Desert**

Der Tafelberg Ol Doinyo Lolokwe Sabachi (1.980 m) ist eine weithin sichtbare Landmarke.

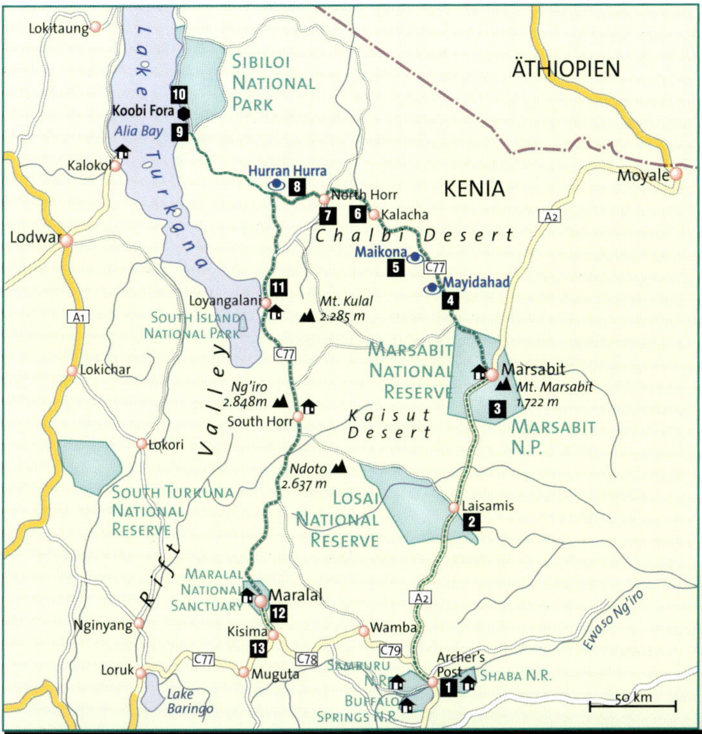

Allradtour zum Lake Turkana

erreicht man 210 km hinter Marsabit den Ort **North Horr**. Von hier aus sind es noch etwa 131 km bis **Alia Bay**, 12 km südlich von der Ausgrabungsstätte **Koobi Fora**, im **Sibiloi National Park** (1.575 km²) am Ufer des Lake Turkana gelegen. In Koobi Fora gelangen dem Team von Richard Leakey bedeutende paläontologische Funde, die die Weltöffentlichkeit aufhorchen ließen (s. Kasten S. 7). Da es im Nationalpark kein richtiges Wegenetz gibt, ist die Mitnahme ortskundiger Führer – entweder von North Horr

Die Route zum Sibiloi National Park am Lake Turkana beginnt in Archer's Post ❶. Auf der A 2 durchquert man ab Laisamis ❷ die Kaisut Desert und gelangt zum Marsabit National Park ❸. Vorbei an Mayidahad ❹ und der Oase Maikona ❺ geht es durch die Chalbi Desert zum Brunnen Kalacha ❻ und weiter nach North Horr ❼ 440 km hinter Archer's Post. In Richtung Nordwesten erreicht man über den Brunnen von Hurran Hurra ❽ nach 131 km Alia Bay ❾, 12 km südlich von Koobi Fora ❿, im Sibiloi National Park. Es gibt keine Unterkünfte für Touristen. Die Rückfahrt von Alia Bay führt über Hurran Hurra in das 167 km entfernte Loyangalani ⓫. Von hier aus sind es noch 249 km bis nach Maralal ⓬ und weitere 18 km bis nach Kisima ⓭.

Die Wüstenroute zum Lake Turkana

oder von Loyangalani aus – dringend anzuraten.

Ein See in der Wüste

Der Anblick des **Lake Turkana** (6.400 km^2) entschädigt für alle Anstrengungen und Mühen der Reise. Der See ist das viertgrößte Gewässer Afrikas und der größte ständige Wüstensee der Welt. Seinen Namen „Jade Sea" verdankt er dem alkalischen, von Algen jadegrün gefärbten Wasser. Je nach Wolkenbildung und Sonnenstand kann der See auch milchigblau oder schiefergrau erscheinen. Die unterschiedlichen Temperaturen über der Wasserfläche und dem Land bewirken kräftige Winde. Manchmal fegen die Windböen mit solcher Geschwindigkeit über den See hinweg, daß sich die Wellen bis zu 3 m hoch auftürmen.

Im Lake Turkana liegen drei Inseln. Auf **South Island** gibt es eine Vogelkolonie. Hier kann man auch Nilbarsche angeln. **North Island** ist für seine vielen Giftschlangen wie Kobras und Puffottern bekannt. Auf **Central Island**, das vom Westufer des Sees ab Kalokol am besten zugänglich ist, sind drei Kraterseen entstanden, die nach den hier vorzugsweise lebenden Tieren, also Tilapias, Flamingos und Krokodilen, benannt wurden.

Zurück nach Archer's Post

Die Rückfahrt von Alia Bay führt über **Hurran Hurra** in das 167 km entfernte **Loyangalani** am südöstlichen Ufer des Lake Turkana. Hier kann man in der Oasis Club Lodge übernachten (Buchung über Tel. 02-21 27 63, Fax 33 90 25). Unterwegs lohnt sich ein Halt bei den El Molo (s. Tip S. 99).

Am Lake Turkana entlang und weiter durch das Rift Valley geht die Fahrt (C 77) mit beschwerlichen Streckenabschnitten über riesige Lavafelder durch eine der land-

Auf dem Weg nach Norden dehnt sich das weiße Bett der Chalbi Desert bis zum Horizont.

Die Wüstenroute zum Lake Turkana

Der Lake Turkana ist wegen seiner bläulichgrünen Farbe auch als „Jadesee" bekannt.

schaftlich schönsten Regionen Afrikas. **South Horr** 92 km südlich von Loyangalani liegt eingezwängt zwischen zerklüfteten Berghängen in einem immergrünen Wald. Vom Lesiolo Lookout bei **Baragoi**, 43 km weiter, hat man einen atemberaubenden Blick in den Kessel des **Suguta Valley** in 2.000 m Tiefe.

249 km südlich von Loyangalani erreicht man **Maralal** (10.000 Einwohner). Es ist die Bergstadt der Samburu und erinnert ein wenig an den Wilden Westen in Amerika. Nach der langen und anstrengenden Fahrt bietet sich eine Übernachtung in der Maralal Safari Lodge im **Maralal National Sanctuary** (5 km²) an (Buchung über Tel. 02-21 11 24, Fax 21 11 25).

Von **Kisima**, 18 km südlich von Maralal, gelangt man in östlicher Richtung zurück nach Archer's Post (149 km). Der Weg nach Westen zum Lake Baringo (147 km) führt über das üppig bewaldete **Lerogi Plateau** und windet sich hinauf nach **Churo** und **Tangulbai**. Durch das Land der Pokot geht es dann die schmale Piste entlang bis **Loruk**, wo es nur noch 14 km bis zu der Abzweigung zum **Lake Baringo** sind.

Tip

Besuch bei den El Molo

Inmitten einer unwirtlichen Mondlandschaft fristet das zwischen 400 und 500 Personen zählende Volk der El Molo ein kärgliches Dasein. Das Dorf 8 km nördlich von Loyangalani besteht nur noch aus einigen runden Hütten und schiefen Windschirmen, die in einer Senke am Seeufer inmitten der sonnendurchglühten Lava liegen. Die El Molo leben vom Fischfang und von der Jagd. Mit Booten aus Doumpalmen fahren sie auf den Lake Turkana, um zu fischen oder Krokodile und Flußpferde zu erlegen. Ihr Name stammt aus der Samburu-Sprache: „Lo molo onsikiri" heißt übersetzt „die Menschen, die Fisch essen". Der steinige Strand ist mit Gräten und Gerippen übersät.
Informationen und Buchung: Oasis Club Lodge, Loyangalani, Tel. (02) 21 27 63, Fax 21 72 57.

Im Grabenbruch
Die Seen des Rift Valley

Auf dem Grunde des Rift Valley in Kenia reihen sich mehrere alkalische Seen und heiße Quellen wie Perlen an einer Schnur aneinander. Der silbern glänzende **Lake Naivasha** 1 (En-aiposha = See) 118 km nordwestlich von Nairobi ist der reinste und am höchsten gelegene von ihnen (1.890 m). Neben dem Lake Baringo ist er auch der einzige größere Süßwassersee in Kenia. Ständig streicht eine frische Brise über den bis zu 15 m tiefen See, in dem es keine Krokodile gibt. An seinen Ufern leben zahlreiche Vögel. Während der See in regenreichen Jahren bis zu 250 km² groß ist, schrumpft er in trockenen Perioden auf 150 km². Am Ostufer des Sees

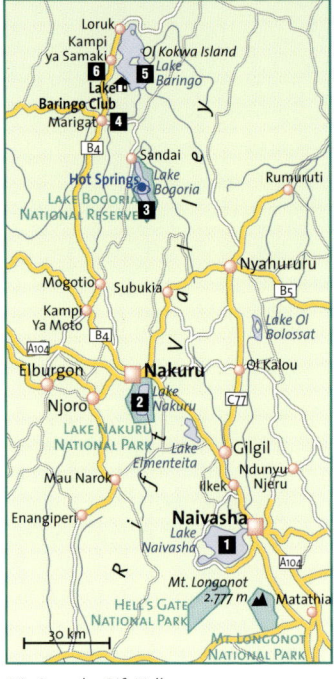

Die Seen des Rift Valley

liegen die beiden Hotels Lake Naivasha Country Club (Buchung über Tel. 02-33 58 07, Fax 34 05 41) und Safariland Lodge (Buchung über Tel. 02-21 29 10, Fax 21 68 72). Vom Lake Naivasha Country Club besteht ein Bootpendeldienst zu dem privaten Wildschutzgebiet **Crescent Island**.

302 km nördlich von Nairobi befindet sich der **Lake Nakuru National Park** (188 km²) mit dem **Lake Nakuru** 2 (enakuro = Ort des tanzenden Staubes). Der See, der im

Tip

Schlucht im Lavagestein

Der Hell's Gate National Park (68,5 km²) südlich des Lake Naivasha erstreckt sich bis in das Mau Escarpment. Die größte Attraktion des Parks ist die spektakuläre Njorowa Gorge. Der Deutsche Gustav Adolf Fischer sah 1883 die heißen Quellen auf der Westseite der Schlucht als erster Weißer. Nach ihm ist der am Eingang der Schlucht sich erhebende markante Lavakegel Fischer's Tower benannt. Da es keine großen Raubkatzen gibt, darf man im Hell's Gate National Park zu Fuß unterwegs sein. Von Naivasha gelangt man über die Ringstraße um den See zum Eingang des Parks. Informationen: Kenya Tourism Foundation, Mama Ngina Street, Norwich Union House, Nairobi, Tel. (02) 24 11 88, Fax 25 24 66.

Westen von einer Wand des Rift Valley begrenzt wird, präsentiert sich in der Regel als blaßgrau glitzernde Scheibe. An seinem Ufer tummeln sich Scharen von Flamingos. Übernachten kann man in der luxuriösen Sarova Lion Hill Lodge (Buchung über Tel. 02-33 32 48, Fax 21 14 72) oder in der Lake Nakuru Lodge, einem ehemaligen Landbesitz von Lord Delamere (Buchung über Tel. 02-22 67 78, Fax 23 09 62).

Ehe man auf der Hauptroute (B 4) nach Norden zum Lake Baringo weiterfährt, sollte man einen Abstecher zum **Lake Bogoria** (107 km²) ❸ machen. Der See wird nur selten aufgesucht, weil er nur mit Geländewagen zu erreichen ist. Von der Ortschaft **Marigat** ❹, 97 km hinter Nakuru, biegt man auf die D 365 ab und gelangt nach 20 km zum Loboi Gate. Der Lake Bogoria ist bis zu 10 m tief, stark alkalisch und schimmert dunkelgrün. Zahlreiche Flamingos bevölkern sein Ufer. Die umliegenden Berge ragen bis zu 1.600 m hoch auf. Am Westufer gibt es Geysire.

Etwa 40 km nördlich des Lake Bogoria erstreckt sich der **Lake Baringo** (300 km²) ❺. Die Zufahrt zum See erfolgt 15 km nördlich von Marigat. Der Lake Baringo liegt fast 1.000 m niedriger als der Lake Nakuru. Je nach Wetterlage schimmert der bis zu 12 m tiefe See rostrot oder ockerfarben, in jedem Fall aber milchigtrüb. Unterkunft bietet der luxuriöse Lake Baringo Club (Buchung über Tel. 02-33 58 97, Fax 34 05 41). Von hier kann man mit einem Boot zum **Ol Kokwe Island** übersetzen, wo es heiße Quellen gibt. In der Nähe des Dorfes **Kampi ya Samaki** ❻ kann man die Schlangenfarm von Jonathan Leakey besuchen (Auskunft im Lake Baringo Club).

Riesige Scharen von Flamingos versammeln sich am Lake Bogoria an der Ostwand des Rift Valley.

Dar es-Salaam
und die Küste Tanzanias

Innerhalb von nur hundert Jahren entwickelte sich das kleine tanzanische Fischerdorf Mzizima zur größten Stadt des Landes Dar es-Salaam. Entlang des 800 km langen Küstenstreifens am Indischen Ozean finden sich zahlreiche Ruinen ehemals reicher Siedlungen der Swahili. Auch die Gewürzinsel Zanzibar, einst berüchtigtes Zentrum des Sklavenhandels, ist voller Geheimnisse. Die Ostküste lockt mit traumhaften Sandstränden.

Dar es-Salaam
Der „Hafen des Friedens"

Noch aus der britischen Kolonialzeit resultiert die Teilung der inoffiziellen Hauptstadt Tanzanias Dar es-Salaam (etwa 3 Mio. Einwohner) – nominelle Hauptstadt ist Dodoma – nach Bevölkerungsgruppen. Während sich an der Ocean Road das Wohnviertel der Oberschicht entlangzieht, entstand das asiatische Händlerviertel rund um den Clock Tower. In der Nähe des New Africa Hotel, das 1906 das Hotel „Kaiserhof" war, finden sich noch immer Regierungs- und Verwaltungsgebäude.

Rund um den Hafen
Vom **Sheraton Hotel** ❶ (Tel. 051-11 24 16, Fax 11 39 81) gelangt man nach wenigen Straßenzügen zum **Askari Monument** ❷ im Herzen der Stadt. Das Denkmal erinnert an die einheimischen afrikanischen Truppen, die im Ersten Weltkrieg in Deutsch-Ostafrika umkamen. Vorbei an dem 1993 renovierten **New**

Africa Hotel (Tel. 051-11 24 95, Fax 11 67 31) gelangt man zum Hafen. Auf der Ecke Maktaba Street und Kivukoni Front erhebt sich die imposante **Azania Lutheran Church** 3 mit ihren braunen Fensterrahmen und dem ziegelroten Dach. Sie wurde 1898 noch von den Deutschen erbaut. In der Nähe befindet sich das **Kilimanjaro Hotel** (Tel. 051-11 08 82, Fax 11 33 04), eines der höchsten Gebäude und zugleich eine der luxuriösesten Unterkünfte der Stadt. In der Vorhalle beherbergt das Hotel eine Bank, in der man relativ schnell seine Bankgeschäfte erledigen kann. Von der Dachterrasse des Restaurants hat man einen herrlichen Blick auf den Hafen und das Stadtzentrum.

An der **Kivukoni Front** stehen mehrere ehemals deutsche Verwaltungsgebäude, in denen heute tanzanische Regierungsbehörden untergebracht sind.

Entlang der Ocean Road
Dort, wo die **Kivuko Ferry** 4 zur Halbinsel Kigamboni ablegt, beginnt die Ocean Road mit dem geschäftigen **Kivukoni Fish Market** 5. Hinter dem Fischmarkt erhebt sich das **State House** 6 mit weißgestrichener Frontseite. Es wurde 1922 auf den Fundamenten des alten deutschen Gouverneurspalastes errichtet und später im afro-arabischen Stil fortgeführt. Das teilweise von einer Mauer und Zäunen umgebene Gebäude ist heute Regierungssitz und darf nicht fotografiert werden. Die Ocean Road führt vorbei am **Ocean Road Hospital** weiter zur **Ocean Bay**, einem palmenbestandenen Sandstrand.

Natur und Kultur
Hinter dem Ocean Road Hospital liegen die **Botanical Gardens** 7, ein Feuerwerk der Farben. 1893 wurden die Botanischen Gärten von dem deutschen Professor Stuhlmann angelegt, der damals kaiserlicher Landwirtschaftsbeauftragter war. Auf der anderen Seite der Samora Avenue, noch innerhalb des Geländes, steht das **National Museum** 8, dessen Altbau 1940 im arabischen Stil errichtet wurde (geöffnet tgl. 9.30–18 Uhr). Das Museum beherbergt archäologische Schätze, so den Schädel des „Nußknackermenschen", den Mary Leakey in der Olduvai Gorge ausgegraben hat (s. Kasten S. 63). Es werden auch Waffen, Masken und traditionelle Musikinstrumente gezeigt. Im hinteren, 1963 erbauten Neubau erhält man Informationen über die Völker Tanzanias, im Innenhof sind kunstvolle Schnitzereiarbeiten der Makonde ausgestellt. Ebenfalls innerhalb der Botanischen Gärten befindet sich die **Karimjee Hall** 9, in dem die Nationalversammlung zusammentritt, wenn sie nicht in Dodoma tagt.

Rund um den Clock Tower
Die Samora Avenue ist eine geschäftige Haupteinkaufsstraße mit zahlreichen Ladengeschäften, Restaurants, Reisebüros, Cafés und Banken. Sie erstreckt sich bis zum

Dar es-Salaam

Clock Tower ⑩, einem Uhrturm inmitten eines Verkehrskreisels. In den von der Samora Avenue abzweigenden Zanaki und Mosque Streets stehen einige Moscheen. Zwischen dem Clock Tower und dem Hafen **Malindi Wharf**, wo man sich nach Zanzibar einschiffen kann, befinden sich die Bus Station und die Central Railway Station. Parallel zur Samora Avenue verläuft der Sokoine Drive mit der katholischen **St. Joseph's Cathedral** (1898–1903) ⑪ und der **City Hall** ⑫.

Im Stadtteil Kariakoo
In dem westlichen Stadtteil Kariakoo, abgeleitet von dem englischen Wort „Carrier Corps", breitet sich der **Mnazi Mmoja Park** ⑬ mit dem **Uhuru Torch Monument** aus. Das Denkmal symbolisiert die Flamme der Freiheit, die am 9. Dezember 1961 auf dem Gipfel des Mt. Kilimanjaro entzündet wurde (s. Kasten S. 57). Jenseits der Lumumba Street erstrecken sich die afrikanischen Wohnviertel mit schachbrettartig angelegten Straßen und flachen, meist aus Lehm gebauten Swahili-Häusern. Inmitten dieses Viertels befindet sich die **Kariakoo Market Hall** ⑭, ein modernes, einstöckiges Betongebäude mit Lebensmitteln und Artikeln des täglichen Bedarfs.

Informationen: Tanzania Tourist Board, Samora Avenue, UNESCO House, Dar es-Salaam, Tel. (051) 11 31 44, Fax 11 64 20.

Die Azania Lutheran Church in Dar es-Salaam wurde von den Deutschen gebaut.

Tip

Wildlife am Mkata River

Der 1964 eingerichtete Mikumi National Park (3.230 km²) 300 km westlich von Dar es-Salaam ist ein beliebtes Ausflugsziel. Von Morogoro und Dar es-Salaam erreicht man den Park über die A 7, die 50 km durch den Park hindurchführt. Während und kurz nach den Regenfällen erinnern die grünen Schwemmebenen im Norden an irische Wiesen. Im Südosten des Parks erstrecken sich die Ausläufer der Uluguru Mountains. Im Mikumi National Park findet man die Charaktertiere und -pflanzen der ostafrikanischen Savanne.
Informationen und Buchung: Savannah Tours Ltd. (im Sheraton Hotel), Dar es-Salaam, Tel. (051) 11 43 39, Fax 11 37 48.

Zanzibar
Die Gewürz- und Zuckerinsel

Der Name „Zanzibar" leitet sich vermutlich von den persischen Begriffen „zanj" (Schwarzer) und „bar" (Küste) her, könnte aber auch von dem arabischen „zayn za'l bar" kommen, was „schön ist diese Insel" bedeutet. Als erste Nichtafrikaner siedelten sich die Araber an der Küste Ostafrikas an, aus deren Verbindungen mit der einheimischen Bevölkerung die Kultur der Swahili hervorging.

Stadtbummel durch Zanzibar Town
Nach Zanzibar kommt man von Dar es-Salaam aus entweder mit dem Flugzeug oder mit der Fähre, die in der Malindi Wharf ablegt. Die größte Attraktion von Zanzibar Town (180.000 Einwohner) ist die enge und verwinkelte Altstadt (Stone Town). Vom alten **Dhau-Hafen** 1 gelangt man zum Palast **Beit al-Sahel** (People's Palace) 2. Zwischen 1880 und 1964 lebte hier der Sultan mit seiner Familie. Heute ist darin ein Museum zur Geschichte der Sultanszeit in Zanzibar untergebracht (geöffnet Di–Sa 9–18 Uhr, So–Mo 9–15 Uhr). Ein Raum ist Prinzessin Sayyida Salme gewidmet, einer 1844 geborenen Tochter von Sultan Sayyid (Amtszeit 1803–1856). Sie wurde nach ihrer Heirat und Flucht unter ihrem christlichen Namen Emily Ruete durch ihre Memoiren „Ein Leben im Sultanspalast" bekannt.

Nicht weit davon steht der Palast **Beit el-Ajaib** (House of Wonders) 3, der mit seinen klassizistischen, weißen Säulen und mit sei-

Das House of Wonders verfügte als erstes Gebäude in Zanzibar über elektrisches Licht.

Arabern auf den Mauern einer abgerissenen portugiesischen Kirche errichtet. 1754 hielt die Festung einem Angriff der Mazrui-Araber aus Mombasa stand und diente später als Gefängnis. Nach 1890 wurden hinter dem Fort zum Tode verurteilte Kriminelle öffentlich mit dem Schwert hingerichtet.

Gegenüber dem Fort befindet sich der **Forodhani Park** (Jamituri Garden) **5**. Bei Sonnenuntergang, wenn die Bewohner der Stadt die Kühle des Abends genießen, erwacht der Park zum Leben, und viele Verkaufsstände bieten frisch gepresste Säfte und Appetithäppchen an. Hinter dem Fort kann man den Tempel **Arya Samaji 6** und die römisch-katholische **St. Joseph's Cathedral 7** besuchen.

Die Mizingani Road wechselt von nun an ihren Namen und heißt Shangani Street. Hier liegen das stimmungsvolle, im alten Stil eingerichtete Tembo Hotel (Tel. 050-330 05, Fax 054-337 77) mit dem guten Fisherman-Restaurant gegenüber und das luxuriöse Serena Inn Hotel (Tel. 054-310 15, Fax 330 19). Von der westlichsten Spitze Zanzibars, dem **Ras Shangani**, erreicht man das **House of Tippu Tip 8**, das Wohnhaus des berüchtigten Sklavenhändlers Hamed bin Muhammed bin Juma bin Rajad el Murjebi aus dem 19. Jahrhundert mit einem wunderschön geschnitzten Eingangstor. Besichtigungen sind nicht möglich. Zurück auf der Shangani Street bietet die große Terrassenbar des **Africa House Hotel**,

nem hohen, schlanken Turm bei der Ankunft mit dem Schiff schon von weitem zu erkennen ist. Er diente lange Zeit als Hauptquartier der Regierungspartei Chama Cha Mapinduzi (CCM). Sultan Sayyid Bargash (1870–1888) ließ das vierstöckige Gebäude mit Marmortreppen und Balkonen 1883 errichten. Das kunstvoll geschnitzte Holztor ist mit Inschriften aus dem Koran verziert. Beiderseits des Eingangs stehen drohend zwei alte portugiesische Kanonen.

Ein paar Meter weiter erhebt sich das wuchtige **Old Fort 4**, ein massives Gebäude mit ockerfarbenen Mauern und mächtigen Türmen. Es wurde 1698–1701 von den

einst ein Yachtclub, die Gelegenheit zu einer Rast. In der Nähe steht das **Mathew's House** 9, die ehemalige Residenz des deutschen Konsuls vor dem Ersten Weltkrieg. Der Name rührt von Sir Lloyd Mathews her, der 1878 vom Sultan eingestellt wurde, um seine Armee auszubilden.

Das **High Court of Justice** 10, das Hohe Gericht, in der Kaunda Road ist leicht an seiner großen Uhr zu erkennen, die sich über die Straße spannt. Gegenüber dem **People's Garden** 11, den Sultan Bargash für seine Haremsdamen anlegte, erhebt sich das **State House** 12.

Das **Peace Memorial Museum** 13 Ecke Creek und Museum Road, Uhr). Angeschlossen ist das **National History Museum** (1925) mit Ausstellungsstücken zur archäologischen Geschichte.

Historisch besonders interessant ist der **Old Slave Market**, an dessen Stelle heute die 1886 von Bischof Steere, einem entschiedenen Gegner der Sklaverei, aus Korallensteinen und Portland-Zement erbaute anglikanische **Church of Christ** 14 aufragt. Über dem früheren Auspeitschblock wurde im Kircheninneren der Altar errichtet. Auf einer Säule neben der Kanzel steht ein Kruzifix aus dem Holz des Baumes, unter dem das Herz von David Livingstone begraben wurde (s. Tip

Vom Wasser aus genießt man einen wunderschönen Blick auf die Waterfront von Zanzibar Town.

auch Beit el-Amani (Haus des Friedens) genannt, ist ein kleiner Kuppelbau, der Dokumente von Sklavenhändlern, Sultanen und europäischen Entdeckungsreisenden beherbergt (geöffnet Mo–Sa 9–18 S. 113). Hinter dem Altar befindet sich das Grab des Bischofs Steere. Sultan Bargash stiftete für den Turm der Kathedrale eine Glocke.

Nur wenige Schritte von der Kirche entfernt liegt der **Darajani**

Market. Düfte von exotischen Gewürzen und tropischen Früchten erfüllen die Luft, allerdings auch üble Gerüche vom Fisch- und Fleischmarkt. Hier kann man auch das heutige Hotel **Emerson's House** 15 aufsuchen. Das Wohnhaus des Bruders von Sultan Bargash wurde im Auftrag des amerikanischen Besitzers Emerson stilvoll renoviert.

Nahe dem **Bharmel Building** an der Creek Street, dem früheren Büro des Provincial Commissioners, befindet sich heute eine Zweigstelle der Zanzibar Tourist Cooperation (ZTC). Unweit der Guilioni Bridge an der Malawi Road steht das **Livingstone House**, das Sultan Majid 1860 errichten ließ. Es war die Ausgangsbasis für die Expeditionen europäischer Forschungsreisender. Heute ist es Hauptsitz der Touristeninformation.

Informationen: Zanzibar Tourist Cooperation (ZTC), Malawi Road, Livingstone House, Zanzibar, Tel. (054) 323 44.

Rundfahrt über die Insel

Zanzibar ist unbedingt eine Rundreise wert. Nur 3 km nördlich von Zanzibar Town liegen die Ruinen des **Maruhubi Palace**, den Sultan Bargash 1880–1882 als Harem für seine 99 Konkubinen erbauen ließ. Da der Palast 1889 fast vollständig niederbrannte, sind heute nur noch die Bäder und die Säulen erhalten. Nur 2 km nördlich davon befinden sich die **Mtoni Palace Ruins**, Überreste des zweistöckigen Palastes von Sultan Sayyid, der 1828–1834 errichtet und 1914 ebenfalls durch einen Brand zerstört wurde. Keine fünf Fahrminuten von den Mtoni Palace Ruins entfernt stehen die Ruinen von **Beit el-Ras**, einem Gebäude, das 1847 ebenfalls von Sultan Sayyid erbaut wurde. Der 1915 für Sultan Khalifa errichtete **Kibweni Palace** 8 km nördlich von Zanzibar Town ist heute im Besitz der Regierung und kann nur mit besonderer Genehmigung der ZTC besichtigt werden.

Folgt man der Küstenstraße weiter in Richtung Norden, gelangt man 10 km nördlich von Zanzibar Town bei **Bububu** an eine Abzweigung. Der 3 km lange Abstecher nach **Kidichi** lohnt sich. In der Nähe des Dorfes liegen die eleganten, mit Stukkaturen verzierten Persi-

Tip

Spice Tour durch Zanzibar

Zu den beeindruckendsten Erlebnissen eines Zanzibar-Aufenthalts gehört eine etwa fünfstündige Spice Tour (Gewürztour), auf der man unzählige Gewürze und tropische Früchte kennenlernt. Zu den wichtigsten gehören: Nelken, Pfeffer, Zimt, Muskatnuß, Gelbwurz, Kakao, Kardamon, Vanille, Durian, Rambutan, Mango, Ananas, Papaya, Banane, Avocado, Limone und Grapefruit. Zahlreiche Früchte sieht man in ihren Wachstumsphasen. Außerdem sieht man kosmetische Produkte zum Färben der Haare, Fingernägel oder Lippen. Diese Touren können mit einem (gemieteten) Wagen unternommen werden. Besser ist es, sich einer organisierten Tour anzuschließen (Buchung bei Maya-Tours, Tel. 054-331 08, Fax 330 21, Mobil-Tel. 0811-32 15 88).

In den Sklavenhöhlen wurden die Sklaven bis zu ihrer Verschiffung versteckt.

schen Bäder, die Sultan Sayyid Said für seine persische Frau Sherazade, die Tochter des persischen Schahs, erbauen ließ.

Hinter Bububu geht die Fahrt weiter zu den **Slave Caves**, den Sklavenhöhlen, an der Nordküste der Insel Zanzibar. In den schwer zugänglichen Kalkhöhlen wurden nach der offiziellen Abschaffung der Sklaverei 1873 Sklaven versteckt, bis die Sklavenschiffe sie nachts durch die britischen Schiffsblockaden schleusen konnten. In der Nähe des Dorfes **Mangapwani**, 20 km nördlich von Zanzibar Town, gibt es eine große Höhle mit einem Tunnel zum Meer, die von dem Sklavenhändler Hamed bin Salim al-Harth benutzt wurde.

Vorbei an dem Fischerdörfchen **Mkokotoni** erreicht man 54 km nördlich von Zanzibar Town **Nungwi**, die nördlichste Spitze der Insel Zanzibar. Der Ort ist seit über 200 Jahren das Zentrum der Schiffsbauer, denen man hier bei der Arbeit zuschauen kann. Idyllische Buchten und weiße Sandstrände laden zum Baden und Schnorcheln ein.

Von Zanzibar Town lohnt sich auch ein Ausflug in den Osten der Insel, beispielsweise nach **Uroa**. Es scheint, als habe die Natur hier alles aufgeboten, was sie an Schönheit zu zeigen hat: weiße Puderzuckerstrände mit Kokospalmen, sanfte, von Regenwald bedeckte Hänge und kristallklares Wasser, über dem sich ein unwirklich blauer Himmel wölbt.

Informationen und Buchung: Maya-Tours, Zanzibar, Tel. (054) 331 08, Fax 330 21, Mobil-Tel. (0811) 32 15 88.

Auf der Insel Zanzibar wird auch Kaffee angebaut.

Die Küste Tanzanias
Geschichte und Kultur

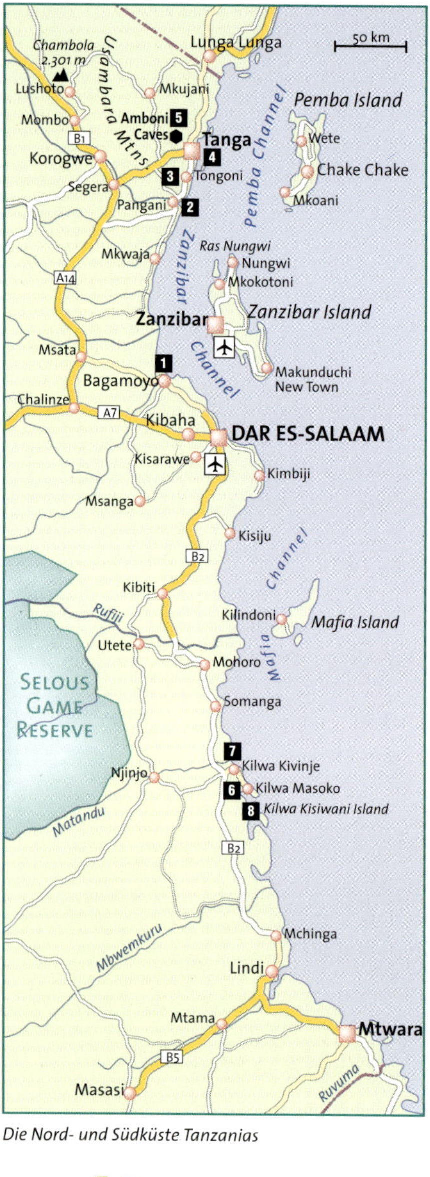

Die Nord- und Südküste Tanzanias

Die 800 km lange Küste Tanzanias hat nördlich von Dar es-Salaam Monumente der neueren, südlich von Dar es-Salaam Zeugnisse der vorkolonialen Vergangenheit vorzuweisen. Leider ist der gesamte nördliche Küstenstreifen stark überfallgefährdet. Die touristische Infrastruktur beschränkt sich auf die Orte Bagamoyo und Pangani. Das Umland vieler Flüsse im Norden (Pangani, Wami, Ruvu) ist in den Sommermonaten sehr sumpfig und oft unpassierbar.

Zeugnisse deutscher Geschichte

Bagamoyo (10.000 Einwohner) **1** (Leg dein Herz nieder), 70 km nördlich von Dar es-Salaam, war einst ein Zentrum für den Handel mit Elfenbein und Sklaven. Die heute etwas verschlafen wirkende Stadt besteht aus einem kleinen Markt, verwinkelten Gassen und alten Häusern. 1888 wurde Bagamoyo zur Hauptstadt von Deutsch-Ostafrika, bis diese Funktion 1891 auf Dar es-Salaam überging. An die deutsche Kolonialzeit erinnern das dreistöckige alte Fort, auch Old Prison genannt, und die weithin sichtbare Boma (1897), das ehemalige kaiserliche Hauptquartier mit einer dicken Mauer und dem ehemaligen Appellplatz.

In der Nähe des Strandes liegen das State House, das renovierte Zollhaus von 1895, und der deut-

Die Küste Tanzanias

sche Friedhof mit massiven Grabsteinen. Im Garten des Badeco-Hotels befand sich der Hanging Tree, der Galgenbaum, der von den Deutschen benutzt wurde, um Delinquenten zu hängen. An dieser Stelle steht heute ein kleiner Baum mit einem Hinweisschild. Am nördlichen Ortsrand ragt die Livingstone Church empor, die älteste Missionskirche Ostafrikas (1868) mit einem Museum der Katholischen Mission (s. Tip).

Rund 305 km nördlich von Dar es-Salaam erreicht man die arabisch geprägte Ortschaft **Pangani** 2. Der attraktiven Küste sind mehrere Riffe und Inseln vorgelagert. Auf der Weiterfahrt nach Tanga lohnt sich ein Zwischenstop bei den Ruinen von **Tongoni** 3. Hier kann man u.a. die Reste einer vierschiffigen Moschee, in der Suaheli-Architektur des 14. Jahrhunderts erbaut, und 40 Gräber, meist Pfeilgräber, besuchen.

Tanga (200.000 Einwohner) 4, 355 km nördlich von Dar es-Salaam, war früher das Ziel der Elfenbein-

Gedenken an Livingstone

Etwa 2 km nördlich der Hafenstadt Bagamoyo befindet sich eine katholische Missionsstation (1868). Dort wurde der Leichnam von David Livingstone aufgebahrt, bevor man ihn nach London überführte. Der berühmte Forscher war dem Lauf des Sambesi Riber gefolgt und hatte als erster Weißer die Victoria Falls und den Lake Malawi gesehen. Er galt lange Zeit als verschollen, bis ihn der Reporter Henry Morton Stanley in Ujiji fand. Livingstone starb am 1. Mai 1873. Sein Herz und seine Eingeweide wurden unter einer großen Zeder begraben. Seine afrikanischen Träger Abdullah Zuzi und James Chuma transportierten den Leichnam, eingewickelt in eine Baumrinde, 1.600 km weit bis nach Bagamoyo. Die Missionsstation ist größtenteils noch in ihrem Originalzustand erhalten.

Das alte Fort in Bagamoyo erinnert heute noch an die deutsche Kolonialzeit.

Die Küste Tanzanias

Sklavenhandel an der Küste

Jahrhundertelang wurde an der Ostküste Afrikas Sklavenhandel betrieben. Die Dhaus, die von „Zinj", dem „Land der Schwarzen", nach Arabien und Fernost ablegten, hatten neben Nashornhörnern und Elefantenstoßzähnen immer auch Sklaven an Bord. Neben arabischen Sklavenjägern tauchten zu Beginn des 19. Jahrhunderts auch Engländer und Franzosen auf, die in Afrika billige Arbeitskräfte für ihre Siedlungen in Amerika und auf Madagaskar suchten. Bereits 1776 schloß der Franzose Morice, ein Arzt, mit dem Sultan von Kilwa einen Vertrag über die Lieferung von Sklaven für die französischen Besitzungen auf Mauritius. Auch die Macht der Imame gründete sich mehr und mehr auf Sklavenarbeit, die auf den großen Plantagen üblich war. Captain Thomas Smollet vom britischen Forschungsschiff „Ternate" beschrieb 1811 den Sklavenmarkt von Zanzibar wie folgt: „Die Schau beginnt um vier Uhr nachmittags ... Erregt eine dieser Gestalten die Aufmerksamkeit eines Zuschauers, so hat die Reihe still zu stehen, es folgt eine langwierige penible Überprüfung, die ähnliche Prozeduren auf Viehmärkten in Europa in den Schatten stellt." Zwar wurde bereits 1847 der Export von Sklaven aus Zanzibar an den Persischen Golf untersagt, doch konnten die Engländer mit ihren wenigen Schiffen dieses Verbot nicht durchsetzen. Die Situation änderte sich grundlegend, als Sayyid Said, der Sultan von Zanzibar, sich dem britischen Druck beugen und die Sklavenhaltung 1873 verbieten mußte. Als Folge davon gingen die auf Sklavenarbeit beruhenden Landbesitzungen in Zanzibar und an der ostafrikanischen Küste allmählich zugrunde, der Handel der Küstenstädte ging rapide zurück. Die Sklaverei selbst jedoch, d.h. der Besitz von Sklaven, war noch bis 1907 gesetzlich erlaubt.

und Sklavenkarawanen. Etwa zeitgleich mit dem Verbot des Sklavenhandels begann ab 1891 der Bau der Bahnlinie von Tanga nach Moshi am Fuß des Mt. Kilimanjaro und später (1911) nach Arusha. Die Bahnlinie teilt die Hafenstadt in das dem Meer zugewandte alte Ortszentrum und den neuen Stadtteil Ngamiani mit schachbrettartig angelegten Straßenzügen und den typischen flachen Swahili-Häusern südlich der Bahngleise. Einige interessante Gebäude befinden sich noch in der parallel zum Meer verlaufenden Independence Avenue und der Market Street. Hier stehen das ehemalige Fort der deutschen Schutztruppe und der einstige Sitz des kaiserlichen Bezirksamtes. Nahe dem Rathaus ist heute die Regionalverwaltung untergebracht. Sehenswert sind auch der alte Clock Tower (1901) am Jamhuri Park, die City Hall und die Library im neugotisch-maurischen Stil.

8 km nördlich von Tanga an der A 14 erstreckt sich Ostafrikas größtes Höhlensystem, die **Amboni Caves** ⑤. Einige der Höhlen mit Fledermauskolonien kann man in Begleitung eines Führers besichtigen.

Das verlorene Paradies

Kilwa, etwa 320 südlich von Dar es-Salaam, war zwischen dem 12. und 14. Jahrhundert eine der wichtigsten Siedlungen entlang der gesamten Küste von Ostafrika. Der arabische Reisende Ibn Batuta besuchte Kilwa bereits im Jahr 1331 und berichtete von einer Stadt, vorwiegend aus Holz erbaut. 1587 zerstörten die menschenfressenden Zimba vom Zambesi die Stadt und töteten 3.000 der Bewohner.

 Die Küste Tanzanias

Die Fahrt hierher ist staubig und führt durch eine Landschaft ohne nennenswerte Sehenswürdigkeiten. Kilwa besteht aus drei Teilen und erstreckt sich auf einer langgezogenen Halbinsel. Hauptattraktion sind die Ruinen einer arabischen Siedlung aus dem 15. Jahrhundert auf dem vorgelagerten Kilwa Kisiwani Island.

Der arabisch anmutende Hauptort **Kilwa Masoko** 6 ist Sitz der Distriktverwaltung und Ausgangspunkt für den Besuch der berühmten Ruinenstadt Kilwa Kisiwani. In der Distriktverwaltung (District Cultural Office) muß man sich eine Genehmigung zum Besuch der Ruinenstätte holen. Hier handelt man auch den Preis mit dem Bootsführer aus (geöffnet Mo–Fr 7.30–15.30 Uhr). 26 km nördlich von Kilwa Masoko liegt **Kilwa Kivinje** 7, umgeben von einem Mangrovensumpf. Entlang der Küstenstraße stehen große Villen (Bomas), die die Deutschen bauten, als sie den Ort zum Verwaltungszentrum der südlichen Teile ihrer Kolonie machten.

Kilwa Kisiwani 8 erreicht man mit dem Boot von Kilwa Masoko aus in 10–30 Minuten. In seinem religiösen Epos „The Lost Paradise" setzte der englische Dichter John Milton (1608–1674) Kilwa ein literarisches Denkmal. Die Stadt erstreckte sich einmal auf rund 2 km in westöstlicher Richtung und zog sich rund 600 m ins Landesinnere. Von den vom Verfall bedrohten Ruinen gilt **Husuni Kubwa**, der große Sultanspalast (um 1300) mit über 100 Zimmern, Bädern, Lagerräumen und Quartieren für Diener, zu den bedeutendsten Ausgrabungen. Er liegt im Osten von Kilwa Kisiwani, gut 1 km vom Fort entfernt, und ist das größte voreuropäische Gebäude des tropischen Afrika. An einer Mauer außerhalb des Palastes kann man eingravierte Zeichnungen von alten Segelschiffen sehen. Dicht neben dem Großen Palast liegt der Kleine Palast (**Husuni Ndogo**), der einer Festung ähnelt. Das alte **Omani Fort** direkt am Nordufer der Insel wurde auf den Fundamenten eines portugiesischen Forts errichtet. Vor dem schimmernden Hintergrund des Indischen Ozeans bilden die Ruinen eine eindrucksvolle Kulisse, die an ein Märchen aus Tausendundeiner Nacht erinnert.

Informationen und Buchung: Hippotours & Safaris, Dar es-Salaam, Tel. (051) 751 64, Fax 751 65, Mobil-Tel. (0812) 78 38 08.

Kilwa Kisiwani war bis Ende des 15. Jahrhunderts eine der wichtigsten Siedlungen an der Küste Ostafrikas.

Der unberührte Süden
von Tanzania

Der Süden Tanzanias bietet eine reizvolle, nahezu unberührte Natur fernab jeglicher Zivilisation. Das Selous Game Reserve ist das größte Tierreservat in Afrika, der Lake Tanganyika und der Lake Malawi bezwingen durch ihre Schönheit. In Ujiji erinnert man sich an die Begegnung von Henry Morton Stanley mit David Livingstone. Und im Gombe Stream National Park kann man Schimpansen begegnen.

Selous Game Reserve
Größtes Reservat Afrikas

Das Selous Game Reserve (55.000 km²) **1**, etwa 250 km südwestlich von Dar es-Salaam, ist das größte Tierreservat in Afrika. Die Anfahrt auf der mit Schlaglöchern übersäten B 2 bis **Kibiti** und weiter auf Pisten über **Utete** entlang des **Rufiji River** ist strapaziös. Für Touristen empfiehlt sich daher die Anreise mit dem Flugzeug (von Dar es-Salaam 35 Min.).

Der weitaus größte Teil des Parks ist Jagdterrain. In dem von zahlreichen Flüssen durchzogenen, überwiegend flachen Gebiet kann man mit bewaffneten Begleitern eine Safari zu Fuß unternehmen, z.B. vom Rufiji River Camp an der östlichen Grenze des Wildreservats aus (Buchung über Tel. 051-284 55, Fax 284 86). Das Reservat heißt nach dem britischen Großwildjäger

Das Selous Game Reserve ist mit einer Fläche von 55.000 km² das größte Reservat Afrikas.

Selous Game Reserve

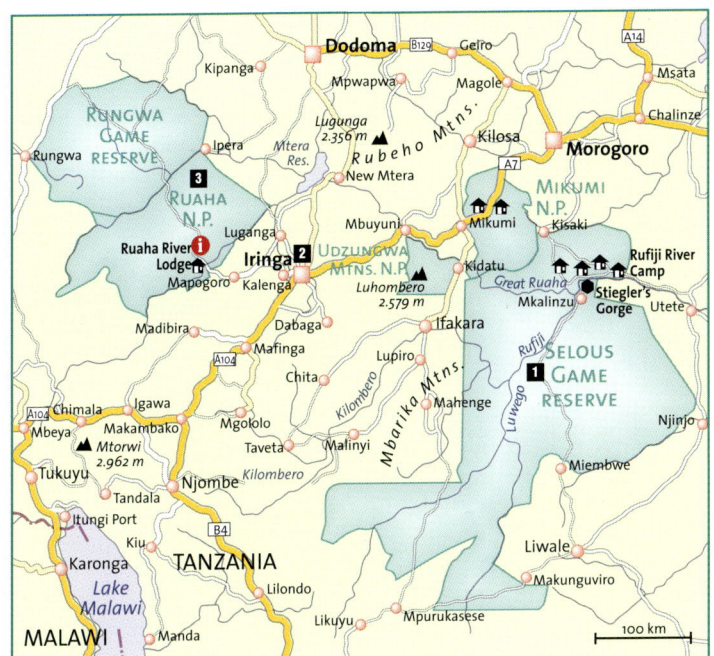

Der Süden Tanzanias

Frederick Courteney Selous (1851–1917), dessen Grab sich nahe dem Selous Safari Camp in den **Behobeho Hills** befindet. Er wurde während des Ersten Weltkriegs von deutschen Soldaten getötet. Als Tanzania noch zum Gebiet der Kolonie Deutsch-Ostafrika gehörte, schenkte – der Legende nach – Kaiser Wilhelm II. das Jagdrevier seiner Gemahlin Auguste Victoria zum Hochzeitstag, ohne daß einer von ihnen es jemals zuvor gesehen hatte. „Shamba ya Bibi" (Land der Ehefrau) nannten die Einheimischen den Wildpark deshalb. Daß Siedler um das Selous Game Reserve bislang einen Bogen machten, ist nicht nur den kargen Böden, sondern vor allem der Tsetsefliege zu verdanken, die die Schlafkrankheit und die Rinderseuche Nagana überträgt.

Unterwegs im Park

Während sich im Osten des weitgehend unerschlossenen Reservats baumbestandene Savannen erstrecken, besteht der Westen zum großen Teil aus Sandböden, auf denen Miombewälder wachsen. Sie setzen sich aus laubabwerfenden Bäumen zusammen, die nach der Regenzeit zwischen Juni und August in prächtigem Rot, Braun, Violett und Gelb erstrahlen.

Tip

Safari einmal anders

Im Selous Game Reserve etwa 250 km südwestlich von Dar es-Salaam können die Besucher in Begleitung eines bewaffneten Rangers durch den Busch wandern (ca. 2 Std.). Die Wanderung erlaubt einen faszinierenden Einblick in das Leben der Wildtiere im Busch. Anders als bei Safaris mit Geländewagen, flüchten die meisten Tiere vor Menschen, die zu Fuß unterwegs sind. Statt zu beobachten, gehen die Teilnehmer auf Spurensuche und erfahren viel Wissenswertes über Tiere und Pflanzen. Ganz auf sich gestellt, ohne die Geborgenheit eines Geländewagens, ist eine Wandersafari ein unvergeßliches Erlebnis.
Informationen: Selous Safari Company, Dar es-Salaam, Tel. (051) 13 48 02, Fax 11 27 94, Buchung direkt vor Ort bei der Rufiji River Lodge.

Der schönere Teil des Reservats befindet sich im Norden, wo die Sandflüsse **Great Ruaha**, **Kilombero** und **Luwego** in den mächtigen **Rufiji River** münden, um sich anschließend durch die 100 m tiefe und enge **Stiegler's Gorge** zu zwängen. Hier bahnen sich die tosenden, braunen Wassermassen des Rufiji River ihren Weg und verbreitern sich wie zu einem großen See. Die Schlucht ist nach einem deutschen Jäger benannt, der 1907 an dieser Stelle von einem Elefanten getötet wurde.

Ein schöner Tagesausflug zu den **Hot Springs** nordwestlich des Rufiji River Camp (Hin- und Rückfahrt ca. 200 km) führt durch eine herrliche Landschaft. Unterwegs kann man zahlreiche Tiere, darunter Löwen, Giraffen, Große Kudus und Impalas, beobachten. Außerdem beherbergt der Park einen bedeutenden Bestand der vom Aussterben bedrohten Wildhunde. In den Quellen kann man unter Borassuspalmen ein heißes Bad nehmen. Das Wasser sollte die Krieger während des Maji-Maji-Aufstandes 1905–1907 angeblich unverwundbar machen (s. S. 11).

Eine Bootsfahrt auf dem breiten Rufiji River, vorbei an Flußpferden und sich am Ufer sonnenden Krokodilen, ist ein weiteres touristisches Highlight im Selous Game Reserve. Allerdings wechselt der Fluß ständig seinen Lauf, seine Breite schwankt zwischen 50 m und 400 m. Am Ufer wachsen große Terminalia-Bäume mit knorrigen Wurzeln, die tief in der sandigen Uferböschung verankert sind. Abgestorbene und von der Natur gefällte Doumpalmen treiben im kaffeebraunen Wasser, auf dem leuchtend grüne Hyazinthen schwimmen. Wenn sich im Wasser des Flusses bei Sonnenuntergang das Licht golden spiegelt und sich in der Ferne die **Uluguru Mountains** mit ihren Gipfeln **Kimhandu** (2.646 m) und **Lupanga** (2.138 m) blaugrau abheben, nimmt einen die starke Anziehungskraft Ostafrikas gefangen. Ein Besuch im Süden des Parks ist sehr zeitaufwendig und schwierig.

Informationen und Buchung: Duma Naturreisen, Heidelberg, Tel. (0 62 21) 16 30 21, Fax 16 68 80 oder Hippotours & Safaris, Dar es-Salaam, Tel. (051) 751 64, Fax 751 65, Mobil-Tel. (0812) 18 38 08.

Selous Game Reserve

Ruaha National Park
Fern der Touristenrouten

Schwerer noch als das Selous Game Reserve ist der Ruaha National Park über Land zu erreichen. Von Dar es-Salaam folgt man der A 7 in Richtung Westen und gelangt 490 km weiter nach **Iringa** (100.000 Einwohner) **2**. Von dort sind es noch 113 km auf unbequemer Piste bis zum Nsemba Headquarter. Für die zweite Etappe sollte man etwa drei Stunden Fahrzeit einplanen. Unterwegs passiert man 17 km westlich von Iringa bei **Kalenga** die Überreste des Forts (1894) von Häuptling Mkwawa (s. Kasten S. 122). Der Besuch des Ruaha National Park bietet sich im Anschluß an einen Aufenthalt im Selous Game Reserve an. Es empfiehlt sich, von Dar es-Salaam (2,5 Std.) oder vom Selous Game Reserve (90 Min.) aus einen Flug zu buchen.

Der Ruaha National Park (12.950 km²) **3** ist nach der Serengeti der zweitgrößte Nationalpark Tanzanias, doch nur ein kleiner Teil im Südosten ist für Besucher zugänglich. Das weitaus größte Areal ist noch so gut wie unerforscht und bietet den Wildtieren ein wichtiges Rückzugsgebiet. Auf Pisten mit einer Gesamtlänge von knapp 400 km läßt sich zu Beginn der Trockenzeit (ab Mai) einmalige, unverfälschte ostafrikanische Landschaft erleben.

Von Südwesten nach Nordosten verläuft eine ca. 200 m hohe Bruchstufe des Ostafrikanischen Grabens über dem normalen Ni-

Im Ruaha National Park ist die Landschaft noch weitgehend unerforscht und unberührt.

Mkwawa, Häuptling der Hehe

Während der Kolonialzeit kommt es in Tanzania immer wieder zu erbitterten Auseinandersetzungen zwischen den Deutschen und den einheimischen Völkern, so im Sommer 1890 im Gebiet der heutigen Stadt Iringa mit den Hehe. Ihr Anführer ist Mkwawa (1855–1898), Sohn von Munyigumba, dem Gründer des Hehe-Reiches. „Um die räuberischen und unbotmäßigen Hehe zu züchtigen", wird 1891 ein Expeditionsheer unter Hauptmann Emil Zelewski nach Ostafrika entsandt, das von den Hehe jedoch am 17. August überrannt wird.

1894 wird ein „Rachefeldzug" gegen „das Gesindel" unter Leitung des Gouverneurs Friedrich Freiherr von Schele geführt. Die Deutschen erobern am 30. Oktober 1894 Kalenga, die befestigte Residenz Mkwawas, töten 250 Hehe und nehmen 1.500 Frauen und Kinder gefangen. Der am 12. Oktober 1895 geschlossene Friedensvertrag hält jedoch nicht lange, und noch während weiterer Verhandlungen überfällt Hauptmann von Prinz 1896 das Lager Mkwawas. Im Januar 1897 beginnt Mkwawa einen erbitterten Guerillakrieg gegen die deutsche Schutztruppe. Sein Bruder Mpangire, der sich mit ihm überworfen hat und von den Deutschen zum neuen Sultan der Hehe ernannt worden ist, wird wegen angeblicher Konspiration erhängt. Die Deutschen zerstören die Pflanzungen und verbrennen die Hütten, so daß sich ihnen am 4. November 1897 über 1.000 halb verhungerte Hehe ergeben müssen.

Mkwawa selbst wird von einem Dorfschulzen verraten und erschießt sich am 19. Juli 1898, um den Deutschen nicht lebend in die Hände zu fallen. Sein Kopf wird abgetrennt und bleibt zunächst verschollen. Erst Sir Edward Twining, dem letzten britischen Gouverneur Tanganyikas, gelingt es 1953, den Schädel im Bremer Überseemuseum ausfindig zu machen. Er wird den Hehe am 19. Juni 1954 übergeben und ist heute im Museum von Kalenga ausgestellt.

veau durch den Nationalpark. Der **Ruaha River**, der durch den Südosten des Parks fließt, gab ihm seinen Namen. Die Vegetation reicht von dichtem, trockenem Miombewald über immergrünen Hochwald bis zu offener Akazien- und Grassavanne. Vor Beginn der Regenzeit, die ab Mitte November einsetzt, taucht sich der Wald in eine Palette aus goldenen, blaßgrünen, purpurnen, kupferroten und kastanienbraunen Farbtönen, die an ein Gemälde von Jackson Pollock erinnern.

Wenn man nicht mit dem Flugzeug anreist, verläßt man mit dem Wagen auf einer kleinen Piste das Hochland von Iringa und gelangt zunächst durch dichten Miombebusch an den Ruaha River, über den seit 1991 eine Brücke führt. Die riedbedeckten Steinhäuschen der Ruaha River Lodge liegen unter Bäumen direkt am Ufer (Buchung über Foxtreks Ltd., Tel./Fax 0811-32 77 06). Hinter der Flußlandschaft ragt die großartige Bergkulisse des Ostafrikanischen Grabens auf. Entlang der Sandflüsse **Mwagusi** und **Mdonya** und des Ruaha River sind auf Halbtags- oder Tagestouren sehr gute Tierbeobachtungen möglich. In Begleitung eines Rangers kann man zu Fuß die **Nyamakuyu-Stromschnellen** südlich der Ruaha River Lodge erkunden, wo sich viele Flußpferde und Krokodile aufhalten.

Informationen: Tanzania Tourist Board, Samora Avenue, UNESCO House, Dar es-Salaam, Tel. (051) 11 31 44, Fax 11 64 20. Buchung über Natur-Studienreisen, Northeim, Tel. (0 55 51) 994 70, Fax 99 47 99.

Der Lake Malawi
See der Sterne

Als „See der Sterne" bezeichnete der schottische Forschungsreisende David Livingstone (1813–1873) den bis zu 700 m tiefen Lake Malawi (23.000 km²), auch Lake Nyasa genannt, den er 1859 erstmals erblickte. Im Osten wird er von den blauen Gipfeln der **Livingstone Mountains** in Tanzania, im Westen von den grünen Abhängen des **Nyika Plateau** in Malawi umrahmt. Der nach dem Lake Victoria und dem Lake Tanganyika drittgrößte See Afrikas erhielt seinen Namen erst nach der Unabhängigkeit Malawis 1964. Ein Viertel der Fläche gehört zum Staatsgebiet von Mozambique, wo das Gewässer Lago Niassa heißt. Der Wasserstand des Sees steigt aus bisher unerklärlichen Gründen alle fünf Jahre um 2–5 m an. Über ein Drittel der weltweit bekannten Buntbarsche stammt aus dem Lake Malawi, wobei der Export überwiegend von Malawi betrieben wird.

Unterwegs zum Lake Malawi

Die Fahrt zum Lake Malawi beginnt 362 km südwestlich von Iringa in der Ortschaft **Mbeya** (200.000 Einwohner) **1**, die sich an den Südhang der **Mbeya Range** schmiegt. Das Geschäftsviertel mit Hotels, Banken, Restaurants und Geschäften liegt am Fuße des **Peak Lozela**, eines Nebengipfels des **Mbeya Peak** (2.834 m). Es gibt mehrere Kirchen und ein Denkmal der japanisch-tanzanischen Freundschaft in Form eines Nashorns. Etwa 54 km westlich der Stadt weist das Schild „Meteorite 13 km" auf den 1942 entdeckten **Mbozi Meteorite** hin, einen 15 t schweren Eisenmonolithen, den drittgrößten der Welt.

Von Mbeya führt die gut ausgebaute B 345 über **Uyole** durch die **Poroto Mountains** mit schönen Ausblicken auf den **Rungwe Vulkan** (2.961 m) zu dem Dorf **Isongolo**. Hier beginnt ein Pfad auf den Ngozi-Berg (2.621 m) mit dem **Ngozi Crater Lake**. Der 2,5 km lange und 1,5 km breite Kratersee ist etwa 70 m tief und von steilen Klippen umgeben.

Nur 5 km südlich des Dorfes **Kiwira** stürzt der **Kiwira River** in die Tiefe. 10 km weiter zwängt sich der Fluß durch enge Felsen. Hier schäumt und brodelt das Wasser in den Basalthöhlen derart, daß diese Stelle „Kijungu" (Kochtopf) genannt wird. **Tukuyu 2**, das früher Neu-Langenburg hieß, 70 km südlich von Mbeya ist der regenreichste Ort Tanzanias.

Die Route endet 133 km hinter Mbeya in **Itungi Port 3** am nordwestlichen Zipfel des Sees. Zwischen Itungi Port und **Mbamba Bay 4** nahe der Grenze zu Mozambique verkehrt zweimal wöchentlich das kleine Passagierschiff „MV Songea" (300 km, 17–20 Std.).

Vom Lake Malawi zum Lake Tanganyika

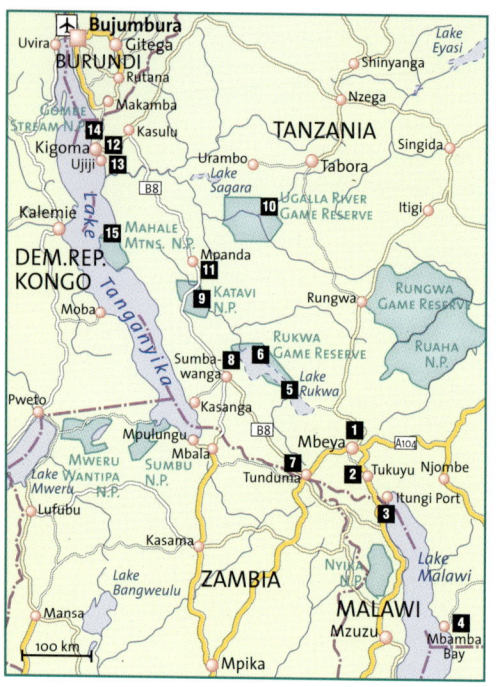

Vom Lake Malawi zum Lake Tanganyika

Das Rukwa Game Reserve
Eine landschaftliche Attraktion im äußersten Südwesten Tanzanias ist die Region zwischen dem Lake Malawi und dem Lake Tanganyika, in der Regel nur auf individuellen Fahrten mit einem Geländewagen erreichbar. Zuvor lohnt sich von Mbeya ein Abstecher über **Chunya**, **Makongolosi** und **Mwambani** zum **Lake Rukwa** 5 etwa 150 km nordwestlich von Mbeya. Folgt man der Piste von Mwambani weiter geradeaus, erblickt man den in der Hitze des Tages flimmernden See bald durch das Schilfgras. An seinen Ufern leben Krokodile in großen Kolonien. Außerdem ist der Lake Rukwa das größte Brutgebiet der Rosapelikane in Afrika. Da der sodahaltige See keinen Abfluß besitzt und der Wasserstand deshalb von den Regenfällen abhängt, ist es schwierig, das Ufer zu erreichen.

Der nördliche Teil des 180 km langen und 35 km breiten Sees gehört bereits zum **Rukwa Game Reserve** 6 (das Uwanda Game Reserve gibt es nicht mehr). Hier begegnet man über 400 Vogelarten und der seltenen Moorantilope. Das Reservat umfaßt seit 1997 auch das Delta des **Rungwa River** und die sich anschließenden **Mlala Hills**. Es ist wenig erschlossen und kann nur während der Trockenzeit von Juli bis Oktober besucht werden.

Unterwegs zum Lake Tanganyika
Die Strecke zum Lake Tanganyika verläuft von Mbeya in Richtung Zambia am Rand einer weiten Senke mit Äckern und Siedlungen. Etwa 115 km von Mbeya entfernt biegt kurz vor **Tunduma** 7, dem Grenzübergang von Tanzania nach Zambia, eine Sandpiste (B 8) nach Nordwesten ab. Vorbei an ausgedehnten Sumpfgebieten und weiter über **Laela** erreicht man nach 224 km die Ortschaft **Sumbawanga**

(80.000 Einwohner) **8**. Rechter Hand ragt der **Mt. Malonje**, der zweithöchste Berg der **Mbizi Mountains**, 2.418 m hoch auf. Hinter Sumbawanga erstreckt sich eine endlose Graslandschaft mit sumpfigem Grund, aus der gelegentlich bunte Orchideen herausleuchten. Die Straße führt weiter über **Ntendo**, einem Abzweig zum Lake Rukwa, durch dicht besiedeltes Gebiet mit teilweise offenen Savannenlandschaften.

Dann steigt die Piste an und durchquert den **Katavi National Park** (2.250 km^2) **9**. Parkgebühren müssen bei der Durchfahrt nicht entrichtet werden. Weite Strecken des größtenteils flachen Parks sind mit lockerem Wald bestanden und mit Grasland bedeckt, wobei das östliche Drittel des Parks aus fruchtbarem Sumpf und schwarzer Erde besteht. Die Hauptattraktion des Parks sind der von Palmen umstandene **Lake Chada** im Südosten und der **Lake Katavi** im Norden, der sich als ein großer Sumpf mit trockeneren Abschnitten und einem unzugänglichen See in der Mitte entpuppt. Beide Seen sind durch den **Katuma River** verbunden. 1997 wurde der Park erweitert und grenzt jetzt im Süden an den Rungwa River und das Rukwa Game Reserve.

Etwa 90 km nordöstlich des Katavi National Park erstreckt sich das weithin unerforschte **Ugalla River Game Reserve** (4.733 km^2) **10** mit vielen Flußtälern und Miombewäldern. Das Reservat ist ein beliebtes Revier für Jäger, die von **Mpanda** **11** aus mit Privatflugzeugen einfliegen.

Wo die „Graf von Goetzen" sank

Kigoma (85.000 Einwohner) **12**, 900 km von Mbeya entfernt, ist Tanzanias einzige Stadt am Lake Tanganyika. Sie ist von kahlen Hügeln umgeben und besitzt ein feuchtheißes Klima. Neben riesigen Mangobäumen prägen Relikte aus der deutschen Kolonialzeit das Stadtbild: Wahrzeichen ist auch heute noch die dreistöckige majestätische Railway Station, die Endstation der Central Railway von Dar

Unterwegs vom Lake Malawi zum Lake Tanganyika passiert man die Stadt Sumbawanga.

Vom Lake Malawi zum Lake Tanganyika 125

Tip

Zu den Kalambo Falls

In Mpulungu, in Zambia am Südzipfel des Lake Tanganyika gelegen, kann man ein Boot mieten, um zu den Kalambo Falls an der Grenze zwischen Zambia und Tanzania zu gelangen. Hier stürzt der Grenzfluß Kalambo River, der in der Nähe von Sumbawanga entspringt, kurz vor seiner Mündung in den Lake Tanganyika 210 m in die Tiefe. Die Wasserfälle zählen zu den höchsten in Afrika. Das Boot tuckert an endlosen, von Bäumen gesäumten Stränden des Sees entlang. Nach zweistündiger Fahrt erreicht man am Grenzübergang einen Pfad, der nach einem etwa einstündigen, beschwerlichen Fußmarsch zu den beeindruckenden Wasserfällen führt.
Informationen: Nkupi Lodge (2 km vom Hafen) oder Lake Tanganyika Lodge (5 km hinter Mpulungu in Richtung Mbala).

es-Salaam. Sie ziert eine große Uhr mit rostrotem Dach und schräggestellten Fenstern. Das Gebäude des Regional Commissioners, ebenfalls ein deutsches Kolonialgebäude, kann weder besichtigt, noch darf es fotografiert werden. Die Hauptstraße verläuft vom Bahnhof geradlinig in Richtung Osten. Kigoma ist insbesondere wegen der Nähe zu Ujiji und den Schimpansen-Nationalparks von touristischem Interesse. Da die Anfahrt über Land jedoch strapaziös und zeitaufwendig ist, ziehen viele Reisende den direkten Flug von Dar es-Salaam nach Kigoma vor (ca. 240 US-$).

Während des Ersten Weltkriegs wurde ein deutsches Kriegsschiff – in seine Einzelteile zerlegt – von Dar es-Salaam aus per Bahn nach Kigoma transportiert, um den Lake Tanganyika kontrollieren zu können. Die 1.300 t schwere „Graf von Goetzen" wurde hier wieder zusammengebaut, doch dann im Golf von Bangue versenkt. 1924 hoben die Briten das Schiff, setzten es instand und tauften es nach einem Stamm der Einheimischen auf den Namen „MV Liemba". Eine kurze Auferstehung als deutsches Kriegsschiff feierte der Dampfer in den 50er Jahren in dem Film „African Queen" mit Humphrey Bogart und Katherine Hepburn. Noch heute verbindet das alte Schiff – zusammen mit dem modernen Partnerschiff „MV Mwongozo" – die drei Städte Bujumbura, die Hauptstadt von Burundi, Kigoma (Tanzania) und Mpulungu (Zambia).

Treffen mit Livingstone

Nur 8 km südöstlich von Kigoma liegt **Ujiji** 13, das vorwiegend aus einstöckigen Lehmhäusern besteht. Bemerkenswert sind vor allem die geschnitzten Holztüren. Das Postamt stammt aus deutscher Kolonialzeit. Der Marktplatz war einst ein wichtiges Zentrum des Sklavenhandels. Im Süden des Ortes liegen die Ruinen einer alten Kirche und eines früheren Sklavengefängnisses der Araber. In Ujiji traf der Reporter Henry Morton Stanley 1871 den schon verschollen geglaubten britischen Afrikaforscher David Livingstone und sprach die berühmten Worte „Doctor Livingstone, I presume?". Ein Denkmal der Royal Geographical Society von 1927 unter einem Mangobaum erinnert an diese Begegnung.

Vom Lake Malawi zum Lake Tanganyika

Lake Tanganyika
Der zweitgrößte See Afrikas

Der Lake Tanganyika (32.880 km^2) ist der größte See des Zentralafrikanischen Grabens und der zweitgrößte See Afrikas. Er gab dem tanzanischen Festland den Namen. Tanzania besitzt einen Anteil von 41 % an der Wasserfläche, der Kongo 45 %, Burundi 8 % und Zambia 6 %. Der See ist knapp 670 km lang und bis zu 80 km breit. Mit einer maximalen Tiefe von 1.435 m ist er nach dem sibirischen Baikalsee der zweittiefste Süßwassersee der Welt. Er wird auf ein Alter von 20 Mio. Jahren geschätzt. Bis zu einer Tiefe von 200 m existiert pflanzliches und tierisches Leben. Darunter ist das Wasser „tot". Damit ist der Lake Tanganyika neben dem Lake Malawi im Süden und dem kleineren Lake Kiwu im Norden weltweit der einzige See, der „totes" Wasser gespeichert hat.

Der Lake Tanganyika ist reich an Fischen (s. S. 128 f.). Von den 250 Fischarten sind 125 endemisch, d.h. sie kommen nur hier vor. Die bei den Aquarienhaltern beliebten Buntbarsche bilden den größten Teil der Fischpopulation im See. Daneben gibt es auch stachelige Kongo-Kugelfische, Zitterwelse und viele andere. Zahlreiche Fischerboote fahren nachts mit Lampen und Stangen auf den See hinaus, um den silbrig glänzenden Dagaa, eine kleine Süßwassersardine, zu fangen. Krokodile sind hier sehr selten und nur an der Mündung des **Malagarasi River** zwischen Ujiji und dem Mahale Mountains National Park zu sehen.

Der Lake Tanganyika gab dem tanzanischen Festland seinen Namen.

Cichliden im Lake Tanganyika

In den 50er Jahren gelangten die ersten Tanganyika-Cichliden (Cichliden = Buntbarsche) in die europäischen Aquarien. Ihre Farben, Formen und ihr Verhalten waren völlig neu und außergewöhnlich und führten zu einer unglaublichen, bis heute anhaltenden Beliebtheit und Verbreitung dieser Fische. Der Lake Tanganyika ist Teil des Zentralafrikanischen Grabens und entstand vor etwa 20 Mio. Jahren. Er ist der zweitgrößte und zugleich auch der tiefste See Afrikas. Die umgebenden Berge fallen im Wasser bis zu einer Tiefe von mehr als 1.000 m steil ab. Der See ist knapp 670 km lang und bis zu 80 km breit. Die gesamte Wassermenge beträgt 35.000 m^3. Heute beherbergt der See 283 bekannte Cichliden-Arten, von denen 222 endemisch sind, d.h., sie kommen nirgendwo sonst auf der Erde vor. Im Gegensatz zum zeitgeschichtlich wesentlich jüngeren Lake Malawi, in dem es unter den endemischen Cichliden nur mütterliche Maulbrüter gibt, übt im Lake Tanganyika nur ein Teil der Cichliden-Arten diese Form der Brutpflege aus. Bei den Maulbrütern werden die Eier im Maul der Mutter oder der Eltern „ausgebrütet". Die aus dem Ei geschlüpften Jungfische werden regelmäßig aus dem Maul entlassen. Sobald Gefahr droht, strömen sie zurück ins elterliche Maul. Zu den Maulbrütern gehören z.B. die Angehörigen der artenreichen Gattung *Petrochromis* und der Gattung *Tropheus*. Diese Form der Brutpflege ist effektiv, sie begrenzt aber natürlich die Nachkommenzahl, die die Fische produzieren können.

Manche Cichliden-Arten kümmern sich auf andere Weise um ihre Jungen. Sie legen ihre Eier auf unterschiedlichen Substraten ab. Die ausschlüpfenden Jungfische schwimmen im Schwarm beieinander und werden von den Eltern aufopferungsvoll bewacht. Deshalb können sie zahlenmäßig viel mehr Nachkommen produzieren als die Maulbrüter, die ihre Brut statt dessen besser schützen können.

Viele Arten im Lake Tanganyika sind ausgesprochene Höhlenbrüter, z.B. die Arten der Gattungen *Neolamprologus* und *Julidochromis*. Sie heften ihre Eier gewöhnlich an die Decke einer Steinhöhle. Einige Arten benötigen unbedingt leere Schneckenhäuser zur Eiablage. Die Buntbarsche der großen Seen Afrikas sind gute Beispiele für sogenannte „Artenschwärme". Das gilt für die Cichliden im Lake Tanganyika ebenso wie für die im Lake Malawi und im Lake Victoria. Unter „Artenschwarm" versteht man eine Gruppe von genetisch sehr nahe verwandten Arten, die eine geographisch begrenzte Region bewohnen und in dieser Region endemisch sind.

Im Lake Tanganyika leben über 50 verschiedene Arten der Gattung *Neolamprologus* und ebenso viele verschiedene Formen der Gattung *Tropheus* (Arten, Unterarten, Farbformen). Ähnlich wie in einem Korallenriff hat sich jede Art hinsichtlich der Nahrungsart, des Laichverhaltens und des Laichsubstrats spezialisiert und damit eine ökologische Nische besiedelt. Da der Spezialisierungsgrad der Fische erstaunlich hoch ist, haben sich sehr viele Arten entwickelt. Und diese Arten sind oft noch in zahlreiche Unterarten und weiter in unglaublich viele Farbvarianten aufgegliedert.

Die fünf bisher bekannten Arten der Gattung *Julidochromis* leben überwiegend in den Felsenbiotopen zwischen fünf und vierzig Metern Wassertiefe. Sie sind länglich walzenförmig, schwarzgelb längs- oder quergestreift und sehen sich sehr ähnlich. Sie alle gehören zur Gruppe der Höhlenbrüter. Männchen und Weibchen sind unterschiedlich groß: Bei *J. marlieri* ist das Weibchen, bei *J. ornatus* und *J. transscriptus* ist hingegen das Männchen größer. Die beiden letztgenannten Arten sind sehr unverträglich untereinander.

Dagegen variieren die Arten der Gattung *Neolamprologus* in Farbe und Gestalt erheblich. Einige zeichnen sich durch eine kräftige Querstreifung aus wie *N. cylindricus* und *N. tretocephalus*, andere sind kontrastreich längs- und quergestreift wie *N. buescheri*. Wieder andere sind sehr zart pastellfarben ohne jede auffällige Zeichnung, etwa *N. brichardi*.

1 *Ctenochromis horei*
2 *Cyphotilapia frontosa*
3 *Cyprichromis microlepidotis*
4 *Julidochromis dickfeldi*
5 *Julidochromis marlieri*
6 *Julidochromis ornatus*
7 *Julidochromis transcriptus*
8 *Neolamprologus buescheri*
9 *Neolamprologus tretocephalus*
10 *Neolamprologus cylindricus*
11 *Neolamprologus furcifer*
12 *Neolamprologus mustax*
13 *Neolamprologus leleupi*
14 *Neolamprologus walteri*
15 *Neolamprologus tetracanthus*
16 *Ophthalmotilapia nasuta*
17 *Paracyprichromis nigripinnis*
18 *Tropheus moorii*
19 *Tropheus duboisi*
20 *Xenotilapia ochrogenys*

 Lake Tanganyika

Lake Tanganyika

Begegnung mit Schimpansen

Auf den Spuren von Jane Goodall
Der **Gombe Stream National Park** (52 km²) 🔼 24 km nördlich von Kigoma wurde 1968 gegründet. Er ist nur auf dem Wasserweg von Kigoma aus zu erreichen, wobei die Überfahrt mit Speedboats 40 Minuten, mit Wassertaxen 4–6 Stunden dauert. Die größte Attraktion des Parks sind die Schimpansen, die von der weltbekannten englischen Forscherin Jane Goodall untersucht und in vielen Veröffentlichungen (z.B. „In the Shadows of Men", 1971) beschrieben worden sind. Die Forschungsstation ist zu besichtigen. Das Aufspüren der Schimpansen ist nur in Begleitung eines Rangers (10 US-$) erlaubt.

Als Unterkunft steht ein einfaches Gästehaus zur Verfügung, Verpflegung ist mitzubringen. Man kann auch zelten. Allerdings sind für die Bewachung des Zeltplatzes durch bewaffnete Wildhüter zusätzlich zu der Eintrittsgebühr (100 US-$ pro Tag) 120 US-$ zu bezahlen.

Informationen: Tanzania Tourist Board, Samora Avenue, UNESCO House, Dar es-Salaam, Tel. (051) 11 31 44, Fax 11 64 20.

In den Mahale Mountains
Der **Mahale Mountains National Park** (1.613 km²) 🔼 wurde 1986 vor allem zum Schutz der rund 700 Schimpansen eingerichtet und kann nur auf dem Wasserweg er-

Schimpansen sind die Attraktion im Gombe Stream und Mahale Mountains National Park.

Die Quelle des Nils

Bereits in seinem Werk „Geographica", erschienen im Jahr 150, beschrieb der Mathematiker und Geograph Ptolemaeus (85–160) die „Mondberge", von denen das Wasser in zwei Seen fließen würde, die die Quelle des Nils darstellen sollten. Im Gegensatz zum Ursprung der Quelle des Blauen Nils, die der schottische Forscher James Bruce (1730–1794) im Hochland von Äthiopien 1770 für die Weißen entdeckte, blieb der Ursprung des längeren Weißen Nils jedoch lange unklar.

Um diesen zu finden, brach 1857 im Auftrag der Royal Geographical Society eine Expedition unter Richard Burton (1821–1890), begleitet von John Hanning Speke (1827–1864), von Zanzibar auf. Nach schrecklichen Strapazen gelangten sie an ein Gewässer, das europäische Augen nie zuvor erblickt hatten, den Lake Tanganyika. Von ihm nahmen sie zunächst an, er sei die Hauptquelle des Nils.

Als Burton schwer erkrankte, schlug Speke sich allein zum Lake Victoria durch und schloß intuitiv, er sei die wahre Quelle des Nils. Nach seiner Rückkehr nach Kairo schickte er ein Telegramm an die Royal Geographical Society mit der Nachricht: „Die Nilfrage ist geklärt" – eine Ansicht, die Burton nicht teilte. In der Tat hatte Speke es versäumt, den Lake Victoria zu umschiffen, um herauszufinden, ob nicht irgendwelche Flüsse in den See münden.

Am 2. Oktober 1860 brach Speke von Bagamoyo aus zu einer Folgeexpedition auf, die ihn zwei Jahre später 80 km östlich der heutigen Stadt Kampala an die Stelle führte, wo der Nil aus dem Victoria-See austritt. Eine Debatte zwischen den mittlerweile verfeindeten Kontrahenten Burton und Speke im September 1864 sollte Klarheit bringen. Doch am Vorabend fand Speke während einer Entenjagd den Tod, weil sich ein Schuß aus seinem Jagdgewehr löste, der den erfahrenen Jäger tötete. Möglicherweise war es Selbstmord, weil er nicht ertragen konnte, daß seine wissenschaftlich nicht sehr fundierten Argumente widerlegt werden würden.

David Livingstone (1813–1873) gab beiden recht und vermutete, daß der Nil wahrscheinlich auf seinem Weg nach Norden durch den großen Victoria-See hindurchfließt. Doch erst Henry Morton Stanley (1841–1904) konnte auf einer Expedition 1874–1877 das Rätsel des Weißen Nils lösen, indem er seinen Oberlauf, den Kagera River, vom Lake Victoria aus bis zu seiner Quelle in den Bergen Burundis zurückverfolgte.

reicht werden. Die Überfahrt von Kigoma dauert mit dem Schiff etwa 10 Stunden, mit dem Schnellboot nur etwa 3,5 Stunden. Es gibt auch einen Airstrip für Kleinflugzeuge exklusiver Reiseveranstalter aus Dar es-Salaam.

Fast 30 Jahre hat eine japanische Expertengruppe unter Leitung der Forscher Nishida und Ilani das Verhalten der Schimpansen hier untersucht. Wanderungen sind nur in Begleitung eines Rangers (10 US-$) erlaubt. Von West nach Nord breiten sich Tieflandwald und Feuchtsavanne aus, während im Süden offene Wälder dominieren. Der Norden des Parks ist durch die Sümpfe des **Malagarasi River** unzugänglich. Die steilen Hänge der **Mahale Mountains** – höchste Erhebung ist der **Mt. Nkungwe** (2.516 m) – sind von dichten Wäldern überwuchert und bieten dem Park nach Osten hin Schutz. Das unerschlossene Ufer des Lake Tanganyika bildet die Westgrenze des Parks. Nach Süden hin ist der Park durch einen Miombewald abgeschirmt. Ein Zeltcamp ist nur während der Trockenzeit von Mai bis Oktober geöffnet. Der Besuch des Parks kostet 100 US-$ pro Tag.

Informationen und Buchung: Duma Naturreisen, Heidelberg, Tel. (0 62 21) 16 30 21, Fax 16 68 80.

Begegnung mit Schimpansen

Uganda
Die „Perle von Afrika"

Die „Pearl of Africa", wie Winston Churchill Uganda einst nannte, war viele Jahre Schauplatz von Terror und Bürgerkriegen. Die Einzigartigkeit der Natur dieses Landes ist jedoch geblieben. Im Murchison Falls National Park stürzt das Wasser des Nils donnernd in die Tiefe. In der Fabelwelt der Ruwenzori Mountains leben die berühmten Berggorillas. Der Queen Elizabeth National Park zählt zu den landschaftlichen Juwelen Ugandas.

Kampala
Die Hauptstadt Ugandas

Entebbe – das Tor nach Uganda
Wer nach Uganda fliegt, landet auf dem International Airport 4 km außerhalb von **Entebbe** (50.000 Einwohner). Der Flughafen machte mit der Befreiung eines Jumbos der Air France mit 257 Geiseln durch ein israelisches Sonderkommando 1976 Schlagzeilen. Entebbe liegt 36 km südlich von Kampala am Ufer des Lake Victoria und war bis 1962 Landeshauptstadt. Der Name der Stadt (entebbe = Stuhl) geht auf eine Legende zurück. Danach soll das alte Königreich Buganda von einem Thron regiert worden sein, der aus einem Felsblock gemeißelt worden war. Sehenswert in Entebbe sind der Zoo, eine Auffangstation des Wildlife Education Centre für Tierwaisen, und der Botanische Garten. Unterkunft bieten das Lake Victoria Hotel (Tel. 042-206 44, Fax 204 04) und das Imperial Botanical Beach Hotel (Tel. 042-208 06, Fax 208 32).

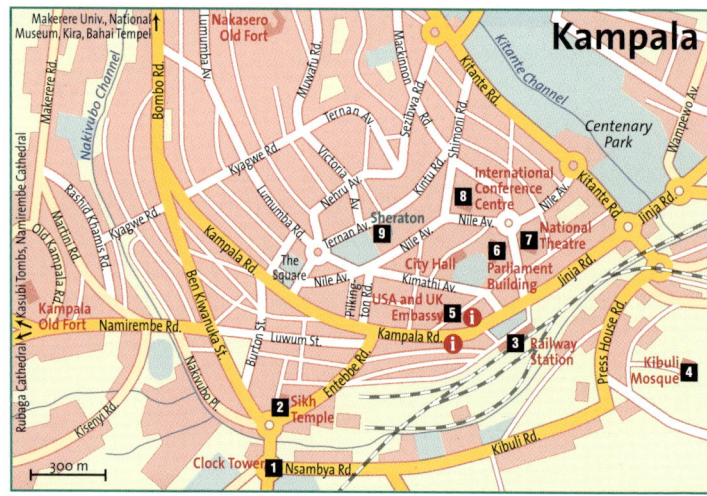

Kampala, die Hauptstadt Ugandas, strahlt eine eher ländliche Atmosphäre aus.

Stadtbummel durch Kampala

Seit 1962 ist **Kampala** (800.000 Einwohner) die Hauptstadt Ugandas. Der Name leitet sich ab von „kasozi ka Impala" (Antilopenhügel). Kampala breitet sich auf sieben sanft gewellten Hügeln aus und ist eine grüne Metropole mit angenehmem Klima und ländlichem Flair. Die Stadt wird von großzügig angelegten Ringstraßen durchzogen.

Man nähert sich Kampala in der Regel vom Internationalen Flughafen in Entebbe aus, d.h. von Süden. Der Queens Way führt zu einem Verkehrskreisel, in dessen Mitte sich der **Clock Tower** ❶ erhebt. Er wurde 1953 zur Krönung der britischen Königin Elizabeth errichtet. Kurz davor befindet sich der Sports Ground, ein ehemaliger Platz für Cricket-Spiele. Hinter dem nächsten Kreisel ragt der gewaltige **Sikh and Hindu Temple** ❷ auf.

Folgt man der Entebbe Road, stößt man auf die Kampala Road, die Hauptgeschäftsstraße von Kampala mit Banken wie der Bank of Uganda und der Uganda Commercial Bank sowie vielen Wechselstuben. Die Kampala Road führt auch zum Bahnhof ❸. Östlich davon thront hoch auf dem Kibuli Hill die **Kibuli Mosque** ❹, ein wichtiges Gotteshaus und Begegnungszentrum der moslemischen Stadtbevölkerung.

Dicht an die **British High Commission** in der Parliament Avenue schmiegt sich die **American Embassy** ❺, deren Eingang sich in der Kimathi Avenue befindet. Auch der große Komplex des **Parliament Building** ❻ liegt in der Parliament Avenue. Er beherbergt neben dem

Kampala

Tip

Flug in die Wildnis

In der nordöstlichen Ecke Ugandas, direkt an der Grenze zum Sudan, liegt wohl einer der unberührtesten Nationalparks der Welt, der Kidepo Valley National Park (1.442 km²). Am besten gelangt man mit dem Flugzeug von Entebbe aus dorthin (etwa 2 Std.). Aus dem Fenster der kleinen Maschine bietet sich eine eindrucksvolle Aussicht auf die Nange Mountains und die Manyattas der Karamojong. In dem gut bewässerten Narus-Tal im Westen des Parks breiten sich weite Baumsavannen aus, die südlich davon in Grasland übergehen. Über das verdienstvolle Wirken des Wildhüters Paul Sali berichtet Ernest Hemingway in seinem Buch „No Man's Land". Im Apoka Rest Camp stehen 20 Bandas mit Moskitonetzen zur Verfügung.
Informationen und Buchung: Tesera Holding Ltd., Tel. (041) 23 35 57, Fax 23 35 47. Auskunft über Flüge am Entebbe Airport, Tel. (042) 207 81-3.

Parlament auch das Justiz-, das Innen- und das Außenministerium und ist zugleich der Sitz des Präsidenten. An der Ecke Parliament Avenue und Siad Barre Avenue steht das **National Theatre** ❼, das 1959 eröffnet wurde. Hier werden sowohl Theater- als auch Musikdarbietungen gezeigt. An der Nile Avenue, nicht weit vom Parlamentsgebäude, steht das Nile Hotel mit dem dazugehörenden **International Conference Centre** ❽. Das Kongreßzentrum ist mit dem Hotel durch einen überdachten Übergang verbunden. In der Ternan Avenue ragt auf einem Hügel inmitten einer Gartenanlage das luxuriöse Kampala Sheraton Hotel (Tel. 041-24 45 90, Fax 25 66 96) mit dem **Independence Monument** ❾ auf.

Nicht weit davon befindet sich das 1995 eröffnete Grand Imperial Hotel (Tel. 041-25 06 81, Fax 25 06 05).

Am westlichen Stadtrand erhebt sich die katholische **Rubaga Cathedral** auf dem Rubaga Hill. Auf dem benachbarten Namirembe Hill steht die ziegelrote protestantische **St. Paul's Cathedral** (Namirembe Cathedral). Rund 6 km nördlich des Stadtzentrums liegt der 1961 fertiggestellte **Baha'i Temple** auf dem Kikaya Hill (Besichtigung So 10.30 Uhr). Von dort bietet sich ein schöner Blick auf die Stadt. Auch ein Besuch der **Makerere University** im Nordwesten der Stadt lohnt sich. Die älteste Universität Ostafrikas strahlt trotz der Ereignisse des Bürgerkriegs immer noch eine gewisse Würde aus.

Die größte Sehenswürdigkeit Kampalas sind die Königsgräber des ehemaligen Königreichs Buganda (19. Jahrhundert), die **Kasubi Tombs** auf dem Kasubi Hill im Nordwesten der Stadt. Die Anlage besteht u.a. aus einem Gebäude mit kuppelförmigem Rieddach, das die Särge von Mutesa I., Mwanga II., David Chwa II. und Edward Mutesa II. enthält. Neben den Särgen sind einige Insignien der Macht zu sehen, z.B. ein ausgestopfter Leopard, Trommeln, Speere, Schilder und Fetische. Beim Betreten des Gebäudes muß man die Schuhe ausziehen (geöffnet tgl. 9–18 Uhr).

Informationen: Uganda Tourist Board (UTB), Parliament Avenue, IPS-Building, Kampala, Tel. (041) 24 21 96-7, Fax 242 18 88.

Kampala

Murchison Falls
Die Fälle des Nils

Der **Murchison Falls National Park** (3.900 km²) ▮ 303 km nordwestlich von Kampala ist der größte Nationalpark Ugandas. Das früher Kabalega Falls National Park genannte Schutzgebiet war vor der Herrschaft Idi Amins wegen seines üppigen Wildbestandes, der herrlichen Landschaft und des grandiosen Wasserfalls eine der Hauptattraktionen von Uganda. Nach den verheerenden Bürgerkriegswirren ist dieser Park heute wieder einen Besuch wert.

Die Vegetation reicht von geschlossenem Laubwald im Norden bis zu den Sumpfgebieten entlang der Talsohle. Weite Flächen sind von Grasland und Baumsavanne bedeckt. Der **Nil** durchfließt den Park von Ost nach West, mündet in den Nordzipfel des **Lake Albert** und verläßt ihn in nördlicher Richtung als **Albert Nile**. Zuvor zwängt sich der 50 m breite Fluß durch die nur 5–7 m schmale **Murchison Falls Gorge** und stürzt dann 40 m donnernd in die Tiefe. Oft schwebt in der Luft ein dichter Wassernebel, verzaubert durch einen bunt schillernden Regenbogen.

Die Tierbestände – von den politischen Unruhen in Mitleidenschaft gezogen – haben sich inzwischen erholt. Heute kann man im Park wieder große Herden von Elefanten, Büffeln, Kuhantilopen, Uganda-Kobs, Giraffen, Buschböcken,

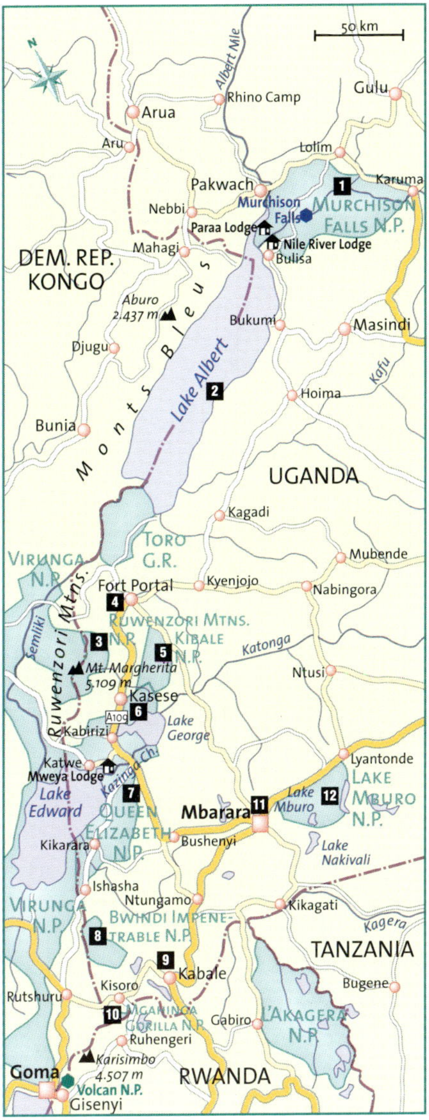

Nationalparks in Uganda

Die Hauptattraktion im Murchison Falls National Park sind die Fälle des Nils.

In dem Rest Camp in der Nähe der Anlegestelle der Fähre am Südufer des **Victoria Nile** gibt es 14 einfache Hütten mit Moskitonetzen und einen Zeltplatz. Mit der Fähre gelangt man an das Nordufer des Victoria Nile (Ferry Crossing pro Wagen 15.000 USH, pro Person 1.500 USH). Hier kann man in der Paraa Safari Lodge (Buchung über Tel. 041-25 12 51, Fax 25 12 09) unterkommen. Außerhalb des Parks am Ufer des Lake Albert befindet sich die Nile Safari Lodge (Buchung über Tel. 041-25 82 73, Fax 23 39 92, Mobil-Tel. 075-71 47 14).

Informationen: Uganda Wildlife Authority Headquarter, 31 Kanjokya Street, Kampala, Tel. (041) 53 01 58, Fax 52 01 59.

Am Lake Albert

Die Fahrt vom Murchison Falls National Park südwärts zu den Ruwenzori Mountains führt entlang der glitzernden Wasserfläche des 160 km langen **Lake Albert** (6.400 km²) **2**, an dessen Hängen sich die steilen Wände des Zentralafrikanischen Grabens erheben. Der britische Reisende Samuel Baker gab dem Binnensee 1884 in Erinnerung an den Gemahl der Queen Victoria seinen Namen. Der See nimmt neben dem Victoria Nile noch einen anderen Quellarm des Nils, den vom Lake Edward herabfließenden **Semliki**, auf sowie weitere Wasserläufe aus dem **Bunyoro Plateau**. Der Lake Albert ist eine gute Wasserstraße, auch wenn er oft von Stürmen aufgepeitscht wird.

Wasserböcken und Warzenschweinen beobachten.

Während einer dreistündigen Bootsfahrt zu den Murchison Falls (Abfahrt an der Ferry tgl. 9 und 15 Uhr, 20 US-$ pro Person, 120 US-$ als Minimum) kann man zahlreiche Vögel wie Goliathreiher, Nilgänse, Pelikane, Sattelstörche, Sudan-Hornraben und den seltenen Schuhschnabel entdecken. An einer Brutwand sieht man Purpurspinte, im Wasser tummeln sich Büffel, Flußpferde und Krokodile. Der Höhepunkt des Ausflugs ist der Anblick der tosenden Wasserfälle.

Die Ruwenzori Mountains
Land of Mist

Die Ruwenzori Mountains erstrecken sich entlang der Westgrenze von Uganda. Das „Land of Mist" (Ruwenzori = Regenmacher) schält sich oft nur in den Monaten Januar und Februar aus den Wolken. Kein Wunder, daß mehrere große Afrika-Expeditionen an ihm schlicht vorbeimarschierten. Erst Arthur Jephson und Thomas Parke sahen als erste Weiße 1889 die mit Schnee bedeckten Gipfel, darunter den **Mt. Margherita** (5.109 m), den dritthöchsten Berg Afrikas. An den Hängen wächst dichter Bergregenwald mit Baumheide, Riesenkreuzkräutern und Riesenlobelien. Ausgangspunkt für Bergtouren in den **Ruwenzori Mountains National Park** (996 km²) ist **Ibanda** 25 km nördlich von **Kasese** (s. Tip).

Tip

Der Ruwenzori-Trail

Der Central Circuit Trail ist der beliebteste Wanderpfad im Ruwenzori Mountains National Park. Die 1. Etappe (10 km, 4–5 Std.) führt zur Nyabitaba Hut (2.651 m) hinauf. Am 2. Tag (7 km, 6 Std.) erreicht man nach beschwerlichem Ab- und Aufstieg die John Mate Hut (3.380 m) bzw. die Bigo Hut (3.445 m). Über sumpfige Wege geht es am 3. Tag (6 km, 5–6 Std.) zur Bujuku Hut (3.962 m). Auf der 4. Etappe (4 km, 5–6 Std.) gelangt man über Geröll- und Felsbrocken zum Scott Elliot Pass (4.372 m), dem höchsten Punkt des Trails, und weiter zur Kitandara Hut (4.023 m) am Fuß des Elena Glacier. Nach einem sehr steilen Anstieg zum Freshfield Pass (4.280 m) kommt man am 5. Tag (6 km, 5 Std.) zum Kabamba Rock Shelter mit zwei Hütten. Vom Kichuchu Rock Shelter (3.500 m) kehrt man am 6. Tag (6 km, 5 Std.) nach der Überquerung von drei Flüssen zur Nyabitaba Hut zurück. Informationen und Buchung: Ruwenzori Mountaineering Services, Alexander Street, Kasese, Tel. (0483) 441 15.

In den Ruwenzori Mountains wächst ein üppiger Bergregenwald.

Kibale und Queen Elizabeth National Park

Wanderung zu den Schimpansen
Etwa 30 km südlich von **Fort Portal** (20.000 Einwohner) ❹ liegt der 1993 eröffnete **Kibale National Park** (766 km²) ❺. Man erreicht ihn auf der guten Piste nach Kamwenge, die den Park im Südosten 6 km nördlich des Dorfes Bigodi wieder verläßt. Das Landschaftsbild wird von typischem Bergwald und tropischem Laubwald geprägt, durchsetzt mit Sumpf- und Graslandschaften. Einer der auffälligsten Bäume ist der Eisenholzbaum, dessen Holz zu den härtesten Hölzern der Welt zählt. Im Park wachsen auch viele Heilkräuter und wilder Kaffee.

Die größte Attraktion des Kibale National Park sind die Schimpansen. Vom Besucherzentrum in Kanyanchu aus starten von Rangern geführte, 3 km lange Wanderungen. Feste Schuhe und regendichte Kleidung sind dabei von Vorteil. Es ist allerdings nicht ganz einfach, Schimpansen zu Gesicht zu bekommen. Im Park leben auch Colobusaffen, Anubispaviane, Vollbartmeerkatzen, Weißnasen- und Diademmeerkatzen. Mit viel Glück kann man manchmal auch die relativ kleinen Waldelefanten treffen. Zudem kommen rund 325 Vogelarten und mehr als 140 bunte Schmetterlingsarten vor. Im Park selbst gibt es keine festen Unterkünfte. Empfehlenswert ist jedoch die wunderschön an einem Berghang gelegene Ndali Lodge in dem Marktort Nkingo (Buchung über Tel./Fax 0483-22636).

Die Perle der ugandischen Parks
Von **Kasese** (20.000 Einwohner) ❻, 97 km südlich von Fort Portal, sind es noch etwa 50 km bis zum **Queen Elizabeth National Park** (1.978 km²) ❼. Der Park erstreckt sich am Fuß der majestätischen Ruwenzori Mountains bis zur Grenze der Republik Kongo. Er wurde 1952 als Kazinga National Park gegründet und anläßlich eines Besuchs der britischen Königin Elizabeth II. 1954 ihr zu Ehren umbenannt. Mit seinen Grassavannen, Papyrussümpfen, Seen, Regenwäldern und dem Kraterhochland ist er einer der reichsten, vielfältigsten und schönsten Parks in Afrika.

Das Parkzentrum befindet sich in **Mweya** auf der hügeligen **Mweya-Halbinsel** am Westende des **Kazinga Channel** (s. Tip S. 142). Der 32 km lange, bis zu 5 m tiefe Kanal ist eine natürliche Verbindung zwischen dem **Lake Edward** im Westen und dem **Lake George** im Nordosten des Parks. Henry Morton Stanley sah 1889 den Lake Edward (ca. 4.000 km²) als erster Weißer und benannte ihn nach dem Prinzen von Wales, dem späteren Edward II. In Mweya liegt auch die Mweya Safari Lodge (Buchung

Auf einer Wanderung durch die Chambura Gorge kann man Schimpansen begegnen.

über Tel. 0483-442 66). Von der Halbinsel überblickt man sowohl die beiden Seen als auch den Kanal. An den Ufern des Kanals lebt eine vielfältige Vogelwelt mit mehr als 520 Arten. In den Papyrussümpfen um den Lake George kann man mit etwas Glück die scheuen Sitatungas und den seltenen Schuhschnabel entdecken.

Im Nordwesten des Parks erstreckt sich das mit Grassavanne bewachsene **Kraterhochland** mit rund 30 Kratern, die vor etwa 20 Mio. Jahren während des Pleistozäns entstanden sind. Sie sind zum Teil mit Wasser gefüllt. Eine steile Auffahrt führt zum Baboon Cliffs Viewpoint hinauf. Von dort genießt man einen spektakulären Ausblick auf die Kraterlandschaft. Im Park sind Uganda-Kobs, das Wappentier Ugandas, Elefanten, Büffel, Topis, Defassa-Wasserböcke, Warzenschweine und Riesenwaldschweine anzutreffen.

Im Nationalpark sind auch Dörfer zugelassen. In **Katwe** am Lake Edward wurde das Salz des Krater-

> **Tip**
>
> ### Die Chambura Gorge
>
> Ein besonderes Erlebnis ist ein Fußmarsch (3–5 Std.) durch den tropischen Regenwald der 16 km langen und bis zu 400 m breiten Chambura Gorge im Queen Elizabeth National Park zu den hier lebenden Schimpansen. Die meisten Reisegesellschaften in Uganda haben dieses Angebot im Programm. Um die Schimpansen zu finden, muß man allerdings auf glitschigen Baumstämmen über den Fluß der Schlucht balancieren und sich auf unwegsamen Pfaden einen Weg durch den Urwald bahnen. Es ist sinnvoll, sich einen Tag Zeit zu nehmen und mit einem Ranger auf Pirsch zu gehen.
> Informationen und Buchung: Uganda Wildlife Authority Headquarter, 31 Kanjokya Street, Kampala, Tel. (041) 53 01 58, Fax 53 01 59.

Tip

Bootsfahrt auf dem Kazinga Channel

Der 32 km lange Kazinga Channel im Queen Elizabeth National Park verbindet den Lake Edward mit dem Lake George. Die Fahrt mit einem der modernen Besucherboote ist sicherlich einer der Höhepunkte eines Besuchs im Park. Vom Boot aus läßt sich eine unglaubliche Vielfalt an Wasservögeln, darunter Fischadler, Eisvögel, Scherenschnäbel, Kormorane, Pelikane und Sattelstörche, beobachten. Auch Elefanten, Flußpferde, Kaffernbüffel und verschiedene Antilopenarten halten sich am Ufer auf, manchmal sogar Löwen und Leoparden. Über die täglichen Abfahrtzeiten informiert die Holztafel in der Mweya Safari Lodge (Abfahrt in der Regel tgl. 9 Uhr und 14.30 Uhr).

waldes. Er ist allerdings nur schwer zugänglich. Hier wachsen u.a. auch zahlreiche Eisenholzbäume. Entlang der unwegsamen Piste südwärts nach **Ishasha** kann man Löwen im hohen Hafergras beobachten. Über diese Straße wurde 1996 ein Teil der Nahrungsmittel für die rwandischen Flüchtlinge im Kongo transportiert. Mittlerweile ist der Zustand der Piste jedoch wieder schlechter. Insbesondere nach Regenfällen droht selbst ein Allrad-Fahrzeug im schwarzen Schlamm (Black cotton) zu versinken.

Die Landschaft bei Ishasha im äußersten Süden des Parks besteht hauptsächlich aus offenem Grasland mit einigen Akazienbäumen. Hier wachsen, ebenso wie beiderseits des Kazinga Channel, auch gewaltige Kandelabereuphorbien. Das Ufer des Lake Edward säumt ein interessanter Feigenwald. Am **Ishasha River** kann man stattlichen Riesenwaldschweinen begegnen.

sees Lake Katwe abgebaut. Zur Zeit ist die Fabrik geschlossen. Die Einwohner von **Katunguru**, südlich des Katunguru Gate am Kazinga Channel gelegen, leben vom Fischfang.

Im Südosten des Parks erstreckt sich der **Maramagambo Forest**, ein Ausläufer des tropischen Regen-

Der Kazinga Channel im Queen Elizabeth-Park verbindet Lake Edward und Lake George.

Kibale und Queen Elizabeth National Park

Bwindi und Mgahinga
Im Reich der Berggorillas

Im Bwindi Impenetrable National Park werden Exkursionen zu den Berggorillas angeboten.

Die vielleicht größte Attraktion, die Uganda Reisenden zu bieten hat, ist der Besuch der seltenen, wild lebenden Berggorillas im Bwindi Impenetrable und im Mgahinga Gorilla National Park im äußersten Südwesten Ugandas.

Besuch bei den Silberrücken

Der **Bwindi Impenetrable National Park** (331 km²) **8** 450 km südwestlich von Kampala schützt eines der größten zusammenhängenden Waldgebiete in Ostafrika und umfaßt sowohl Gebirgs- als auch Tieflandwald. Bereits 1932 zum Forstreservat erhoben, wurde der flächenmäßig eher bescheidene Regenwald 1991 zum Nationalpark erklärt. Hier lebt fast die Hälfte der weltweit noch auf etwa 650 Tiere geschätzten Berggorillas. Sie bilden feste Gruppen von 2–35 Tieren, die jeweils von einem Männchen – nach der Farbe der Rückenhaare „Silverback" (Silberrücken) genannt – angeführt werden.

Man erreicht den Park von **Kabale** (30.000 Einwohner) **9** über eine sehr kurvige, teilweise schlechte Schotterpiste. Sie führt nach 120 km nach **Buhoma** am nördlichen Rand des Parks, wo sich das Headquarter befindet. Als Unterkünfte stehen die beiden Luxuscamps Abercrombie & Kent Tented Camp und Mantana Tented Camp, die einfache African Pearl Safaris Homestead und Community Bandas zur Verfügung.

Seit April 1993 werden vom Headquarter Gorilla-Exkursionen organisiert (Stand-by-Permits 150 US-$). Zwei Gorilla-Familien sind an

Menschen gewöhnt und können beobachtet werden, die Mubare-Gruppe (14 Gorillas) und die Katendegyere-Gruppe (6 Gorillas). Pro Gorilla-Gruppe werden täglich maximal 6 Besucher zugelassen. Der Aufenthalt bei den Tieren ist auf eine Stunde begrenzt. Benötigt werden feste Schuhe, regenabweisende Kleidung und ein leichter Pullover. Drei verschiedene Trails führen durch den Park: der Munyaga River, der Waterfall und der Rushuura Trail mit schönen Ausblicken auf den Zentralafrikanischen Graben. Bis zum Auffinden der Berggorillas können schon einmal 4–6 Stunden vergehen.

Buchung: Uganda Wildlife Authority Headquarter, 31 Kanjokya Street, Kampala, Tel. (041) 53 01 58, Fax 52 01 59, Kosten für Vorausbuchung 250 US-$ pro Person.

Gorillapark am Dreiländereck
Im **Mgahinga Gorilla National Park** (34 km²) [10] auf der ugandischen Seite des Virunga-Gebirges 85 km südwestlich von Kabale leben ebenfalls Berggorillas. Der Park stellt mit dem Parc National des Volcans in Rwanda und dem Parc National des Virunga im Kongo eine ökologische Einheit dar. Zusammen bilden sie die **Virunga Conservation Area** (420 km²). Hier leben etwa 320 Berggorillas, also ungefähr genau so viele wie im Bwindi Impenetrable National Park. Der Mgahinga Gorilla National Park ist von den Anbaugebieten der Batwa und Bafumbira umgeben, die ihre Bohnen-, Hirse- und Kartoffelfelder auf terrassierten Hängen bestellen. Das zuständige Park Booking Office (Stand-by-Permits) befindet sich in **Kisoro**, 85 km westlich von Kabale. Das Ntebeko Camp und das Park Headquarter (keine Permits!) sind 15 km von dort entfernt.

Zu den Berggorillas gelangt man nach einer sehr anstrengenden Wanderung (ca. 7 Std.) in großer Höhe und in unwegsamem Gelände. Manchmal dauert es Tage, bis die Tiere aus dem Virunga National Park im Kongo wieder nach Uganda zurückkehren, so daß man sich auf Wartezeiten einstellen muß. Für die Wanderungen sind Bergstiefel, dichter Regenschutz, warme Kleidung und Handschuhe zum Schutz vor Brennesseln erforderlich. Blitzlicht ist nicht erlaubt. Buchungen für eine Gorilla-Safari sind nur schwer zu bekommen, da täglich höchstens sechs Personen zugelassen werden.

Eine andere Sehenswürdigkeit im Park sind drei erloschene Vulkane entlang der Grenze zu Ruanda, der **Mt. Muhabura** (4.127 m) mit einem kleinen Kratersee, der **Mt. Gahinga** (3.475 m) mit einem kleinen tierreichen Sumpf und der **Mt. Sabyingo** (3.645 m) mit einem romantischen Wasserfall. Alle drei Gipfel kann man von Uganda aus besteigen.

Informationen und Buchung: Uganda Wildlife Authority Headquarter, 31 Kanjokya Street, Kampala, Tel. (041) 53 01 58, Fax 52 01 59.

Im Reich der Berggorillas

Lake Mburu National Park
Im Land der Seen

Zwischen **Masaka** und **Mbarara** (41.000 Einwohner) 🔟, 219 km südwestlich von Kampala, zweigt eine 24 km lange, unbefestigte Piste zum **Lake Mburo National Park** (256 km²) 🔢 ab. Das Gebiet wurde 1964 nach der Ausrottung der Tsetsefliege zum Wildreservat erklärt und 1982 zum Nationalpark erhoben. Offenes Grasland mit vereinzelten Akazienbäumen wechselt sich mit Sumpfgebieten, Wäldern und Dickichten ab. Hier leben Impalas, Zebras, Elenantilopen, Büffel, Warzenschweine und Topis. Im Park gibt es fünf Seen, von denen der **Lake Mburo** der größte ist. In der Nähe des Sees bestehen einfache Campingmöglichkeiten. Da es keine Löwen und Elefanten gibt, kann man in Begleitung eines bewaffneten Rangers relativ gefahrlos Fußsafaris unternehmen. Beim Headquarter in **Rwonyo** erfährt man Wissenswertes über das Ökosystem und die Wildtiere. In unmittelbarer Nachbarschaft zum Nationalpark lebt das Volk der Bahima als Viehzüchter der langhörnigen Ankole-Rinder (Fotografierverbot!). Guter Ausgangspunkt für einen Besuch des Nationalparks ist das Lake View Hotel in Mbarara (Tel. 0485-213 98, Fax 213 99).

Der Lake Mburo ist der größte von fünf Seen im Lake Mburo National Park.

Bestimmungsteil
Tiere und Pflanzen

1 Guereza oder Seidenaffe Guereza (Colobus) *Colobus guereza* (Cercopithecidae)

KR 48–75 cm G 10–23 kg

Merkmale Mittelgroß, schlank und kräftig mit langem Schwanz; Schultern und Flanken mit langem Mantel, Schwanz mit Endquaste; Körper schwarz, Schwanzquaste, Mantel und Gesichtsumrandung weiß.

Vorkommen Im Gebiet selten, drei Unterarten in Uganda, Westkenia und Nordwest-Tanzania. In Bergregenwäldern, Bambusbeständen, Galeriewäldern und Feuchtsavannen; im Gebirge bis 3.000 m.

Wissenswertes Guerezas leben in Familientrupps zusammen, zu denen ein altes Männchen und mehrere Weibchen mit ihren Jungen gehören. Die Größe der Trupps schwankt zwischen drei und 30 Tieren.

2 Grüne Meerkatze Vervet Monkey *Cercopithecus aethiops* (Cercopithecidae)

KR 40–83 cm G 3,5–7,7 kg

Merkmale Mittelgroß, hellgrau mit deutlichem Backenbart; Schwanz länger als der Körper; Unterseite und Flanken hell; Gesicht schwärzlich mit weißem Haarkranz; Füße und Schwanzspitze dunkel; Hoden weißlich bis auffällig leuchtend blau.

Vorkommen In geeignetem Lebensraum in ganz Ostafrika verbreitet und häufig. In Parklandschaften, Feucht- und Trockensavannen; im Gebirge bis 4.000 m.

Wissenswertes Grüne Meerkatzen sind typische Savannenbewohner. Sie leben in Gruppen von 6–60 (manchmal über 100) Tieren zusammen. Die Lebensdauer beträgt bis zu 24 Jahre.

3 Diademmeerkatze Diademed Monkey *Cercopithecus mitis* (Cercopithecidae)

KR 44–67 cm G 3,5–7 kg

Merkmale Kräftig mit dichtem und langem Fell und überlangem Schwanz; Backenbart anliegend, Brauen und Stirnhaare nach vorn gerichtet (= Diadem); Rücken meist grün oder rötlich; Färbung sehr variabel; über 20 Unterarten in Afrika.

Vorkommen In weiten Teilen Ostafrikas. In Regenwäldern, Küsten- und Galeriewäldern, Bambusbeständen und Bergwäldern bis 3.300 m Höhe.

Wissenswertes Diademmeerkatzen sind meist an schattige Orte gebunden und vertragen helles Sonnenlicht nicht.

4 Steppenpavian Baboon *Papio cynocephalus* (Cercopithecidae)

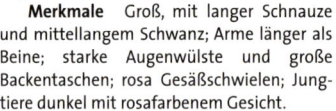

KR 50–110 cm G 10–50 kg

Merkmale Groß, mit langer Schnauze und mittellangem Schwanz; Arme länger als Beine; starke Augenwülste und große Backentaschen; rosa Gesäßschwielen; Jungtiere dunkel mit rosafarbenem Gesicht.

Vorkommen Südlich der Sahara. In Halbwüsten und Savannen sowie offenem Waldland; im Gebirge bis 3.000 m Höhe. Im Gebiet leben zwei Unterarten, der **Anubispavian** *(Papio c. anubis)* und der **Babuin** oder **Küstenpavian** *(Papio c. cynocephalus)*.

Wissenswertes Paviane leben in Horden von 10–150 Tieren. Die Tiere leben meist vegetarisch, erbeuten aber auch junge Gazellen und Antilopen.

5 Gorilla Gorilla *Gorilla gorilla* (Pongidae)

KR 1,40–1,80 m G 70–200 kg

Merkmale Riesig, von kräftiger Gestalt mit gedrungenem Rumpf; Arme länger als Beine; ohne Schwanz; Kopf breit und massig; Haarkleid beim Berggorilla lang und dicht, Farbe blauschwarz, beim Männchen („Silberrücken") Rücken ab dem 10. Lebensjahr hell- bis silbergrau.

Vorkommen Die Unterart **Berggorilla** *(Gorilla g. beringei)* lebt im Bergregenwald der Virungavulkane in Westuganda sowie im Kajonzoberggebiet in Südwest-Uganda bis in 4.100 m Höhe.

Wissenswertes Berggorillas, die außerhalb des Gebietes noch in Rwanda und im Ostkongo leben, sind wegen der zunehmenden Zerstörung ihres Lebensraumes stark von der Ausrottung bedroht. Kriegerische Auseinandersetzungen haben die Bestände weiter dezimiert.

Säugetiere

1 Kaphase Cape Hare Lepus capensis (Leporidae)

KR 44–77 cm G 1,4–2,3 kg
Merkmale Typisch mit längeren Hinter- als Vorderbeinen; Ohren länger als der Kopf; Färbung von fahlgelb bis grauweiß; Schwanz oberseits schwarz, unterseits weiß; eigentlich zur selben Art gehörig wie der Europäische Feldhase.

Vorkommen Weit verbreitet in Ostafrika. In offenem Gelände aller Art von Meereshöhe bis zum Hochgebirge.

Wissenswertes Kaphasen sind nachtaktive Einzelgänger. Die Weibchen werden schwerer als die Männchen. Die Lebensdauer beträgt zehn bis zwölf Jahre.

2 Ockerbuschhörnchen Ochre Bush Squirrel Paxerus ochraceus (Sciuridae)

KR 13,5–18,5 cm G 80–100 g
Merkmale Oberseite sehr variabel sandgelb, gelb- oder grünocker bis rotbraun gefärbt, dunkel bis schwarz gestrichelt; manchmal mit blassem Flankenstreif; Unterseite weiß bis gelb; Schwanz mit bis zu 15 undeutlichen dunklen Ringen.

Vorkommen In Kenia und Tanzania verbreitet und gebietsweise häufig. In Unterholz an Waldrändern und Buschgelände.

Wissenswertes Buschhörnchen fressen meist am Boden, klettern bei Gefahr aber schnell auf Bäume. Die ähnlich aussehenden Borstenhörnchen der Gattung Xerus sind dagegen Bodenbewohner, die in Erdhöhlen Zuflucht suchen.

3 Streifenschakal Side-striped Jackal Canis adustus (Canidae)

KR 70–80 cm G 6–13,5 kg
Merkmale Männchen etwas größer und schwerer als Weibchen; hochbeinig; Ohren groß; Schwanz mittellang und buschig; Fell grau bis graubraun mit schwarzem, oberseits weiß gesäumtem Schrägstreifen; Schwanzspitze weiß oder schwarz.

Vorkommen In Tanzania häufig und weit verbreitet, in Kenia selten, in Uganda rund um den Lake Victoria. Bewohnt Savannen mit Gebüsch oder Baumbestand; im Gebirge bis 2.000 m Höhe.

Wissenswertes Das Hör- und Riechvermögen des Streifenschakals ist sehr gut, das Sehvermögen gut. Das Territorium der meist in Einehe lebenden Tiere ist recht klein. Es enthält Wechsel, Schlafplätze und Plätze zum Sonnen und wird mit Kot und Harn markiert.

4 Schabrackenschakal Black-backed Jackal Canis mesomeles (Canidae)

KR 70–100 cm G 6,5–10 kg
Merkmale Gestalt ähnlich der des Streifenschakals mit etwas kürzeren Beinen und größeren Ohren; Rücken mit schwarzgrauer „Schabracke", die scharf gegen das Orangebraun bis Gelbrot der Körperseiten abgesetzt ist; Kehle, Brust und Bauch weiß; Schwanz hellbraun, an der Spitze schwarz.

Vorkommen In Kenia, Tanzania und Uganda auf offenen Ebenen sowie in deckungsreichen Landschaften mit Büschen und Bäumen; auch in Trockensavannen und Halbwüsten; bis 2.000 m Höhe.

Wissenswertes Schabrackenschakale leben meist paarweise. Doch an den Beuteresten von Löwen und anderen großen Raubtieren kommen zuweilen bis zu 30 Tiere zusammen. Ihre Nahrung besteht neben Aas vor allem aus Kleintieren aller Art sowie aus Früchten und Beeren.

5 Goldschakal Golden Jackal Canis aureus (Canidae)

KR 85–105 cm G 6,5–10 kg
Merkmale Gedrungener als Streifenschakal mit etwas kleineren Ohren; Ohren hell rostrot; Oberseite schmutzig gelb- oder rötlichgrau; Fellfärbung vom Rücken zu den Flanken hin blasser werdend; Schwanz gefärbt wie Rücken, Spitze schwarz.

Vorkommen In Kenia wenig verbreitet, häufiger in Nordtanzania. In offenem Gelände mit guten Deckungsmöglichkeiten; Siedlungsfolger; im Gebirge bis 2.000 m.

Wissenswertes Goldschakale sind nachtaktiv. Sie führen eine Lebensehe. Die Weibchen bringen 3–8 Junge zur Welt.

Säugetiere

1 Löffelhund Bat-eared Fox *Otocyon megalotis* (Canidae)

KR 60–70 cm G 2,5–5 kg

Merkmale Gestalt wie ein hochbeiniger Fuchs, mit auffällig großen Ohren; Schnauze kurz und spitz; Schwanz lang und buschig; Färbung einheitlich dunkelgrau; auffälliger Körpergeruch.

Vorkommen In Ostafrika weit verbreitet, häufig in den Serengeti-Ebenen in Nordtanzania, in Südkenia und in Teilen des kenianischen Rift Valley. In offenem Gelände in Gras- und Buschsavannen.

Wissenswertes Löffelhunde kann man manchmal beim Sonnenbaden vor ihrem Bau beobachten. Aufgrund des guten Gehörsinns finden sie sogar Insekten, die sich unter der Erdoberfläche bewegen.

2 Hyänenhund oder **Afrikanischer Wildhund** Wild Dog *Lyacon pictus* (Canidae)

KR 80–108 cm G 18–28 kg

Merkmale Hochbeinig; mit kurzer Schnauze, großen runden Ohren und buschigem Schwanz; Grundfarbe von fast gelb bis ganz schwarz mit weißen, hellgelben, gelben, braungelben und schwarzen Flecken unterschiedlicher Größe; dunkler Längsstreifen auf der Stirn; Schwanzende immer weiß.

Vorkommen Heute in Ostafrika regelmäßig nur noch in Südost-Tanzania. In Buschgelände, Savannen.

Wissenswertes Hyänenhunde sind rein nomadisch und durchstreifen riesige Gebiete. Nur zur Welpenzeit sind sie seßhaft. Bevorzugte Beutetiere sind Impalas, Moorantilopen und Kälber von Großantilopen. Wildhunde hetzen ihre Beute in der Meute und zerreißen sie innerhalb von Minuten.

3 Honigdachs Honey Badger *Mellivora capensis* (Mustelidae)

KR 65–75 cm G 8–16 kg

Merkmale Kopf breit, Ohren und Augen klein; Beine kurz und stämmig mit starken Grabkrallen; schwarz mit weißgrauer Oberseite („Schabracke"); Schwanz kurz und meist ganz schwarz; die außergewöhnlich dicke Haut hängt lose am Körper.

Vorkommen Weit verbreitet in den Schutzgebieten Ostafrikas, aber überall selten; vom Urwald bis zur Wüste.

Wissenswertes Der Honigdachs ist überwiegend nachtaktiv. Er gilt als äußerst wehrhaft und greift selbst große Tiere wütend an. Wenn er gepackt wird und ein Entkommen nicht mehr möglich ist, stellt er sich tot. Er läßt sich vom Honiganzeiger, einem Singvogel, zu Bienennestern führen. Der Vogel wartet, bis der Dachs das Nest geöffnet, den Honig und die Larven verzehrt hat, und frißt dann die Waben.

4 Zwergichneumon Dwarf Mongoose *Helogale parvula* (Viverridae)

KR 18–28 cm G 210–350 g

Merkmale Klein; mit rundlichem Kopf und spitzer Schnauze, Beine kurz; Oberseite rötlichbraun bis dunkelbraun, Gesicht rötlich.

Vorkommen Nahezu in ganz Ostafrika. In Savannen und Buschland.

Wissenswertes Von manchen Wissenschaftlern wird das Zwergichneumon in zwei verschiedene Arten unterteilt, in das **Südliche Zwergichneumon** *(Helogale parvula)* und in das **Östliche Zwergichneumon** *(Helogale undulata).*

5 Zebramanguste Banded Mongoose *Mungos mungo* (Viverridae)

KR 30–45 cm G 600–1.500 g

Merkmale Ziemlich gedrungen und kurzschwänzig, mit kleinen Ohren und Augen; Oberseite hellgrau bis rotbraun mit bis zu 35 dunklen Querstreifen, die hinter den Schultern beginnen und vor dem Schwanzansatz enden; Beine werden zu den Füßen hin dunkler.

Vorkommen In Ostafrika weit verbreitet. In Trocken- und Feuchtsavannen, in Wassernähe.

Wissenswertes Größere Greifvögel und Raubsäuger sind die Feinde der Zebramangusten. Gegen diese verteidigen sie sich gemeinsam. Dabei schlagen sie mit den Eckzähnen über die Schulter nach dem Gegner.

 Säugetiere

1 Ginsterkatze Common Genet *Genetta genetta* (Viverridae)

KR 40–55 cm G 1,3–2,25 kg
Merkmale Katzenähnlich mit langem, schlanken Rumpf und fast körperlangem Schwanz; Schnauze spitz, Ohren mittelgroß und dreieckig; Fellgrundfarbe weißgrau bis grau, Nacken und Rücken mit runden oder länglichen braunen bis schwarzen Flecken; Aalstrich; Schwanz mit acht bis zehn schwarzen Ringen, Spitze weiß bis schwarz.

Vorkommen Weit verbreitet in Kenia und Tanzania, weniger häufig in Uganda. In offenen, schlupfwinkelreichen Landschaften von der Baumsavanne bis zur Halbwüste.
Wissenswertes Wie die Zibetkatze bildet auch die Ginsterkatze in den Analdrüsen ein stark nach Moschus riechendes Sekret, das früher angeblich für eine wertvolle Arznei gehalten wurde.

2 Erdwolf Aardwolf *Proteles cristatus* (Hyaenidae)

KR 65–80 cm G 7–10 kg
Merkmale Hyänenartig, doch kleiner und mit spitzer Schnauze; Ohren groß und spitz; Beine schlank, Vorderbeine länger als Hinterbeine; Schwanz lang und buschig; Nacken und Rücken mit langer, aufrichtbarer Mähne; Fell seitlich gelbgrau bis rötlichbraun und dunkel quergestreift; sehr lange Zunge.

Vorkommen Überall in Ostafrika, aber sehr vereinzelt. In Savannen.
Wissenswertes Hauptnahrung des Erdwolfs sind Erntetermiten der Gattungen *Trinervitermes* und *Hodotermes*. Erdwölfe werden oft von Haushunden angegriffen, gegen die sie sich mit dem Gebiß und durch Abgabe von Sekret aus der Afterdrüse zur Wehr setzen.

3 Fleckenhyäne oder Tüpfelhyäne Spotted Hyena *Crocuta crocuta* (Hyaenidae)

KR 1,20–1,80 m G 55–85 kg
Merkmale Gestalt massig mit starkem Hals und deutlich abfallender Rückenlinie; Kopf groß mit kräftiger Schnauze; Ohren rundlich; Fell kurz, weißgrau bis gelbrot; Kopf und Füße dunkler; auf Rücken und Seiten dunkelbraune bis schwarzbraune Flecken.
Vorkommen In Ostafrika weit verbreitet. Häufig vor allem in wildreichen Gebieten; im Gebirge bis 4.500 m Höhe.

Wissenswertes Fleckenhyänen sind überwiegend nachtaktiv und verbergen sich tagsüber gern in selbstgegrabenen Höhlen in Erdferkellöchern. Sie leben in matriarchalisch organisierten Rudeln von 5–30, manchmal bis zu 100 Tieren, in denen die größeren Weibchen über die kleineren Männchen dominieren. Die äußeren weiblichen Geschlechtsorgane sind denen der Männchen stark angeglichen.

4 Falbkatze African Wild Cat *Felis silvestris* (Felidae)

KR 45–73 cm G 1,5–6 kg
Merkmale Gestalt wie eine Hauskatze; Farbe wechselt von hell- zu dunkelgrau mit rötlichen bis schwarzen Streifen an den Beinen; Kehle und Bauchfell grauweiß mit manchmal rötlichem Hauch; Schwanz mit Querringen, Spitze schwarz.

Vorkommen In ganz Ostafrika, doch nirgends häufig. In allen Landschaften von der Halbwüste bis zu Waldbeständen.
Wissenswertes Die Falbkatze ist die Stammform unserer Hauskatze, mit der sie sich in der Nähe menschlicher Siedlungen häufig kreuzt.

5 Serval Serval Cat *Leptailurus serval* (Felidae)

KR 65–90 cm G 6–15 kg
Merkmale Eine schlanke Katze mit langen Beinen; Hinterbeine länger als Vorderbeine; Kopf klein, Ohren groß; Oberseite hellockerfarben bis ockerolivbraun, Unterseite weißlich; viele schwarze Punkte in Längsreihen über den gesamten Körper.

Vorkommen Weit verbreitet in Ostafrika, doch nirgends häufig. In Savannen mit Gebüsch oder Baumbestand; Wassernähe und Deckung bevorzugt.
Wissenswertes Servale sind tagaktiv. Sie jagen jedoch auch in der Dämmerung und in mondhellen Nächten.

1 Wüstenluchs oder Karakal Caracal *Caracal caracal (Felidae)*

KR 65–90 cm G 8–18 kg

Merkmale Von kräftiger Gestalt mit stämmigen Beinen; Kopf flach mit langen Pinseln an den Ohren; senkrechter Überaugenstreif; Schwanz ein Drittel körperlang; Farbe rotbraun bis ziegelsteinrot; Unterseite weißlich.

Vorkommen In Kenia und Tanzania weit verbreitet, aber nicht häufig, in Uganda auf trockene Bereiche beschränkt. In Wüsten, Halbwüsten und Savannen.

Wissenswertes Der Wüstenluchs ist ein Bodenbewohner, kann aber gut klettern. Er überwältigt seine Beute nach dem Anschleichen in einem schnellen Spurt. Er fängt sogar auffliegende Vögel im Sprung.

2 Löwe Lion *Panthera leo (Felidae)*

KR 1,45–2 m G 120–200 kg

Merkmale Männchen (2b) bedeutend größer und schwerer als Weibchen (2a); mittellange, stämmige Beine; kurzes graugelbes bis rötlichgelbes Fell, das vor allem bei Jungtieren markstückgroße braune Flecken aufweist; Kopf breit, Schnauze mittellang, Ohren kurz und rund; Schwanz lang mit kurzer Quaste; Männchen mit Mähne.

Vorkommen In ganz Ostafrika; heute jedoch außerhalb von Nationalparks und anderen Schutzgebieten praktisch ausgestorben. In offenen Landschaften von Wüsten- und Halbwüsten bis zu Busch- und Grassavannen; im Gebirge bis 4.500 m.

Wissenswertes Der Löwe ist die einzige Katze, die in Rudeln lebt. Die Familienrudel bestehen aus ein bis drei, selten bis zu sechs Altmännchen und aus bis zu 15 (manchmal auch mehr) Weibchen mit ihren Jungen. Obwohl es keine ernste Rivalität der Löwenmännchen um die Weibchen gibt, sondert sich eine in Hitze geratene Löwin alle drei Monate vom Rudel ab und wird mehrere Tage meist von ein und demselben Löwenmännchen begleitet und begattet.

3 Leopard Leopard *Panthera pardus (Felidae)*

KR 1,10–1,90 m G 35–85 kg

Merkmale Männchen deutlich größer und schwerer als Weibchen; muskulöse Gestalt mit mittellangen, stämmigen Beinen; Schwanz auffällig lang; Kopf breit, Schnauze mittellang, Ohren kurz und rund, Ohrrückseite mit schwarzweißem Fleck; Oberseite in allen Schattierungen von gelb bis gelbbraun, Unterseite weißlich, weißgrau oder weißgelb; Kopf, Nacken und Unterseite mit schwarzen Flecken, Rest des Fells mit Rosetten aus schwarzen Punkten; Schwanzspitze schwarz; manchmal Schwärzlinge („Panther"), insbesondere in feuchten Gegenden.

Vorkommen Weit verbreitet in Ostafrika, doch nirgends häufig. In allen Landschaftstypen vom Regenwald bis zur Wüste; im Gebirge bis zur Schneegrenze aufsteigend.

Wissenswertes Der Leopard ist ein Einzelgänger und überwiegend nachtaktiv. Seine Nahrung besteht aus Tieren (auch Haustieren) aller Art bis zur Antilopengröße. Seine Lieblingsbeute sind Affen und Haushunde. Selbst schwere Beute trägt er spielend in hohe Bäume. Eine größere Beute wird nach und nach verzehrt, auch wenn sie schon deutlich in Zerfall übergegangen ist.

4 Gepard Cheetah *Acinonyx jubatus (Felidae)*

KR 1,10–1,40 m G 40–60 kg

Merkmale Etwa leopardengroß, doch wegen der langen Beine eher hundeartig; Kopf klein und rund, Ohren kurz und rundlich; Junge mit Rückenmähne; Schwanz lang; Oberseite hellgelb oder gelbgrau bis hell rötlichbraun mit zahlreichen schwarzen Flecken; hintere Schwanzhälfte mit 3–6 schwarzen Ringen, Schwanzspitze weiß.

Vorkommen Stark vom Aussterben bedroht; fast nur noch in Kurzgras- und Langgrassavannen Kenias und Tanzanias; als größtes geschlossenes Vorkommen gilt der Serengeti National Park.

Wissenswertes Der Gepard ist das schnellste Säugetier und erreicht auf der atemberaubenden Hetzjagd eine Geschwindigkeit von mehr als 100 km/h.

1 Grévyzebra Grévy's Zebra *Equus grévy* (Equidae)

KR 2,50–2,60 m G 350–430 kg

Merkmale Größtes Zebra; schlank mit langem, schmalem Kopf; große abgerundete Ohren mit dichtem Haarsaum; dichtstehende schwarze oder dunkelbraune Streifung auf weißem oder cremefarbenem Grund, bis hinunter zu den Hufen; breiter dunkelbrauner Aalstrich; Bauch weiß und ungestreift; kräftige, hochstehende Mähne.

Vorkommen Auf die nördlichen Bezirke Kenias beschränkt, nördlich und nordwestlich vom Tana-Fluß bis zum Lake Turkana. In offenen Ebenen und trockenem Busch.

Wissenswertes Die männlichen Grévyzebras leben in Gruppen oder bilden Territorien. Die territorialen Männchen versuchen, sich mit den durchwandernden Stuten zu paaren.

2 Steppenzebra Burchell's Zebra *Equus quagga* (Equidae)

KR 1,90–2,45 m G 275–355 kg

Merkmale Pferdeähnlich; Grundfarbe weißlich mit dunklen Streifen; die im Gebiet lebende Unterart **Grant-** oder **Böhmzebra** *(Equus q. böhmi)* zeigt keine sogenannten Schattenstreifen zwischen den breiten dunklen Streifen; Beine bis zu den Hufen hinab gestreift; auch an der Unterseite gestreift; steife, ziemlich lange Mähne.

Vorkommen Weit verbreitet in Kenia und Tanzania, seltener in Uganda. In offenen Grassavannen und mäßig feuchtem Busch.

Wissenswertes Steppenzebras leben in Gruppen, die aus einem Leithengst, mehreren Stuten und deren Nachwuchs bestehen. Manchmal schließen sie sich zu großen Herden zusammen. Zur Paarungszeit kämpfen die Hengste um die Stuten. Nach zwölf Monaten Trächtigkeit werfen die Stuten ein ungefähr 30 kg schweres Fohlen. Es kann der Mutter schon nach wenigen Stunden folgen. Feinde der Zebras sind vor allem Löwen, Hyänen und Hyänenhunde, die insbesondere Jungtiere erbeuten.

3 Klippschliefer Rock Dassie *Procavia capensis* (Procaviidae)

KR 43–57 cm G 2,5–5 kg

Merkmale Hasengroß; kräftig mit kurzen Beinen und ohne Schwanz; geschickter Kletterer; Färbung sehr variabel von hell- bis dunkelgrau, manchmal mit rötlichem oder gelblichem Hauch und schwarzen Sprenkeln; auf dem Rücken eine Drüse, die von schwarzen, gelben oder meist weißen Haaren eingefaßt ist.

Vorkommen Auf steinigen Berghängen, Blockhalden und inselartigen Felsrücken („Kopjes") in Savannen (z.B. in der Serengeti); am Mt. Kenya bis 5.500 m Höhe.

Wissenswertes Einige Autoren unterscheiden vier echte Arten von Klippschliefern in Afrika. Von den Klippschliefern schwer zu unterscheiden ist der **Busch-** oder **Steppenschliefer** *(Heterohyrax brucei)*, der in felsigem Gelände in Ostafrika weit verbreitet ist. Der **Baum-** oder **Waldschliefer** *(Dendrohyrax arboreus)* mit dichtem Fell lebt u.a. in den Ruwenzori Mountains und in den Aberdares.

4 Afrikanischer Großelefant African Elephant *Loxodonta africana* (Elephantidae)

KR 5,50–6,40 m G 2.200–5.000 kg

Merkmale Ein riesiges Tier mit stämmigen Beinen und bis zu 2 m langem Rüssel; bis 4 m hoch; Männchen erheblich größer als Weibchen; bis zu 3,5 m lange und 100 kg schwere Stoßzähne beim Bullen; Behaarung spärlich; Haut faltig; Farbe grau.

Vorkommen In Ostafrika fast nur noch in Schutzgebieten. In allen Landschaftstypen vom hochgelegenen Bergwald bis zur Savanne.

Wissenswertes Erwachsene Elefanten brauchen täglich 150–250 kg Nahrung. Davon wird vieles unverdaut wieder ausgeschieden. Elefanten leben in Familientrupps von 10–20 Mitgliedern, die matriarchalisch strukturiert sind und aus Weibchen mit ihren Jungen und deren Nachkommen bestehen. Die älteste und erfahrenste Kuh ist das Leittier der Herde. Sie hat die meisten Kenntnisse über Wasserstellen und Nahrungsquellen. Stirbt eine Leitkuh, kann es passieren, daß die Gruppe anschließend in mehrere kleine Herden zerfällt. Elefanten zeigen beim Tod von Artgenossen deutliche Zeichen von Trauer.

Säugetiere

1 Spitzmaulnashorn Black Rhinoceros *Diceros bicornis* (Rhinocerotidae)

KR 2,95–3,60 m G 700–1.600 kg

Merkmale Kleiner als Breitmaulnashorn mit ebenfalls zwei Hörnern, vor allem mit erheblich kürzerem Kopf; Widerrist ohne Buckel; Oberlippe zugespitzt.

Vorkommen In vielen seiner ehemaligen Areale ausgerottet; Ende der 60er Jahre gab es angeblich 70.000 Exemplare, 1990 waren es nur noch 3.300. Die letzten Tiere dieser Art kann man am Ngorongoro-Krater beobachten. In trockenem, mit Bäumen bestandenem Buschland, selten in der Grassavanne.

Wissenswertes Das Spitzmaulnashorn ist ein Einzelgänger. Nur Mütter mit Kälbern bleiben zusammen. Das Kalb folgt der Mutter. Bullen gehen sich aus dem Weg. Die Begattungsdauer beträgt 20–70 Minuten, die Tragzeit ca. 15 Monate. Das Spitzmaulnashorn ist vom Aussterben bedroht.

2 Breitmaulnashorn White Rhinoceros *Ceratotherium simum* (Rhinocerotidae)

KR 3,60–3,80 m G 2.000–3.600 kg

Merkmale Das größere der beiden Nashornarten mit starkem Nackenhöcker, langem Kopf und breitem, fast quadratischem Maul (Grasfresser); zwei Hörner, das vordere oft über meterlang (Weltrekord: 1,58 m); Augen klein; Ohren trichterförmig und fransig behaart; Farbe hellgrau, doch nehmen die Tiere durch Suhlen oft die Bodenfarbe der Umgebung an.

Vorkommen In Nordwest-Uganda lebte die nördliche Unterart *Ceratotherium s. cottoni*, die vermutlich ausgerottet ist. Die aus dem südlichen Afrika stammende Unterart *Ceratotherium s. simum* wurde in verschiedenen Schutzgebieten mit wenig Erfolg ausgesetzt; heute leben einige Breitmaulnashörner u.a. im Lake Nakuru National Park.

Wissenswertes Breitmaulnashörner leben in kleinen Gruppen. Nur die Hauptmännchen zeigen zeremonielles Harnen und Koten. Im Gegensatz zum Spitzmaulnashorn geht das Kalb vor der Mutter. Breitmaulnashörner sind Menschen gegenüber erheblich weniger angriffslustig als Spitzmaulnashörner.

3 Warzenschwein Wart Hog *Phacochoerus aethiopicus* (Suidae)

KR 1,05–1,50 m G 50–150 kg

Merkmale Alttiere überwiegend grau; „schütteres Haarkleid" aus einzelnen Borsten, doch mit langer, gelbbrauner Mähne vom Nacken bis zur Rückenmitte; auf jeder Kopfseite drei Hautwarzen, die zweite davon beim Weibchen schwach entwickelt; obere Eckzähne stark verlängert (bis 60 cm); auffällig weißer Backenbart.

Vorkommen Auf Grasflächen mit lockerem Baum- oder Strauchbestand; im Gebirge bis 2.500 m Höhe; bevorzugt Gebiete mit Wasser zum Trinken und Suhlen.

Wissenswertes Warzenschweine sind tagaktiv. Sie setzen sich gegen die meisten Feinde wie Geparde und Wildhunde erfolgreich zur Wehr, nicht jedoch gegen Löwen oder Leoparden. Sie laufen mit wie Antennen aufrecht gehaltenen Schwänzen. Bei der Nahrungssuche knien sie auf den Vorderbeinen.

4 Flußpferd Hippopotamus *Hippopotamus amphibius* (Hippopotamidae)

KR 2,80–4,20 m G 1.350–3.200 kg

Merkmale Körper sehr kompakt, Beine kurz und stämmig; Wasserbewohner, Ohren und Nasenlöcher daher verschließbar; Ohren klein und aufrecht; Maul groß und tief gespalten; bis zu 1 m lange Eckzähne; Füße vierzehig mit Schwimmhäuten am Grunde; Haut nackt; Farbe graubraun mit rosagelblichen Hautfalten.

Vorkommen Häufig; an Gewässern aller Größen mit Uferbänken und Sandstränden.

Wissenswertes Flußpferde sind gesellige Tiere, die sich in bis zu 60köpfigen Gruppen zusammenschließen. Sie reagieren bei einer tatsächlichen oder vermeintlichen Bedrohung äußerst aggressiv und greifen unvermutet Menschen zu Fuß oder in Booten an. Die Art ist für mehr Todesfälle von Menschen verantwortlich als sämtliche Raubtiere Afrikas zusammen! Man sollte sich ihnen daher immer mit der gebotenen Vorsicht nähern.

Säugetiere

1 Giraffe Giraffe *Giraffa camelopardalis* (Giraffidae)

KR 3–4 m G 500–800 kg

Merkmale Scheitelhöhe 4,50–5,80 m; Weibchen kleiner als Männchen; unverkennbar langbeinig und mit langem Hals; Fellfarbe gelblichweiß mit braunen Flecken, die im Alter nachdunkeln; zwei bis fünf hautbedeckte Knochenzapfen; obere Gesichtshälfte ungefleckt; Augen sehr groß, Ohren und Zunge lang; Halskamm mit 5–13 cm langer, steifer Mähne; drei Unterarten in Ostafrika: Die **Massaigiraffe**, *Giraffa c. tippelskirchi* (**1a**), ist hellbraun mit rotbraunen, ausgezackten Flecken („Weinlaubmuster"); die **Uganda-** oder **Rothschildgiraffe**, *Giraffa c. rothschildi* (**1b**), hat einen stämmigeren Körperbau und blaßbraune, wenig gezackte Flecken, die untere Beinhälfte ist ungefleckt und weißlich; die **Netzgiraffe**, *Giraffa c. reticulata* (**1c**), ist kleiner als die anderen Unterarten, sie ist satt rot- oder dunkelbraun gefärbt mit einem weißen, netzähnlichen Muster.

Vorkommen Massaigiraffe im gesamten Kenia südwestlich des Athi-Flusses sowie in Tanzania; Netzgiraffe in Kenia nördlich des Tana-Flusses einschließlich des Marsabit National Park; die zwischen Athi- und Tana-Fluß lebenden Giraffen nehmen in der Färbung eine Mittelstellung zwischen beiden Unterarten ein; Uganda- oder Rothschildgiraffe im Gebiet des Lake Nakuru und des Lake Baringo und weiter nordwestlich in Richtung Norduganda. In Baum- und Buschsavannen; im Gebirge bis 2.000 m.

Wissenswertes Giraffen leben meist in kleinen Gruppen, manchmal in Trupps bis zu 50 Tieren zusammen. Männchen führen häufig Rangordnungskämpfe untereinander durch, indem sie mit Hals und Kopf auf die Flanke des Gegners einschlagen. Die „Hörner" der Männchen sind deshalb an der Spitze kahl (während sie bei den Weibchen mit Haaren bedeckt sind). Die Tragzeit beträgt ca. 15 Monate. Die Jungen werden im Stehen geboren und fallen aus über zwei Metern Höhe herab, wobei sie sich meist im Fallen auf die Seite drehen. Die Geburt der Giraffen findet meist inmitten der schützenden Herdenmitglieder statt. Die Giraffe ist ein Paßgänger. Obwohl die Art schwerfällig wirkt, kann sie erstaunlich schnell galoppieren. Der lange Hals hat sieben Wirbel wie bei allen Säugetieren. Als Feinde kommen fast nur Löwen und vielleicht Leoparden in Frage. Giraffen verteidigen sich durch Huftritte und können selbst ausgewachsene Löwen ernsthaft verletzen. Trotz ihrer Wehrhaftigkeit sind sie vor allem an der Tränke äußerst vorsichtig. Manchmal setzen sie bis zu zehnmal zum Trinken an, ehe sie schnell einige Schlucke Wasser zu sich nehmen. Dann richten sie sich meist hastig und ruckartig wieder auf. Die Lebensdauer der Giraffe beträgt bis zu 28 Jahre.

2 Kaffernbüffel African Buffalo *Syncerus caffer* (Bovidae)

KR 1,70–2,65 m G 250–800 kg

Merkmale Rinderähnlich; Männchen größer und schwerer als Weibchen; Hörner beim Bullen an der Basis breiter; Kopf mächtig mit großen, fransigen Ohren und nacktem Nasenspiegel; Männchen grauschwarz, Weibchen heller, Jungtiere hell rotbraun; durch Suhlen nehmen sie oft die Bodenfarbe ihrer Umgebung an.

Vorkommen In ganz Ostafrika innerhalb von Nationalparks und anderen Schutzgebieten verbreitet. Nicht an einen bestimmten Lebensraum gebunden; in Waldungen, Dickichten, Savannen und offenen Grasebenen, in der Nähe von Wasser; im Gebirge bis 4.000 m. In Westuganda findet man alle Übergänge zu der kleineren, rotbraunen Unterart, dem **Rot-** oder **Waldbüffel** *(Syncerus c. nanus)*.

Wissenswertes Kaffernbüffel leben in Herden von 20–2.000 Tieren, alte Bullen sind oft Einzelgänger. Sie sind überwiegend in den Nacht- und Dämmerungsstunden aktiv. Sie weiden Gras, Laub und kleine Zweige. Tagsüber ruhen sie im hohen Gras in Wassernähe. Obwohl sie wehrhaft sind, fallen Kaffernbüffel oft Löwen zum Opfer. Der Geruchssinn der Kaffernbüffel ist gut, Gesichts- und Gehörsinn sind erheblich schwächer entwickelt. Vermutlich greifen sie deswegen mitunter sich bewegende Gegenstände an, besonders dann, wenn der Wind von ihnen wegweht und sie nicht wittern können, ob ihnen wirklich Gefahr droht. Verärgerte oder angeschossene Tiere greifen manchmal Menschen aus dem Hinterhalt an. Die Lebensdauer beträgt bis zu 26 Jahre.

1 Schirrantilope oder Buschbock Bushbuck *Tragelaphus scriptus (Bovidae)*

KR 1,05–1,50 m G 25–80 kg

Merkmale Etwa rehgroß; Männchen (**1b**) tragen bis zu 55 cm lange Hörner, Weibchen (**1a**) meist hornlos; Fell von fahlgelb, gelbrot, rötlich, rotbraun bis zu dunkelbraun mit auffälligen weißen Querstreifen und weißen Abzeichen an Körperseiten, Hals, Kehle und Beinen.

Vorkommen In der Südhälfte Kenias weit verbreitet, in Uganda und Tanzania häufig. In deckungsreichem Gelände an Waldrändern, in Galeriewäldern, Schilfbeständen sowie in Parks und Gärten.

Wissenswertes Buschböcke leben einzeln oder paarweise und sind überwiegend nachtaktiv. Die Männchen folgen den Weibchen nur während der Brunft. Die **Sitatunga** oder **Sumpfantilope** *(Tragelaphus spekii)*, die nur in Sümpfen oder ausgedehnten Schilfbeständen vorkommt, ist ähnlich und wirkt wie eine hochbeinige Schirrantilope.

2 Kleiner Kudu Lesser Kudu *Tragelaphus imberbis (Bovidae)*

KR 1,20–1,40 m G 80–105 kg

Merkmale Männchen (**2a**) mit Hörnern, größer und schwerer als Weibchen, Fellfarbe blau- bis schiefergrau; Weibchen (**2b**) und Kälber rötlichbraun gefärbt; beide Geschlechter mit 11–13 weißlichen Rumpfquerstreifen; keine Halsmähne; Schwanz buschig.

Vorkommen In Nordkenia und in Tanzania östlich des Rift Valley verbreitet; in Uganda selten. In trockenem Dornbusch und Küstenbuschland bis 1.000 m Höhe.

Wissenswertes Die Art ist sehr standorttreu, jedoch bilden die Männchen keine Territorien. Die Hauptaktivität liegt tagsüber.

3 Großer Kudu Greater Kudu *Tragelaphus strepsiceros (Bovidae)*

KR 1,85–2,40 m G 180–315 kg

Merkmale Normalerweise nur die größeren Männchen mit Hörnern; beide Geschlechter mit 4–12 weißlichen Rumpfquerstreifen und 2–3 hellen Wangenflecken; ca. 10 cm langer Haarkamm über Nacken und Rücken, Männchen zusätzlich mit 25 cm langer Mähne an der Halsunterseite.

Vorkommen In Tanzania häufig; in Kenia in den Nordprovinzen; in Uganda auf Nordost-Karamoja beschränkt. In steinigem Hügelland mit lockerem Busch und Wasserstellen.

Wissenswertes Nur alte Männchen sind territorial. Die Art ist tagaktiv und sucht während der heißen Tageszeit dichte Vegetation auf.

4 Elenantilope Eland *Tragelaphus oryx (Bovidae)*

KR 2,10–3,45 m G 300–1.000 kg

Merkmale Rinderartig; trotz der Größe sehr beweglich; Männchen bedeutend größer und schwerer als Weibchen; Fellfarbe gelbbraun bis rötlichgrau oder bläulichgrau; 2–15 weißliche Rumpfquerstreifen; Wamme zwischen Kehle und Vorderbrust.

Vorkommen Gebietsweise häufig. In offenen Waldsavannen und flachem Savannengelände.

Wissenswertes Elenantilopen bilden keine Territorien, sondern führen z.T. weite Wanderungen durch. Mehrfach hat es Versuche gegeben, Elenantilopen zu zähmen.

5 Bongo Bongo *Tragelaphus euryceros (Bovidae)*

KR 1,70–2,50 m G 240–270 kg

Merkmale Eine massige Antilope; Männchen und Weibchen mit Hörnern; Fell bei Jungen und Weibchen gelb- bis hellrot, beim Männchen nachdunkelnd nach Mahagoni-, Kastanien- oder Schwarzbraun; beiderseits 9–14 weiße Rumpfquerstreifen, kein Kehlfleck; beim Männchen ein kurzer Haarkamm entlang der Wirbelsäule.

Vorkommen In Kenia in den Bergwäldern des Mt. Kenya, in den Aberdares, im Mau-Wald und an den Cherangani-Hügeln; in Uganda angeblich in den hochgelegenen Wäldern an der Grenze zum Sudan.

Wissenswertes Bongos leben einzeln, paarweise oder in kleinen Gruppen aus Weibchen mit ihren Jungen. Bongos verteidigen sich mutig mit dem Gehörn.

Säugetiere

1 Klippspringer Klippspringer *Oreotragus oreotragus* (Bovidae)

KR 75–115 cm G 10–18 kg

Merkmale Normalerweise nur Männchen mit Hörnern; von gedrungener, rundrückiger Gestalt; große Augen; Beine stämmig; Schwanz kurz; Bewegung auf den äußersten Hufspitzen; Haar steif und dicht, bietet gewissen Schutz bei Berührung an Felsen; Fell gelb bis braungrau mit schwarzer Melierung; Unterseite weißlich.

Vorkommen In Süd-, Zentral- und Westkenia verbreitet, aber nirgends häufig; in Tanzania zerstreut; in Uganda überwiegend im Norden. Felsbewohner, immer in der Nähe von felsigen Hügeln oder Kuppen.

Wissenswertes Klippspringer sind für das Leben in felsigem Gelände vortrefflich ausgestattet: Ihre Hufe sind lang und schmal, und sie treten nur mit der stumpfen Hufspitze auf. Sie springen überaus flink und sicher steile Felswände hinauf- oder hinab. Selbst mehrere Meter breite Schluchten können sie überwinden.

2 Kirkdikdik Kirk's Dik-Dik *Madoqua kirki* (Bovidae)

KR 55–77 cm G 2,7–6,5 kg

Merkmale Eine hasengroße Antilope; die Männchen tragen bis zu 10 cm lange Hörner, Weibchen hornlos; Hals, Rumpf und Oberbeine „pfeffer-und-salzartig" eisengrau; Nasenrücken, Scheitel, Ohrrückseite und Unterbeine hell rostrot; Kinn, Kehle, Brust, Bauch und Schenkelinnenseiten weißlich.

Vorkommen In Kenia und Tanzania weit verbreitet. In Buschsavannen und Halbwüsten mit Sträuchern auf steinigem Gelände.

Wissenswertes Der Erregungs- oder Warnlaut der Tiere klingt wie „zick-zick", daher stammt der Eingeborenenname „Dikdik". Auf der Flucht bewegen sich Dikdiks wie Hasen: Sie schlagen Haken nach rechts und links und versuchen, Verfolger im dichten Unterholz abzuschütteln. Dikdiks leben paarweise in festen Territorien.

3 Steinböckchen Steenbuck *Raphicerus campestris* (Bovidae)

KR 70–90 cm G 10–16 kg

Merkmale Eine kleine Antilope mit sehr großen Ohren; Schwanz kurz, unterseits nackt; nur Männchen mit Hörnern, Hörner klein und senkrecht stehend; Haarkleid kurz und glatt, oberseits hell ziegelfarbig bis rotbraun oder orangerötlich, unterseits weiß bis weißgelb.

Vorkommen Häufig nur in Süd- und Zentralkenia sowie in den Küstenbezirken; in Uganda und Tanzania weit verbreitet. Auf niedrig und nur spärlich mit Büschen bewachsenen Grasflächen und Lichtungen in der Baumsavanne; im Hügelland bis 2.600 m Höhe; bevorzugt die Nähe von Wasser.

Wissenswertes Steinböckchen markieren ihr Revier durch Dunghaufen und ein Sekret aus der Voraugendrüse. Sie sind Einzelgänger und leben zur Fortpflanzungszeit paarweise. Die Hauptaktivitätszeit liegt in den frühen Morgen- und späten Abendstunden. Bei Gefahr ducken sie sich mit flach gesenktem Kopf auf den Boden und springen erst in letzter Sekunde auf.

4 Kronenducker Grey Duiker *Sylvicapra grimmia* (Bovidae)

KR 80–115 cm G 10–20 kg

Merkmale Eine kleine Antilope mit deutlichem schwarzen Stirnschopf und dunklem Nasenrücken; Männchen mit Hörnern, Weibchen nur manchmal; Weibchen etwas größer und schwerer als Männchen; Oberseite sandfarben gelbbraun, Brust, Bauch und Schenkelinnenseiten weißlich; Schwanz kurz, oberseits dunkel, unterseits weiß.

Vorkommen Im Gebiet weit verbreitet und stellenweise häufig. In Bergwald, Heideland und lichten und dichten Flachlandwaldbeständen, überwiegend im Norden.

Wissenswertes Kronenducker sind ortstreu und leben bis auf die Paarungszeit einzelgängerisch. Sie äsen überwiegend in der Dämmerung Laub, kleine Zweige, frische Triebe und Früchte. Gelegentlich fressen sie auch Insekten und Vogelküken. Nur in Ausnahmefällen nehmen sie Gras zu sich. Sie trinken regelmäßig, kommen aber in der Trockenheit lange Zeit ohne Wasser aus.

Säugetiere

1 Moschusböckchen Suni *Neotragus moschatus* (Bovidae)

KR 57–62 cm G 4–6 kg

Merkmale   Eine kleine und zierliche Antilope ohne Stirnschopf; nur Männchen mit 7–14 cm langen Hörnern; Körperoberseite kastanienrot bis dunkel graubraunsandfarben; Brust, Bauch, Schenkelinnen- und Schwanzunterseite weißgrau; Schwanz kurz und oberseits dunkelgrau.

Vorkommen   Vom Tana-Fluß westwärts bis zum Mt. Kenya und zu den Aberdares, südwärts durch Tanzania bis Südafrika. In Küstenwäldern und Wäldern des Hochlandes mit Dickichten; bis 2.000 m Höhe.

Wissenswertes   Moschusböckchen haben Voraugendrüsen, die einen starken Moschusgeruch ausströmen (daher der Name). Sie leben vermutlich in lebenslanger Einehe. Sie sind nachtaktiv und flüchten hakenschlagend. Moschusböckchen wackeln ständig mit dem Schwanz.

2 Riedbock Bohor Reedbuck *Redunca redunca* (Bovidae)

KR 1,15–1,45 m G 35–65 kg

Merkmale   Eine rehähnliche Antilope mit buschigem Schwanz; Hörner nur beim Männchen; unter dem Ohransatz eine runde Duftdrüse mit nackter Hautfläche; Fellfarbe oberseits isabellfarben bis bräunlichockerfarben mit weißem Überaugenstreifen; Unterseite, Kehle, Kinn und Lippen weißgrau.

Vorkommen   In Tanzania und Uganda sowie in der Südhälfte Kenias gebietsweise häufig. In Sumpfgelände und Gebieten mit üppigem Graswuchs.

Wissenswertes   Riedböcke sind in den Morgen-, Nachmittags- und Abendstunden aktiv. Tagsüber liegen sie in hohem Gras verborgen und flüchten erst, wenn man sehr nahe herangekommen ist. Sie leben einzeln, paarweise oder in Trupps aus einem Altmännchen und mehreren Weibchen mit deren Jungen.

3 Wasserbock Waterbuck *Kobus ellipsiprymnus* (Bovidae)

KR 1,80–2,20 m G 150–250 kg

Merkmale   Eine hirschgroße, sehr kompakte Antilope; Hörner nur beim Männchen; Fellfarbe graubraun, Flanken etwas heller, Beine nach unten dunkler werdend; charakteristischer weißer Ring um die Schwanzwurzel herum, beim **Defassa-Wasserbock (4a)** ist der Ring weiß ausgefüllt, beim **Ellipsen-Wasserbock (4b)** nicht; Ohrinneres und Augenbrauen weiß, Kehle hell; Fell struppig; Geruch moschusartig.

Vorkommen   In 13 Unterarten in Afrika südlich der Sahara; in Ostafrika zwei deutlich erkennbare Rassen: Ellipsen-Wasserbock *(Kobus e. ellipsiprymnus)* in Süd-, Zentral-, Nord- und Nordost-Tanzania sowie in Zentral-, Süd- und Ostkenia, Defassa-Wasserbock *(Kobus e. defassa)* in Tanzania in den Serengeti-Ebenen und südlich vom Rungwa Game Reserve, im Westen und Südwesten Kenias und in Zentralkenia sowie in Teilen von Westuganda; beide Unterarten und Kreuzungen zwischen ihnen leben im Samburu National Reserve und im Nairobi National Park. Auf Grasland mit Gebüsch, in Gehölzen und Galeriewäldern, in der Nähe von Wasser.

Wissenswertes   Wasserböcke leben meist in der Nähe von Flüssen oder Seen in Herden von 6–12 Tieren, zuweilen halten sie sich jedoch auch weit entfernt vom Wasser auf. Hauptfeinde sind Löwen und Leoparden, die überwiegend Jungtiere erbeuten.

4 Uganda-Grasantilope oder Uganda-Kob Kob *Kobus kob* (Bovidae)

KR 1,30–1,80 m G 60–130 kg

Merkmale   Eine rehgroße kompakte Antilope; Hörner nur beim Männchen; Fellfarbe in leuchtendes Rotbraun, weißlich um Schnauze und Nase, Vorderseite der Vorderbeine mit schwarzer Zeichnung.

Vorkommen   In Uganda im wesentlichen beschränkt auf den Murchison Falls und den Queen Elizabeth National Park sowie das Semliki-Tal; in Westkenia noch kleine Bestände an den Ufern des Nzoia-Flusses.

Wissenswertes   Grasantilopen leben in Herden von 6–20 Tieren aus Weibchen mit ihren Jungtieren. Böcke leben in Junggesellentrupps oder einzeln. Zur Brunft sind alte Böcke territorial.

Säugetiere

1 Impala oder **Schwarzfersenantilope** Impala *Aepyceros melampus (Bovidae)*

KR 1,20–1,60 m G 40–80 kg
Merkmale Schlank mit gerader Rückenlinie; Männchen mit leierförmig geschwungenen Hörnern; Fell kurz und glatt; Hals, Rücken und Keulen rotbraun, Unterseite gräulichweiß; schwarzer Querstrich auf der Stirn.
Vorkommen In Uganda selten und auf Ankole und Ostkaramoja beschränkt; in Kenia in einigen Nordprovinzen und im Südwesten; in Tanzania überall häufig. Auf Grasflächen mit Baumbestand von Meeresspiegelhöhe bis zu 2.200 m.
Wissenswertes Impalas sind gewandte Springer, die drei Meter in der Höhe und über zehn Meter in der Weite in einem einzigen Sprung überwinden können.

2 Gerenuk oder **Giraffengazelle** Gerenuk *Litocranius walleri (Bovidae)*

KR 1,40–1,60 m G 30–50 kg
Merkmale Eine zierliche, langbeinige und -halsige Gazelle mit schmalem Kopf; nur Männchen mit Hörnern, diese mit Ringwülsten; Oberseite rötlich rehbraun, Unterseite weißlich, dazwischen eine isabellbraune Zone.
Vorkommen Von Nordtanzania über Ostkenia bis nach Nordkenia, z.B. im Samburu National Reserve. In trockenem Grasbusch bis in 1.300 m Höhe.
Wissenswertes Gerenuks bewohnen sehr trockene Lebensräume. Ihren Flüssigkeitsbedarf decken sie überwiegend durch die Nahrung: Strauch- und Baumlaub sowie Triebe, Knospen, Früchte und Blüten. Beim Äsen stellen sie sich steil auf die Hinterbeine.

3 **Grantgazelle** Grant's Gazelle *Gazella granti (Bovidae)*

KR 95–150 cm G 30–80 kg;
Merkmale Mittelgroß; beide Geschlechter mit Hörnern, beim Männchen lang und kräftig, beim Weibchen kürzer und dünner; Fell kurz und glatt, rehbraun oder sandfarben-rötlich mit dunklem Flankenstreifen, weiße Unterseite; Hinterteil schwarz-weiß gefärbt, Weiß der Hinterseite setzt sich über die Schwanzwurzel nach oben fort.
Vorkommen In Kenia häufig, in Tanzania von Dodoma aus nordwärts und in Uganda in Karamoja verbreitet. In offenen Ebenen und trockenem Grasbusch.
Wissenswertes In offenen Grassavannen sind Grantgazellen ziemlich standorttreu. Dagegen führen die Tiere vor allem im trockenen Norden des Verbreitungsgebietes weite Wanderungen durch.

4 **Thomsongazelle** Thomson's Gazelle *Gazella thomsoni (Bovidae)*

KR 80–110 cm G 15–30 kg
Merkmale Hörner des Männchens leierartig, Hörner des Weibchens nur bleistiftstark; Fell kurz, satt rötlichbraun mit schwärzlichbraunem Flankenstreifen und weißem Bauch; Schenkelinnen- und Hinterseiten der Hinterbeine weiß, Weiß nicht über die Schwanzwurzel hinausgehend.
Vorkommen In Zentralkenia, Süd- und Südwest-Kenia sowie in Nordtanzania bis zum Eringa-Bezirk. In offenen Grassavannen.
Wissenswertes Alte Männchen besetzen außerhalb der Wanderperioden Reviere von 100–300 m Durchmesser, aus denen sie alle anderen Männchen verjagen. Thomsongazellen sind die Hauptbeute von Geparden.

5 **Gnu** Wildebeest *Connochaetes taurinus (Bovidae)*

KR 1,70–2,40 m G 140–290 kg
Merkmale Untersetzte schwere Antilope von der Größe eines kleinen Rindes; großer Kopf, kurzer Hals, breite Schnauze, schlanke Beine, Rückenlinie abfallend; Färbung graubraun mit dunkleren vertikalen Streifen auf Hals und Flanken; helle Brustmähne; Hörner bei beiden Geschlechtern.
Vorkommen In Ostafrika leben drei Unterarten, die häufigste ist das **Östliche Weißbartgnu** (*Connochaetes t. albojubatus*) in Nordtanzania und Südwest-Kenia. In Gras- und Baumsavannen.
Wissenswertes Die Altmännchen des Weißbartgnus besetzen Territorien, die sie gegen Nebenbuhler aggressiv verteidigen.

 Säugetiere

1 Kuhantilope Hartebeest *Alcelaphus buselaphus* (Bovidae)

KR 1,75–2,45 m G 120–200 kg
Merkmale Größe und Gestalt wie Leierantilope; drei Unterarten, am bekanntesten ist das **Kongoni** oder **Cokes Kuhantilope** *(Alcelaphus b. cokii)*: langes „Gesichts-Profil"; Fellfarbe gelbbraun; weißliche Hinterkeulen.
Vorkommen Weit verbreitet in Kenia und Tanzania. In offenen Grasebenen.

Wissenswertes Insgesamt leben 13 Unterarten der Kuhantilope in Afrika südlich der Sahara. Neben dem Kongoni kommt in Ostafrika die **Jackson's Kuhantilope** *(Alcelaphus b. jacksoni)* im Nordosten und Südwesten Ugandas und die **Lichtensteins Kuhantilope** *(Alcelaphus b. lichtensteini)* in Tanzania nördlich von Biharamulu vor.

2 Rappenantilope Sable Antelope *Hippotragus niger* (Bovidae)

KR 1,90–2,55 m G 60–165 kg
Merkmale Groß und stämmig; mit säbelähnlich nach hinten geschwungenem Gehörn; Widerristmähne; Ohren ohne Haarpinsel; Farbe dunkelkastanienbraun bis schwarz, Körperunterseite und Keulenspiegel weiß, weiße Partien im Gesicht.

Vorkommen In Kenia im Südwesten und in den Shimba Hills, in Tanzania gebietsweise häufig. In Baum- und Buschsavannen.
Wissenswertes Fälschlicherweise wird die Rappenantilope oft als „Säbelantilope" bezeichnet. Die Säbelantilope ist jedoch eine nordafrikanische Unterart des Spießbocks.

3 Pferdeantilope Roan Antelope *Hippotragus equinus* (Bovidae)

KR 2,20–2,65 m G 225–300 kg
Merkmale Pferdeähnlich; ähnlich Rappenantilope, aber etwas größer; auffällig lange, schmale „Pinselohren"; mit Widerrist- und Vorderhalsmähne; Fellfarbe grau bis fahl rötlichbraun, Männchen mit braunschwarzer Gesichtsmaske.

Vorkommen In Kenia und Uganda selten; in Tanzania streckenweise häufig. In offener Baumsavanne, stets in der Nähe von Wasser.
Wissenswertes Pferdeantilopen leben in Herden von 5–25 Tieren, die von einem alten Weibchen angeführt und von einem alten Männchen begleitet werden.

4 Leierantilope Topi *Damaliscus lunatus* (Bovidae)

KR 1,50–2,05 m G 75–160 kg
Merkmale Mindestens drei Unterarten, die häufigste ist das **Topi** *(Damaliscus l. topi)*: hirschgroß; Rücken stark abfallend; Körperfarbe purpurrotbraun mit Seidenglanz; Nasenrücken und Schwanzquaste schwarz; Ober- und Unterschenkel bläulichschwarz, Beinunterteile gelbbraun; beide Geschlechter mit Hörnern.
Vorkommen In Kenia in den Küstengebieten und Nordprovinzen; in Tanzania südlich des Lake Rukwa weit verbreitet; in Uganda im Nordosten und Südwesten. In offenen Gras- und Buschsavannen.
Wissenswertes Leierantilopen leben gesellig, oft in großen Herden. In Kenia lebt östlich des Tana-Flusses die **Hunters Leierantilope** *(Damaliscus l. hunteri)*, in Nordturkana der **Tiang** *(D. l. tiang)*, in Uganda und Nordtanzania die **Jimela** *(D. l. jimela)*.

5 Spießbock Oryx *Oryx gazella* (Bovidae)

KR 1,60–2,35 m G 55–225 kg
Merkmale Großrahmig; mit langen Hörnern in beiden Geschlechtern; der **Ostafrikanische Spießbock** *(Oryx g. beisa)* ist blaßgrau mit rötlichem Anflug, Aalstrich, Flanken- und Kehlstreif schwarz, Gesichtszeichnung kontrastreich; der **Büschelohr-Spießbock** *(O. g. callotis)* ist gelblicher und hat schwarze Ohrbüschel.

Vorkommen *Oryx g. beisa* in Kenia nördlich des Tana-Flusses; *Oryx g. callotis* südlich davon bis nach Nordtanzania. In offenen Landschaften, Savannen, Halbwüsten und Wüsten, z.T. unabhängig vom Wasser.
Wissenswertes Spießböcke sind mancherorts sehr scheu. Sie leben einzeln (Bullen) oder in Herden von zwölf oder mehr Tieren zusammen.

Säugetiere

1 Strauß Ostrich *Struthio camelus* (Struthionidae)

L 2,10–2,40 m

Merkmale Größter lebender Vogel, bis 150 kg schwer; flugunfähig; kräftig ausgebildete Beine, an jedem Fuß nur zwei Zehen; große Hornplatten auf der Vorderseite der Läufe; Hals lang; Kopf klein; Beine kahl, Kopf und Hals spärlich befiedert; Gefieder des Männchens überwiegend schwarz, Weibchen und unausgefärbte Vögel bräunlich gefärbt; Jungvögel hell graubraun mit schwarzen Längsstreifen; der **Somalistrauß**, *Struthio c. molybdophanes* (1a), hat einen blauen Hals und blaue Beine; der **Massaistrauß**, *Struthio c. massaicus* (1b), hat einen roten Hals und rote Beine; Stimme: im allgemein stumm; während der Brutzeit geben die Hähne ein dumpfes Grollen von sich, das an entferntes Löwenbrüllen erinnert.

Vorkommen Der Somalistrauß lebt in Nordkenia nördlich des Tana-Flusses, in Somalia und Nordost-Uganda, der Massaistrauß südlich des Tana-Flusses bis nach Tanzania. In offenen Savannen, Halbwüsten und Wüsten mit spärlicher Vegetation.

Wissenswertes Strauße können 40 bis 50 Jahre alt werden. Weibchen werden mit zwei, Männchen mit vier Jahren geschlechtsreif. Sie leben zur Brutzeit paarweise. Die Altvögel haben kaum Feinde, doch die Jungen fallen Leoparden, Hyänen, Schakalen und gelegentlich Greifvögeln zum Opfer. Der Schmutzgeier kann Straußeneier mit einem Stein aufbrechen, Schakale rollen die Eier gegeneinander bis sie bersten. Straußeneier wiegen ungefähr 1 kg, ihr Inhalt entspricht dem von mehr als 20 Hühnereiern.

2 Zwergtaucher Dabchick *Tachybaptus ruficollis* (Podicipedidae)

L 23–29 cm

Merkmale Ein kleiner Lappentaucher; Gesicht und Hals im Brutkleid kastanienrot, Rücken und Brust dunkel, Seiten bräunlichgrau; Vögel im Ruhekleid ohne Rot am Hals. Stimme: ein auf- und absteigender Triller.

Vorkommen Eine häufige Art in allen geeigneten Biotopen in ganz Ostafrika. An Süß- und Brackwasserseen, Tümpeln und langsam fließenden Flüssen; selten an der Küste, häufig an allen Seen des Ostafrikanischen Grabens.

Wissenswertes Der Zwergtaucher baut ein Schwimmnest aus abgestorbenen Wasserpflanzen. Das Gelege besteht aus zwei bis vier Eiern. Zwergtaucher treten gewöhnlich paarweise oder in kleinen Gruppen auf. Der etwas größere **Schwarzhalstaucher** *(Podiceps nigricollis)* ist ein seltener Bewohner der ostafrikanischen Seen.

3 Rosapelikan White Pelican *Pelecanus onocrotalus* (Pelecanidae)

L 1,50–1,75 m

Merkmale Spannweite fast 3 m; weiß, im Brutkleid mit rosa Anflug; nackte Gesichtshaut beim Männchen rosa, beim Weibchen orangerot; Schnabel graurot, gelb und bläulich mit einem roten „Nagel" an der Spitze; oberhalb des Oberschnabelansatzes während der Brutzeit ein orangeroter „Knubbel"; im Flug werden die schwarzen Handschwingen sichtbar; Segelflug in thermischen Aufwinden, Ruderflug mit langsamen Flügelschlägen; der Kopf wird im Flug stark zurückgelegt getragen; größer als der **Rötelpelikan** *(Pelecanus rufescens)*, der in Ostafrika nicht selten ist; er hat ein blaßgraues Gefieder, einen nur im Flug sichtbaren weinrosa Bürzel und einen deutlichen Nackenschopf; Stimme: nur zischende, fauchende und grunzende Laute am Brutplatz.

Vorkommen Süß- und Salzwasser in ganz Ostafrika, selten an der Küste. Große Brutkolonien am Lake Rukwa in Südtanzania, häufig am Lake George und Lake Edward in Westuganda sowie am Lake Nakuru in Kenia; bis zu 5.000 Paare brüten am Lake Elmenteita in Zentralkenia; weitere Brutkolonien am Lake Natron und Lake Manyara; zahlreiche Wanderbewegungen zwischen den Seen.

Wissenswertes Rosapelikane sind am Brutplatz sehr scheu und verlassen bei der geringsten Störung das Nest. Die Brutdauer beträgt etwa 30 Tage. Die Jungen werden nackt geboren, später mit schwarzem Dunengefieder. Nach vier Wochen brechen die ersten Federn durch. Schon mit drei bis vier Wochen können die Jungen sich bei Gefahr ins Wasser flüchten. Sie werden mit 14 Wochen selbständig.

1 Weißbrustkormoran White-breasted Cormorant *Phalacrocorax carbo* (Phalacrocoracidae)

L 92 cm

Merkmale Der **Weißbrustkormoran** (*Phalacrocorax c. lucidus*) ist die afrikanische Unterart des Kormorans; Oberkopf, Hinterhals und Oberseite schwarz mit grünlichem Schimmer; Gesicht, Vorderhals und Brust weiß, übrige Unterseite ebenfalls schwarz; im Brutkleid weiße Flecken in der Nähe des Beinansatzes; Schnabel gelb.

Vorkommen An Binnengewässern in ganz Ostafrika.

Wissenswertes Beim Schwimmen liegt der Weißbrustkormoran wie alle Kormorane tief im Wasser. Dabei hält er den Schnabel schräg nach oben. Er ist ein guter Taucher und bleibt bis zu 45 Sekunden unter Wasser. Nach dem Tauchgang halten die sitzenden Vögel ihre Flügel oft ausgebreitet, um sie zu trocknen. Sie brüten in lockeren Kolonien von mehreren Hundert Tieren auf Bäumen oder steilen Felsen. Das Gelege besteht aus 3–4 Eiern.

2 Schlangenhalsvogel Darter *Anhinga rufa* (Anhingidae)

L 95 cm

Merkmale Wirkt wie ein langhalsiger Kormoran mit langem Schwanz, hat aber einen dolchartigen Schnabel ohne Haken; Hals S-förmig gebogen; rotbraun mit weißen Seitenstreifen; Unterseite schwarz.

Vorkommen In Ostafrika sehr häufig. An Süßwasserseen und langsam fließenden großen Flüssen.

Wissenswertes Schlangenhalsvögel fliegen schwerfälliger als Kormorane. Sie ernähren sich von Fischen und anderen Süßwassertieren. Beim Schwimmen tauchen sie gelegentlich mit dem ganzen Körper unter Wasser, so daß nur der Schnabel herausschaut. Größere Fische harpunieren sie mit dem spitzen Schnabel. Sie werden über Wasser gebracht, in die Luft geworfen und mit dem Kopf voran verschluckt. Wie die Kormorane müssen die Schlangenhalsvögel die Federn nach jedem Tauchgang – meist mit abgespreizten Flügeln – an der Luft trocknen.

3 Schwarzhalsreiher Black-headed Heron *Ardea melanocephala* (Ardeidae)

L 95 cm

Merkmale Ein wenig kleiner als Fischreiher; grau, schwarz und weiß gefärbt; mit schwarzem Hals und Scheitel; kein Rostrot im Gefieder.

Vorkommen Häufiger Standvogel in ganz Ostafrika. An Binnen- und Küstengewässern, oft auch weit entfernt vom Wasser auf Grasländern, Feldern und Lichtungen.

Wissenswertes Der Schwarzhalsreiher nistet ähnlich wie der Fischreiher kolonieweise in hohen Bäumen nahe dem Wasser oder in Schilfbeständen. Der Horst ist sehr groß. Das Gelege besteht aus zwei bis vier bläulichen oder grünlichen Eiern, die 25–28 Tage bebrütet werden. Die Nahrung besteht vorwiegend aus Fröschen und Insekten, seltener aus Fischen.

4 Fischreiher Grey Heron *Ardea cinerea* (Ardeidae)

L 90–100 cm

Merkmale Groß und grau; Hals weiß, Schnabel gelb; vom Purpurreiher durch das Fehlen von Rot, vom Schwarzhalsreiher durch weißen Scheitel und Hals unterschieden; unausgefärbte Fischreiher haben eine dunkel gestreifte Unterseite. Stimme: verschiedene krächzende Laute am Brutplatz.

Vorkommen Standvogel und Wintergast in ganz Ostafrika. An Binnengewässern und Küsten. Nirgendwo häufig; regelmäßig am Lake Naivasha sowie am Lake George und Lake Edward.

Wissenswertes Reiher haben im Gegensatz zu vielen anderen Vögeln keine Bürzeldrüse, die Fett abgibt. Sie reiben sich stattdessen mit dem Puder ihrer „Puderdunen" ein, das sind Federn, deren Spitzen allmählich zu feinem Puder zerfallen. Auch so bleibt ihr Gefieder wasserabstoßend. Wie die meisten Reiher ist der Fischreiher ein „Lauerjäger": Er pirscht seine Beute vorsichtig an oder belauert sie auf dem „Anstand". Der Hals ist S-förmig zurückgebogen. Aus dieser Position kann der Kopf blitzschnell nach vorn geschleudert werden, um ein Beutetier zu packen.

Vögel

1 Purpurreiher Purple Heron *Ardea purpurea* (Ardeidae)

L 75–90 cm
Merkmale Kleiner als Fischreiher; grau und rotbraun gefärbt mit rotem Hals in allen Altersstadien; Scheitel schwarz.
Vorkommen In ganz Ostafrika. In Sümpfen, Schilf- und Papyrusbeständen. Häufig in Südtanzania, am Lake Naivasha und am Lake Kyoga.
Wissenswertes Der Purpurreiher lebt häufiger als andere Reiherarten in Schilfbeständen. Mit seinen besonders langen Zehen kann er die Riedhalme gut umgreifen. Seltener als andere Reiher watet er mit seinen relativ kurzen Beinen daher im freien Wasser, sondern fischt lieber an kleinen Wasserläufen vom Ufer aus.

2 Goliathreiher Goliath Heron *Ardea goliath* (Ardeidae)

L 1,37–1,50 m
Merkmale Der größte afrikanische Reiher; an Größe, grauer Oberseite und rostroter Farbe von Kopf, Hals und Unterseite erkennbar; Stimme: ein lautes, tiefes „äärk".
Vorkommen In ganz Ostafrika, jedoch nirgends häufig. An Binnen- und Küstengewässern. Am Lake Naivasha, am Lake Edward und in der Rukwa-Region in Tanzania.
Wissenswertes Der Goliathreiher erbeutet bis zu 1 kg schwere Fische mit seinem 20 cm langen Schnabel. Er nistet im Papyrusdickicht oder auf Bäumen teils einzeln, teils in kleinen Kolonien.

3 Silberreiher Great White Egret *Casmerodius albus* (Ardeidae)

L 85–90 cm
Merkmale Der größte der weißen Reiher Afrikas; Beine vollständig schwarz; Schnabel zur Brutzeit schwarz, sonst gelb; vom kleineren Mittelreiher durch eine dunkle Linie am Schnabelgrund unterschieden, die sich bis 1 cm hinter das Auge erstreckt; der Seidenreiher hat gelbe Füße; Stimme: ein krächzendes „ärk".
Vorkommen Überall in Ostafrika, aber selten. In Sümpfen, an Seeufern und Meeresküsten. Zahlreich in der Reiherkolonie von Gaarsen am Tana-Fluß in Kenia.
Wissenswertes Im Brutkleid bildet der Silberreiher Schmuckfedern aus. Diese Federn waren als Hutschmuck überaus begehrt. Für den Federumsatz eines einzigen Jahres wurden fast 200.000 Reiher getötet!

4 Seidenreiher Little Egret *Egretta garzetta* (Ardeidae)

L 64 cm
Merkmale Erheblich kleiner als Silberreiher; in allen Gefiederstadien weiß gefärbt; Schnabel schwarz; schwarze Füße mit auffällig gelben Zehen; im Brutkleid mit verlängerten Genickfedern; Stimme: ein kurzes krächzendes Quaken.
Vorkommen Überall in Ostafrika, jedoch nirgends häufig. An Flüssen, in Sümpfen, Überflutungsgebieten, Mangrovensümpfen und an der Meeresküste.
Wissenswertes Manchmal tritt beim Seidenreiher eine graue oder teilweise graue Farbvariante auf. Der Seidenreiher schleicht sich auf der Jagd an seine Beutetiere an und schnappt dann plötzlich zu. Kleine Beutetiere scheucht er durch Zittern mit einem Fuß auf.

5 Mittelreiher Yellow-billed Heron *Egretta intermedia* (Ardeidae)

L 70 cm
Merkmale Größer als Seidenreiher; Gefieder einheitlich weiß; Schnabel derb, gelb; Beine schwarz mit Ausnahme eines kleinen gelben Flecks oberhalb des Fersengelenks; die schwarze vom Schnabelgrund ausgehende Linie endet auf Augenhöhe; Stimme: verschiedene krächzende Laute am Brutplatz.
Vorkommen Regional durchaus häufig in ganz Ostafrika. In Sümpfen, an Seeufern, Flüssen und Meeresküsten.
Wissenswertes Der Mittelreiher ist vom Silberreiher durch die geringere Größe und den kürzeren, klobigeren Schnabel zu unterscheiden. Er jagt vom Ufer aus oder im flachen Wasser stehend.

Vögel

1 Rallenreiher Squacco Heron *Ardeola ralloides* (Ardeidae)

L 45 cm

Merkmale Untersetzt; Hals, Schnabel und Beine verhältnismäßig kurz; Schnabel gelb mit schwarzer Spitze, zur Brutzeit kräftig blau; Gefieder unscheinbar rötlichbraun, im Flug leuchten die weißen Flügel auf; Jungvögel kräftig dunkelbraun gestreift.

Vorkommen In den meisten Gegenden Ostafrikas häufig. In dichter Ufervegetation von Seen, Marschgebieten und Sümpfen.

Wissenswertes Der Rallenreiher kann gewandt durch Schilfbestände schlüpfen und – wie ein Blaustirnblatthühnchen – auf den Schwimmblättern der Teichrose laufen.

2 Nachtreiher Black-crowned Night Heron *Nycticorax nycticorax* (Ardeidae)

L 60 cm

Merkmale Gedrungen; grauweiß mit schwarzer Oberseite und schwarzem Scheitel; Jugendkleid weißbraun gefleckt; Beine kurz; stark verlängerte Nackenfedern; außerhalb der Brutzeit überwiegend nachtaktiv.

Vorkommen Häufig in Südtanzania und am Lake Kyoga; in Kenia zerstreut, häufig am Lake Naivasha. In Marschland, Sümpfen, Mangrovensümpfen, an Seen und Flüssen.

Wissenswertes Der Nachtreiher wird sehr oft übersehen, weil er überwiegend nachtaktiv und tagsüber im Dickicht und im Schilf verborgen ist. Die Brutkolonien dieser Art sind zuweilen recht klein und umfassen nicht mehr als zehn Nester.

3 Kuhreiher Cattle Egret *Bubulcus ibis* (Ardeidae)

L 54 cm

Merkmale Kleiner, kurzbeiniger und gedrungener als Seidenreiher; Beine gelblich oder fleischfarben; im Ruhekleid ganz weiß mit gelbem Schnabel; im Brutkleid sind Scheitel, Rücken und Brust gelblich oder rötlich angehaucht; oft mit Rindern oder Großsäugern vergesellschaftet.

Vorkommen In fast allen Teilen von Ostafrika häufig. Auf Grasland, Weideland, in Sümpfen und an Seeufern.

Wissenswertes Der Kuhreiher brütet in zum Teil riesigen Kolonien. Er hat sich in den letzten 100 Jahren nicht nur in Afrika stark vermehrt, sondern sich auch nach Südamerika hin ausgebreitet.

4 Hammerkopf Hammerkop *Scopus umbretta* (Scopidae)

L 56 cm

Merkmale Einheitlich dunkelbraunes Gefieder; der Kopf mit dem seitlich zusammengepreßten Schnabel und dem Federschopf sieht einem Schusterhammer ähnlich.

Vorkommen In Ostafrika lückenhaft verbreitet, an geeigneten Stellen auch häufiger. Stets in der Nähe von Wasser, an langsam fließenden Bächen und Flüssen.

Wissenswertes Der Hammerkopf baut ein riesiges Nest aus Ästen und Zweigen mit einer Brutkammer aus Lehm in der Mitte. Der Hammerkopf hat Puderdunen wie die Reiher und keine Bürzeldrüse.

5 Marabu Marabou Stork *Leptoptilos crumeniferus* (Ciconiidae)

L 1,5 m

Merkmale Unverkennbar durch enorme Größe, mächtigen Schnabel und großen, fleischfarbenen Kehlsack; Oberseite und Flügel grau, Unterseite weiß; weiße Halskrause; Beine schwärzlich, manchmal mit weißem Überzug dort Bekoten. Stimme: manchmal ein krächzendes Fauchen; klappert mit dem Schnabel.

Vorkommen In Ostafrika häufig; am Aas oft zusammen mit Geiern.

Wissenswertes Der Marabu nistet in kleinen Kolonien auf Bäumen, vor allem auf Akazien. Am Aas setzt er sich mit seinem kräftigen Schnabel gegen Geier und andere Konkurrenten durch. Er erbeutet aber auch lebende Tiere: Fische, junge Krokodile und vor allem junge Vögel. Viele Tiere sind Dauergäste an Müllkippen und lauern dort auf Freßbares. Der Marabu hat zusammen mit dem Sunda-Marabu und dem Kondor die größte Flügelspannweite unter allen Landvögeln.

Vögel

1 Hagedasch Hadada Ibis *Bostrychia hagedash* (Threskiornithidae)

L 75 cm

Merkmale Ein dunkel olivbrauner bis olivgrauer Vogel mit metallisch grün schimmernden Flügeln und Rücken; Unterseite, Hals und Kopf etwas blasser; ein hellgrauer Streifen reicht vom Schnabelgrund bis hinter das Ohr; Beine schmutzig rot; Stimme: ein durchdringendes unverwechselbares „hagadah" mit Betonung auf der letzten Silbe, einer der bekanntesten Vogellaute in Afrika.

Vorkommen In Ostafrika verbreitet und ziemlich häufig. Bewohnt Sumpfgelände, Busch- und Baumsavannen sowie Weideland, bevorzugt in der Nähe von Wasser.

Wissenswertes Im Bergwald des Mt. Kenya und der Aberdares in Kenia sowie des Mt. Kilimanjaro in Tanzania lebt der **Guinea-Ibis** *(Bostrychia olivacea)*, der einen Schopf trägt. Der ähnliche **Braune Sichler** *(Plegadis falcinellus)* ist kleiner und dunkler gefärbt.

2 Heiliger Ibis Sacred Ibis *Threskiornis aethiopicus* (Threskiornithidae)

L 85 cm

Merkmale Überwiegend weiß mit nacktem, schwarzem Hals und Kopf; Schnabel ebenfalls schwarz, lang und abwärts gebogen; purpurschwarze Schmuckfedern am Hinterrücken, die aber Jungvögeln fehlen; im Flug fallen die dunklen Säume der Schwingen auf.

Vorkommen In Ostafrika häufig an flachen Binnengewässern, Sümpfen und auf Weiden; auch an der Küste.

Wissenswertes Der Heilige Ibis wurde in Ägypten als Verkörperung des Gottes Thoth, dem Gott der Weisheit, verehrt. In Sakkara bei Kairo sind Ibisfriedhöfe mit teils gut erhaltenen Mumien gefunden worden.

3 Afrikanischer Löffler African Spoonbill *Platalea alba* (Threskiornithidae)

L 91 cm

Merkmale Erinnert von weitem an einen weißen Reiher; blaugrauer Löffelschnabel und rote Färbung der Gesichtshaut und der Beine; Flug mit ausgestrecktem Hals.

Vorkommen In fast ganz Ostafrika. An Seen, in Sümpfen und im Marschland.

Wissenswertes Der Afrikanische Löffler sucht seine Nahrung meist im seichten Wasser oder im Schlick. Er brütet in Baumnestern, aber auch in Schilfbeständen. Manchmal erscheint der europäische Löffler als Wintergast in Ostafrika. Er hat schwarze Beine und kein rotes Gesicht.

4 Zwergflamingo Lesser Flamingo *Phoenicopterus minor* (Phoenicopteridae)

L 100 cm

Merkmale Gefieder rosarot; Schnabel dunkelrot mit schwarzer Spitze; Jungvögel anfangs bräunlich, später weiß; Stimme: sehr ähnlich der des Flamingos.

Vorkommen Manchmal gewaltige Mengen am Lake Nakuro, Bogoria und Elmenteita in Kenia sowie am Lake Natron in Tanzania. An Brackwasserseen.

Wissenswertes Der Zwergflamingo filtriert mit seinem Schnabel, der zahlreiche Lamellen im Inneren hat, Algen aus den oberen Wasserschichten heraus. Zusammen mit der dickfleischigen Zunge bilden diese Lamellen einen sehr effektiven Seihapparat. Spektakulär ist die Massenbalz dieser Vogelart. Wie auf Kommando bewegen sich Hunderte der Vögel mit gereckten Hälsen auf und ab.

5 Flamingo Greater Flamingo *Phoenicopterus ruber* (Phoenicopteridae)

L 1,40 m

Merkmale Weiß mit einem rosa Schimmer; Flügeldecken und Achselfedern leuchtend rot, Schwungfedern schwarz; rosa Schnabel mit schwarzer Spitze; Beine grau; Stimme: nasales Schnattern, gänseartig trompetende Schreie.

Vorkommen In Ostafrika in wechselnder Zahl an allen Brackwasserseen; brütet z.B. am Lake Elementeita in Kenia und am Lake Natron in Tanzania.

Wissenswertes Flamingos sind sehr gesellig. Sie treten meist mit Zwergflamingos vergesellschaftet auf.

Vögel

1 Sattelstorch Saddlebill Stork *Ephippiorhynchus senegalensis* (Ciconiidae)

L 1,5 m

Merkmale Unverkennbar durch seine Größe, den mächtigen bunten Schnabel und das schwarzweiße Gefieder; im Flug fallen die weißen Arm- und Handschwingen sehr auf; beide Geschlechter sind gleich gefärbt, doch hat das Männchen eine braune, das Weibchen eine gelbe Iris; Schnabel schwarz und rot mit gelbem Sattel (Name!); Beine schwarz, Gelenke und Zehen rötlich fleischfarben; auf der Brust ein roter Fleck.

Vorkommen In Ostafrika nirgends häufig; in Uganda und Tanzania regelmäßig, aber zerstreut, in Kenia selten. An großen Flüssen sowie Ufern von Seen und Tümpeln.

Wissenswertes Sattelstörche brüten in großen Horsten auf hohen Bäumen oder Felsen in Wassernähe. Das Gelege besteht aus meist drei Eiern. Der Sattelstorch sucht seine Beute in seichtem Wasser oder niedriger Sumpfvegetation watend. Er frißt Fische, Frösche, Kleinsäuger und junge Vögel.

2 Klaffschnabel Open-billed Stork *Anastomus lamelligerus* (Ciconiidae)

L 90 cm

Merkmale Einheitlich schwarz mit großem, dunklem Schnabel; Ober- und Unterschnabel klaffen in der Mitte auseinander, auch wenn der Schnabel „geschlossen" ist; Geschlechter gleich; unausgefärbte Jungvögel ähnlich den Altvögeln, bei ihnen „klafft" der Schnabel in der Mitte noch nicht.

Vorkommen Streckenweise in Ostafrika häufig, z.B. an den Seen Ugandas und des südlichen Tanzanias. An langsam fließenden Flüssen mit Flachwasserzonen, in Sümpfen und Marschländern; sein Vorkommen ist abhängig von der Anwesenheit bestimmter Süßwassermollusken, z.B. einer Sumpfdeckelschneckenart, Arten der Wasserschneckengattung *Lanistes* und mehreren Süßwassermuschelarten, von denen er sich überwiegend ernährt.

Wissenswertes Die Schneidenränder des auffällig klaffenden Schnabels sind mit Hornborsten besetzt. Der Vogel kann damit nicht nur Frösche und Fische greifen, sondern auch Muscheln und Schnecken öffnen.

3 Wollhalsstorch Woolly-necked Stork *Ciconia episcopus* (Ciconiidae)

L 85 cm

Merkmale Ein kleinerer Storch mit schwarz glänzendem Gefieder, weißem Bauch und wollig befiedertem weißen Hals; Stirn schwarz; im Flug überragen die weißen Unterschwanzdecken die schwarzen Schwanzfedern; Schnabel schwarz mit roter Spitze und rotem First; Beine schwärzlich.

Vorkommen In Ostafrika zerstreut; am häufigsten noch an großen Binnenseen in Uganda und entlang der Küste von Kenia und Tanzania. An Ufern flacher Seen und an alten Korallenriffen vor der Küste.

Wissenswertes Der Wollhalsstorch tritt meist einzeln auf. In der Savanne wird er von Steppenfeuern angezogen. Der ähnliche, sehr gesellige **Abdimstorch** (*Ciconia abdimii*) mit schwarzem Hals und blaugrauen Wangen sucht Ostafrika überwiegend in der Zugzeit von April bis Oktober auf.

4 Nimmersatt Yellow-billed Stork *Mycteria (Ibis) ibis* (Ciconiidae)

L 100 cm

Merkmale Ein mittelgroßer, rosaweiß gefärbter Storch mit schwarzen Schwingen und schwarzem Schwanz; Gefieder im Brutkleid auf Rücken und Flügeln tief rosa mit leichtem Purpurhauch; Schnabel nach unten gebogen und gelb; Gesicht nackt und rot; Beine fleischfarben; Jungvögel bräunlicher.

Vorkommen Häufiger Brutvogel in Ostafrika. Bewohnt Binnengewässer mit flachen Ufern, gelegentlich an der Küste.

Wissenswertes Nimmersatte waten bei der Nahrungssuche gemächlich im Wasser. Dabei stecken sie den geöffneten Schnabel bis zum Kopf ins Wasser und tasten so nach Fischen, die dann geschnappt werden. Gelegentlich beschatten sie mit ausgebreiteten Flügeln ihre „Jagdzone", damit sie die Beute besser erkennen können. Sie begleiten aber auch fernab vom Wasser weidende Tiere und fressen die von ihnen aufgeschreckten Insekten.

Vögel

1 Nilgans Egyptian Goose *Alopochen aegyptiacus* (Anatidae)

L 60–70 cm
Merkmale Aus der Entfernung überwiegend hellbraun, auf dem Rücken rötlichbraun; auffällige rein weiße Oberflügeldecken und grün schillernde Armschwingen; Stimme: gänseähnliche, quakende Laute, bei Erregung zischende Laute; ruft mit ausgestrecktem Hals.
Vorkommen Überall in Ostafrika häufig an Binnengewässern, insbesondere den Seen des Ostafrikanischen Grabens; außerhalb der Regenzeit auch auf offenen Grasflächen.
Wissenswertes Zur Brutzeit verteidigen die Ganter dieser Art ihr Revier hartnäckig gegen Artgenossen. Die Weibchen brüten in verlassenen Horsten großer Vögel auf Bäumen und Felsklippen.

2 Rotbrustzwerggans oder Afrikanische Zwerggans
African Pygmy Goose *Nettapus auritus* (Anatidae)

L 31–35 cm
Merkmale Ähnelt eher einer kleinen Ente; Hinterkopf und Rücken dunkelgrün, Gesicht, Hals und Bauch weiß, Brust und Flanken orangebraun; im Flug mit einer weißen Flügelbinde; Männchen mit orangegelbem Schnabel; Stimme: selten zu hörender zwei- oder dreisilbiger Pfiff.
Vorkommen In Kenia selten, in Süd- und Nordwest-Tanzania häufiger, guter Bestand auf dem Lake Kyoga in Uganda. An Süßwasserseen, Altarmen und Tümpeln mit dichtem Wasserpflanzenbewuchs.
Wissenswertes Die Zwerggans verhält sich wie eine kleine Ente. Sie taucht, schwimmt und fliegt sehr gut. Gewöhnlich lebt sie paarweise oder in kleinen Gruppen zwischen Seerosen und anderen Wasserpflanzen. Sie setzt sich gern auf Bäume und brütet in Baumhöhlen. Andere Brutplätze sind Höhlen in Felsen, Termitenhügel und verlassene Nester großer Vogelarten. Das Gelege enthält 7–10 Eier. Die Nahrung besteht aus Wasserpflanzen und Kleintieren, die sie schwimmend oder tauchend aufnimmt.

3 Sporengans Spur-winged Goose *Plectropterus gambensis* (Anatidae)

L 80–100 cm
Merkmale Eine große Gans, die bis zu 6,5 kg wiegen kann; Männchen deutlich größer als Weibchen; metallisch schimmernde schwarze Oberseite, Bauch weiß; ein federloser, dunkel rosafarbener Gesichtsfleck; Schnabel dunkel fleischfarben; Jungvögel mit befiedertem Gesicht; am Flügelbug spitze Knochenauswüchse, mit denen die Tiere ihre Gegner durchaus verletzen können.
Vorkommen An fast allen Seen des Ostafrikanischen Grabens; häufig im Westen von Uganda und Tanzania. An Binnengewässern und in Sümpfen, auf Schwemmland entlang großer Flüsse.
Wissenswertes Die Sporengans verhält sich meist scheu und vorsichtig und geht vor allem in den frühen Morgen- und späten Abendstunden auf Futtersuche. Die Nahrung besteht aus grünen Pflanzenteilen, Wasserinsekten, Schnecken, Muscheln und Würmern. Das Jahr über leben Sporengänse durchaus gesellig, zur Brutzeit errichten die Männchen Territorien, die sie hartnäckig verteidigen.

4 Maccoa-Ente oder Afrikanische Ruderente Maccoa Duck *Oxyura maccoa* (Anatidae)

L 40 cm
Merkmale Eine mittelgroße Tauchente, die auffällig tief im Wasser liegt; Männchen (4a) mit leuchtend rostbraunem Rücken und ebenso gefärbten Flanken, schwarzem Hals und Kopf und kobaltblauem Schnabel; Weibchen (4b) unauffällig graubraun mit einem undeutlichen Wangenstreifen; Stimme: meist stumm, in der Brutzeit tiefe quarrende Töne.
Vorkommen In Ostafrika v.a. am Lake Elmenteita, Naivasha und Nakuro in Kenia sowie auf den Seen des Kraterhochlandes in Nordtanzania. An Binnenseen mit Süß- und Brackwasser mit Ried-, Binsen- und Papyrusbeständen.
Wissenswertes Die Art ist gewöhnlich ziemlich scheu. Das Weibchen legt das Nest aus Blättern, Schilf und Gras am Boden an.

1 Glanzente oder Glanzgans Knob-billed Goose *Sarkidiornis melanotos (Anatidae)*

L Männchen 70–79 cm, Weibchen 55–64 cm

Merkmale Eine große Ente; Männchen deutlich größer als Weibchen; Gefieder überwiegend weiß; Rücken schwarz mit metallischem Schimmer, Kopf schwarz gepunktet; Männchen mit Höcker auf dem Oberschnabel; Schnabel und Beine schwarz.

Vorkommen In Ostafrika mit wechselnder Häufigkeit. An Binnenseen und in Sümpfen mit Teichen.

Wissenswertes Die Glanzente hält sich gern auf den uferfernen Wasserflächen großer Seen auf. Sie hat scharfe Krallen, die ihr ein Klettern in Bäumen ermöglichen. Sie brütet gewöhnlich in Baumhöhlen nahe dem Wasser, manchmal bis zu einem Kilometer davon entfernt. Das Gelege enthält sehr viele Eier, manchmal mehr als 20. Man nimmt daher an, daß die Art polygam ist: Ein Männchen soll bis zu drei Weibchen haben.

2 Kapente Cape Wigeon *Anas capensis (Anatidae)*

L 44–48 cm

Merkmale Eine kleine untersetzte Ente mit hellem, kräftig gefleckten Gefieder; Schnabel rosarot; Geschlechter gleich; kann leicht mit der Rotschnabelente verwechselt werden; Stimme: meist stumm, das Männchen läßt gelegentlich einen Pfiff ertönen, das Weibchen ein Quaken.

Vorkommen Ziemlich häufig auf den meisten Brackwasser- oder Sodaseen des Ostafrikanischen Grabens; in Kenia u. a. auf dem Lake Elmenteita, Nakuro und Rudolf.

Wissenswertes Zur Brutzeit verteidigen die Paare ein Nistrevier. Das Weibchen verbirgt das Nest auf dem Boden im hohen Gras und polstert es mit trockenen Grashalmen aus. Das Gelege besteht aus sechs bis neun gelbbraunen Eiern. Die weibliche Kapente brütet allein, wobei die Brutdauer 27 Tage beträgt. Der Erpel ist jedoch bei der Führung der Küken beteiligt. Kapenten sind wenig scheu. Ihre Nahrung besteht aus grünen Pflanzenteilen, Insektenlarven und kleinen Weichtieren.

3 Rotschnabelente Red-billed Duck *Anas erythrorhyncha (Anatidae)*

L 37 cm

Merkmale Eine mittelgroße, graubraune Ente mit dunklem Scheitel, der absticht von den hellen Wangen; auffallend roter Schnabel; großer, im Flug sehr auffälliger rosabräunlicher Flügelspiegel; die Kapente hat auch einen roten Schnabel, aber nicht diesen Flügelspiegel und die dunkle „Kappe"; Stimme: ein weiches Pfeifen des Männchens und ein Quaken des Weibchens.

Vorkommen Eine häufige Art, besonders an den Seen des Ostafrikanischen Grabens. An Süß- und Brackwasserseen.

Wissenswertes Rotschnabelenten halten sich vorwiegend auf kleinen flachen Wasserstellen und im Uferbereich von Seen auf. Häufig erscheinen sie in Reisfeldern. Das Weibchen legt fünf bis acht gelblich gefärbte Eier in das mit Gras und Daunen gepolsterte Bodennest.

4 Gelbschnabelente Yellow-billed Duck *Anas undulata (Anatidae)*

L 51–58 cm

Merkmale Eine stockentengroße Gründelente, die von allen anderen afrikanischen Enten am dunkelgrauen Gefieder und am gelben Schnabel zu unterscheiden ist; Kopf und der schlanke Hals sind noch einmal dunkler als der Körper; im Flug mit weißlichen Unterflügeln und bläulichgrünem Spiegel mit weißer Vorder- und Hinterkante; nördlich des Äquators kommt in Ostafrika eine besonders dunkle Form der Gelbschnabelente vor; Stimme: quakende Rufe.

Vorkommen In Ostafrika nicht selten, aber auf wenige Lebensräume beschränkt. Im Binnenland an Feuchtgebieten unterschiedlichster Art, meidet salzige Küstengewässer.

Wissenswertes Die Gelbschnabelente ist auf ruhigen Gewässern häufig anzutreffen. Außerhalb der Brutzeit sind Gelbschnabelenten gesellig und schließen sich zu Schwärmen zusammen. Sie suchen ihre Nahrung im Wasser gründelnd oder am Ufer grasend. Wird die Gelbschnabelente aufgescheucht, fliegt sie hoch und weit fort.

Vögel

1 Sekretär Secretary Bird *Sagittarius serpentarius* (Sagittariidae)

L 100 cm

Merkmale Ein großer blaßgrauer Greifvogel mit langen Stelzbeinen, stark verlängerten mittleren Steuerfedern und einem Federschopf; Gesicht nackt, orangegelb; Wachshaut grünlichgelb; Füße fleischfarben; Stimme: ein froschartiges Quarren bei der Balz, am Rastplatz miauende Rufe.

Vorkommen In ganz Afrika südlich der Sahara bis auf die Regenwaldgebiete. In offenen Savannen, Busch- und Farmland.

Wissenswertes Seinen Namen verdankt der Sekretär vielleicht den langen Kopffedern, die am Hinterkopf hervorragen wie der Federkiel hinter dem Ohr eines Bürobeamten. Er jagt Heuschrecken, Schlangen und Mäuse, die er mit Fußtritten irritiert und aus ihren Verstecken heraustreibt. Sekretäre sind gute Flieger und können im Aufwind hervorragend segeln. Der Horst wird auf manchmal sehr niedrigen Bäumen oder Büschen angelegt.

2 Ohrengeier Lappet-faced Vulture *Torgos tracheliotus* (Accipitridae)

L 98–105 cm

Merkmale Ein sehr großer, dunkelbrauner Geier mit massigem Schnabel; Spannweite bis fast 3 m; Altvögel mit fleischroten Hautfalten am unbefiederten Kopf; Brust weißlich befiedert mit sichelartigen, dunklen Deckfedern; Füße grau; Jungvögel mit graurötlichem Kopf und insgesamt weniger kontrastreich.

Vorkommen In Ostafrika zerstreut, am häufigsten in wildreichen Gebieten wie der Serengeti und der Masai Mara.

Wissenswertes Ohrengeier treten meist einzeln oder paarweise auf, am Aas erscheinen jedoch größere Gruppen. Der mächtige Horst wird in der Regel auf Bäumen mit flachen Kronen (z.B. Schirmakazien) angelegt. Die Brutdauer beträgt etwa zwei Monate.

3 Wollkopfgeier White-headed Vulture *Trigonoceps occipitalis* (Accipitridae)

L 80 cm

Merkmale Von allen anderen Geiern durch den auffällig weißen Oberkopf unterschieden; weißer Bauch und Kopf; Schnabelspitze rot, Füße fleischfarben; Altvögel mit weißen Armschwingen, diese beim Jungvogel braungrau; Stimme: ein quiekendes Zischen, selten zu hören.

Vorkommen In ganz Ostafrika weit verbreitet, aber überall selten; v.a. in den wildreichen Schutzgebieten Nordtanzanias und Südkenias. In Baum- und Buschsavannen.

Wissenswertes Der Wollkopfgeier ist ziemlich ungesellig, lediglich am Aas finden sich manchmal mehrere Tiere ein. Er bevorzugt kleine Kadaver.

4 Sperbergeier Rüppell's Griffon Vulture *Gyps rueppelli* (Accipitridae)

L 85 cm

Merkmale Kräftiger Schnabel; Rücken dunkel; Altvögel unterseits auffallend hell und dunkel quergebändert; Schnabel hell hornfarben; Iris gelb; Füße grau.

Vorkommen Vor allem in den wildreichen Gebieten Ostafrikas, z.B. in der Serengeti und der Masai Mara. In Steppen und Savannen; brütet auch auf Felsen.

Wissenswertes Der Sperbergeier dominiert am Aas über den etwas kleineren Weißrückengeier und kann sich manchmal sogar gegen den mächtigen Ohrengeier durchsetzen.

5 Weißrückengeier White-backed Vulture *Gyps africanus* (Accipitridae)

L 80 cm

Merkmale Ein großer blaßgrauer bis cremebrauner Geier mit auffällig weißem Bürzel und Unterrücken und einer Halskrause aus weißlichen Dunen; Schnabel immer dunkel; Iris dunkelbraun; Füße schwärzlich.

Vorkommen In Ostafrika vornehmlich in wildreichen Gebieten. Segelt in großer Höhe mit Sichtkontakt zum „Nachbarn" über Savannen; brütet auf Bäumen, nie auf Felsen.

Wissenswertes Er ist in wildreichen Arealen der häufigste Geier des Gebietes.

Vögel

1 Kappengeier Hooded Vulture Necrosyrtes monachus (Accipitridae)

L 65–75 cm
Merkmale Ein kleiner, völlig brauner Geier mit sehr dünnem Schnabel; Kopf nackt mit rötlich oder grünlich-weißer Haut, die bei Erregung dunkel fleischrot anlaufen kann; Nacken und Hinterhals sind in Kappenform hell bedunt; Füße bläulich fleischfarben; Schwanz kurz und abgerundet.
Vorkommen In Ostafrika weit verbreitet und häufig. In Savannen mit Großwildbeständen, bewaldeten Gegenden und Ackerbaugebieten.
Wissenswertes Der Kappengeier hat ein großes Verbreitungsgebiet. Er ist ausgesprochen anpassungsfähig und lebt auch in größeren Waldbeständen. Er frißt Aas, Abfälle, Insekten und Reptilien und regelmäßig den Kot von großen Raubsäugern. Kappengeier sind gesellig. Ihr Nest legen sie in Baumkronen an.

2 Gleitaar Black-shouldered Kite Eleanus caeruleus (Accipitridae)

L 30–33 cm
Merkmale Ein oberseits blaßgrauer, unterseits weißer Greifvogel mit schwarzen Schultern; turmfalkenähnlich, aber deutlich untersetzte Gestalt; Schwanz kurz, weiß und leicht gegabelt; Schnabel schwarz, Wachshaut und Füße gelb; Jungvögel sind auf der Oberseite dunkler mit weißen Federspitzen, unterseits mit rostbraunen Flecken auf der Brust; rüttelt sehr oft nach Turmfalkenart; Stimme: ein selten zu hörendes hohes Pfeifen.
Vorkommen In Ostafrika häufig. In Baum- und Buschsavannen sowie in Kulturland, in der Nähe von Flüssen und Seen.
Wissenswertes Wenn sie von Insektenschwärmen angezogen werden, finden Gleitaare sich in größerer Zahl ein. Sonst lebt die Art einzelgängerisch. Der Gleitaar sitzt gern auf Baumspitzen und Telegraphenmasten.

3 Schwarzmilan Black Kite Milvus migrans (Accipitridae)

L 53–58 cm
Merkmale Gefieder überwiegend braun oder rostbraun, unterseits ein wenig rötlicher; langer, deutlich gegabelter Schwanz und lange Flügel; die afrikanischen Rassen haben einen gelben Schnabel, und der Kopf ist gefärbt wie der übrige Körper (beim europäischen Schwarzmilan ist der Kopf deutlich heller und der Schnabel schwarz); Stimme: ein hoher, abfallender, wiehernder Triller; sehr ruffreudig.
Vorkommen In Ostafrika Standvogel; der eurasische Schwarzmilan erscheint in geringer Zahl als Wintergast. In offenen Savannen, in Kulturland und in Flußnähe, auch in Städten, häufig es Müllhalden.
Wissenswertes Der Schwarzmilan ist der mit Abstand häufigste Greifvogel Afrikas. Oft sieht man ihn in großen Trupps über Ortschaften und insbesondere über Müllkippen kreisen. Regelmäßig sucht er am Wasser nach Aas.

4 Schmutzgeier Egyptian Vulture Nephron percnopterus (Accipitridae)

L 64–73 cm
Merkmale Ein kleiner, schmutzig weißer Geier mit schwarzen Handschwingen und weißem, stark keilförmigem Schwanz; Gesicht nackt und dunkelgelb; Schnabel sehr dünn und schwarz; Jungvögel braun und ähnlich einem Kappengeier, aber mit keilförmigem Schwanz; der ähnliche **Palmgeier** (Gypohierax angolensis) hat einen schwarzen Schwanz.
Vorkommen In Ostafrika nicht häufig; brütet im Afrikanischen Graben südwärts bis zur Serengeti-Ebene. In Savannen und Halbwüsten, oft in der Nähe menschlicher Siedlungen; brütet an Felsen.
Wissenswertes Der Schmutzgeier ernährt sich von Aas, Fleischresten und Abfällen. Er jagt jedoch auch aktiv nach kleinen Beutetieren wie Ziesel, Fröschen, Eidechsen und Schlangen. Wenn sie nichts anderes zu fressen finden, nehmen Schmutzgeier auch Exkremente und in Aasnähe angeblich sogar blutgetränkte Erde zu sich. Der Schmutzgeier ist eine der wenigen Vogelarten, die Werkzeuge gebrauchen: Er schlägt mit schweren Steinen auf Straußeneier ein, bis sie bersten.

Vögel

1 Kampfadler Martial Eagle *Polemaëtus bellicosus* (Accipitridae)

L 75–90 cm

Merkmale Ein sehr großer Adler, der kraftvoll und reißend fliegt; Oberseite braungrau mit schwärzlicher Vorderbrust; Unterseite weiß mit kleinen dunklen Flecken; runder Schopf; Flügel lang, Schwung- und Schwanzfedern gebändert; Iris gelb; Füße befiedert; Jungvögel unterseits rein weiß, braune Iris; Altvögel können mit dem kleineren Schwarzbrustschlangenadler verwechselt werden, der aber auf der Unterseite ungefleckt ist; Stimme: ein kurzes gedämpftes Bellen, ruft selten.

Vorkommen Am häufigsten in den Nationalparks und Wildschutzgebieten Ostafrikas. In Busch- und Baumsavannen sowie Halbwüsten.

Wissenswertes Der Kampfadler segelt sehr ausdauernd. Seine Beute, die er auf dem Boden schlägt, besteht überwiegend aus größeren Bodenvögeln wie Trappen, Perlhühnern und Frankolinen. Sie machen mancherorts bis zu 80 % seines Beutespektrums aus. Außerdem jagt er Säuger bis zu Antilopengröße und Reptilien bis zur Größe eines Warans. Ein Kampfadler beherrscht ein Territorium von bis zu 50 km² Ausdehnung. In einem Teilgebiet jagt er nur einige Tage, dann verlegt er sein Jagdrevier in einen anderen Teil des Reviers. Ihren Horst bauen Kampfadler an großen Bäumen in 6–30 m Höhe. Ein Adlerpaar benutzt häufig zwei Nester gleichzeitig. Das Weibchen brütet allein.

2 Raubadler Tawny Eagle *Aquila rapax* (Accipitridae)

L 65–75 cm

Merkmale Ein überwiegend brauner Adler mit relativ kurzem abgerundeten Schwanz; die Farbe variiert von dunkelbraun bis blaßbraun; Jungvögel heller; Beine bis zu den Zehen befiedert; Iris gelblich, Schnabel braun mit schwarzer Spitze; Stimme: ein heiseres gellendes „kjah"; der als Wintergast im Gebiet erscheinende asiatische **Steppenadler** (*Aquila nipalensis*) ist dunkler braun mit rötlichem Nackenfleck, brauner Iris und schwarzem Schnabel; er wird meist als Unterart des Raubadlers aufgefaßt.

Vorkommen Ganz Afrika mit Ausnahme der Waldgebiete; Stand- und Strichvogel in Ostafrika. Bewohnt Savannen, offenes Gelände und Kulturland, auch im Gebirge; erscheint oft zusammen mit Geiern am Aas.

Wissenswertes Der Raubadler frißt Reptilien, Vögel, kleine Säugetiere bis zur Größe eines Hasen und Aas. An Kadavern ist er den großen Geiern unterlegen und wartet mit dem Fressen bis zuletzt. Nicht selten schmarotzt er beim Kampfadler. Er jagt von einer erhöhten Sitzwarte aus. Gern kreist er in Aufwinden. Der Raubadler brütet mit Vorliebe in den Kronen von Akazien. Von zwei ausschlüpfenden Jungen überlebt in der Regel nur eines. Als Wintergäste erscheinen im Verbreitungsgebiet der kleinere **Schreiadler** (*Aquila pomarina*) und der **Schelladler** (*Aquila clanga*), die dem Raubadler sehr ähnlich sehen.

3 Kaffernadler Verreaux's Eagle *Aquila verreauxii* (Accipitridae)

L 75–85 cm

Merkmale Ein großer, schwarzer Adler mit einem weißen V auf dem Rücken und mit weißem Bürzel; im Flug unterseits mit weißlichem Fleck auf den Handschwingen; Flügel zum Körper hin stark verschmälert; Jungvögel sind schwarz mit hellbraunen Federenden; Stimme: in Horstnähe oft ein gellender Schrei.

Vorkommen Ein seltener und nur lokal verbreiteter Standvogel in Kenia und Tanzania; bekannte Brutplätze sind die Baboon Rocks im Lake Nakuro National Park und das Hell's Gate in der Nähe des Lake Naivasha. Ein Vogel des Gebirges, der hohe Felsen und Klippen bevorzugt.

Wissenswertes Der mächtige Horst des Kaffernadlers wird meist auf unzugänglichen Felsbändern oder auch auf Bäumen angelegt und immer wieder benutzt. Meist werden zwei Eier gelegt. In der Regel überlebt nur ein Junges. In manchen Teilen seines Verbreitungsgebietes ernährt er sich überwiegend von Klippschliefern. Daneben jagt er Hasen, kleine Antilopen und größere Bodenvögel.

1 Schreiseeadler African Fish Eagle *Haliaeëtus vocifer* (Accipitridae)

L 65–75 cm

Merkmale Ein auffällig gefärbter Seeadler mit unbefiederten Beinen; Kopf, Brust, Rücken und Schwanz weiß; Bauch und Schultern rötlich kastanienbraun, Flügel schwarz; Iris, Wachshaut und Beine gelb; Jungvögel überwiegend braun mit schwarz gestreifter Brust; Stimme: ein möwenartig jauchzender, weittragender Schrei, wohlklingend „kjiu-kjiu-kiukiukiu", am Schluß leicht abfallend; wird sitzend und im Flug mit auf den Rücken zurückgelegtem Kopf ausgestoßen.

Vorkommen Weit verbreitet in Afrika; überall in Ostafrika an der Küste und im Binnenland in der Nähe größerer Gewässer.

Wissenswertes Er jagt von einem Ansitz aus, meist von einem Baum oder im Wasser. Die Nahrung des Schreiseeadlers besteht überwiegend aus Fischen, aber auch aus Vögeln und Nagetieren. Tote und geschwächte Fische greift er von der Wasseroberfläche, gesunde Fische erbeutet er, indem er wie der Fischadler ins Wasser stößt. In der Brutzeit beziehen die Paare Reviere am Ufer von Flüssen und Seen, die durch Rufe und Schauflüge und zur Not durch Angriffe gegen Artgenossen verteidigt werden. Das Nest wird meist in einem hohen Baum angelegt. Das Weibchen legt ein bis drei Eier. Die Jungen sind nach 65–75 Tagen flügge. Der Schreiseeadler wird wegen seiner weittragenden melodischen Rufe die „Stimme Afrikas" genannt. Der Schrei ist ein wilder, möwenartiger Ruf.

2 Gaukler Bateleur *Theratopius ecaudatus* (Accipitridae)

L 55–70 cm

Merkmale Ein mittelgroßer, überwiegend schwarz gefärbter Adler; Rücken, Seiten und Schwanz kastanienbraun; Gesicht und Füße rot; vor allem im Flug leicht an seinem außerordentlich kurzen Schwanz (10 cm) zu erkennen; die weiße Flügelunterseite hebt sich kontrastreich vom schwarzen Körper ab; Hinterrand der Flügelunterseite schwarz, beim Männchen breit, beim Weibchen schmaler; Jungvögel vollständig dunkelbraun.

Vorkommen Ganz Afrika südlich der Sahara mit Ausnahme der Regenwaldgebiete; in Ostafrika ist er eine der häufigsten Adlerarten. Vor allem in den Trockensavannen Nordkenias und den Buschsavannen Tanzanias.

Wissenswertes Der Gaukler segelt ausgiebig und oft in sehr großer Höhe mit hoher Geschwindigkeit. Das Nest wird in hohen Bäumen aus Reisig gebaut und nach Art vieler Greifvögel mit frischem Grün ausgelegt. Gaukler ist die Übersetzung des französischen Wortes „bateleur". Die Flugkünste des Vogels – Seitenrollen, Purzelbäume und ein ständiges Hin- und Herschaukeln – erinnern an die Künste eines Zirkusartisten, eben eines Gauklers. Er kann sogar die Flügel zusammenschlagen und klatschende Laute erzeugen.

3 Schwarzbrustschlangenadler Black-breasted Snake Eagle *Circaetus pectoralis* (Accipitridae)

L 63–68 cm

Merkmale Ein mittelgroßer Adler mit eulenartig dickem Kopf und unbefiederten Füßen; Oberseite und Brust grauschwarz; Bauch weiß; Schwanz mit drei weißen Querbändern und heller Spitze; Jugendkleid einheitlich blaß rotbräunlich; Beine blauweiß; Schnabel schwarz; vom Kampfadler durch die ungefleckte Unterseite unterschieden; Stimme: manchmal ein mehrsilbiger Schrei ähnlich dem des Schreiseeadlers.

Vorkommen Nur in kleiner Zahl in Ostafrika verbreitet; in Kenia und Tanzania bevorzugt er Trockensavannen mit Affenbrotbäumen.

Wissenswertes Der Schwarzbrustschlangenadler ist angeblich eine Unterart des **Schlangenadlers** (*Circaetus gallicus*), der u.a. in Südeuropa lebt. Er ernährt sich überwiegend von Schlangen, gegen deren Gift er im übrigen nicht gefeit ist. Er faßt sie mit dem Fang, schneidet ihnen den Kopf ab und verschlingt den Körper als Ganzes. Auch andere Reptilien sowie Frösche, kleine Säuger und Vögel stehen auf seinem Speiseplan. Der Schwarzbrustschlangenadler baut einen Horst aus Ästen, der mit Blättern ausgelegt wird. Oft übernimmt er Nester von anderen Vögeln. Das einzige Ei ist weiß mit braunen Flecken.

Vögel

1 Gabarhabicht Gabar Goshawk *Micronisus gabar* (Accipitridae)

L 35–40 cm

Merkmale Ein blaßgrauer Habicht mit weißem Bürzel und feiner Sperberung des Bauches; Kopf, Hals und Brust grau; Beine und Schnabelwurzel auffällig dunkel-orangerot; Jungvögel bräunlich und unterseits längsgestreift; Stimme: bei Alarm ein schrilles „kikikikieh".

Vorkommen In Ostafrika weit verbreitet. In Akazien-, Baum- und Dornbuschsavannen sowie parkartigem Gelände.

Wissenswertes Sehr ähnlich gefärbt sind der **Weißbürzelsinghabicht** *(Melierax canorus)* und der **Graubürzelsinghabicht** *(Melierax metabates)*. Beide sind jedoch erheblich größer.

2 Steppenweihe Pallied Harrier *Circus macrourus* (Accipitridae)

L 40–47 cm

Merkmale Ein langschwänziger und langflügeliger Greifvogel; fliegt, nach Nahrung suchend, in kraftlos wirkendem „Schaukelflug" knapp über dem Boden; Männchen **(2a)** oberseits weißlich blaugrau mit schwarzen Schwungfedern; Unterseite hellweißlich; Weibchen **(2b)** braun mit auffällig weißem Bürzel und gestreifter Unterseite; Jungvogel wie Weibchen, aber ohne Streifen; Weibchen und Jungvogel im Felde nicht von der **Wiesenweihe** *(Circus pygargus)* zu unterscheiden; das Männchen der Wiesenweihe hat eine schwarze Flügelbinde und braune Streifen an der Unterseite; Stimme: turmfalkenartig „kiek-kiek-kiek".

Vorkommen Wintergast aus Eurasien; in Ostafrika stellenweise häufig. Bevorzugt offenes Gelände, besonders Feuchtgebiete, aber auch Baum- und Grassavannen.

Wissenswertes Wiesen- und Steppenweihe ernähren sich im Winterquartier vorwiegend von Heuschrecken, daneben von Kleinsäugern, Kleinvögeln und Eidechsen. Sie waren früher erheblich häufigere Wintergäste in Ostafrika. Mit den ökologischen Veränderungen in ihrer Bruthheimat hat die Individuenzahl beider Arten deutlich abgenommen.

3 Lannerfalke Lanner Falcon *Falco biarmicus* (Accipitridae)

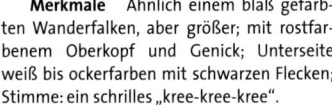

L 40–45 cm

Merkmale Ähnlich einem blaß gefärbten Wanderfalken, aber größer; mit rostfarbenem Oberkopf und Genick; Unterseite weiß bis ockerfarben mit schwarzen Flecken; Stimme: ein schrilles „kree-kree-kree".

Vorkommen In Ostafrika nur sehr zerstreut, häufiger nur in Turkana in Kenia. In der Nähe von Felsen, auch in offenem Gelände.

Wissenswertes Der Lannerfalke ist der häufigste Großfalke in den afrikanischen Savannen, lediglich in den Hochgebirgsregionen wird er vom Wanderfalken ersetzt. Paare jagen gemeinschaftlich: Das voranfliegende Weibchen scheucht einen Beutevogel auf, dann führt das höher fliegende Männchen den ersten Angriffsflug aus. Abwechselnd bringen beide den gejagten Vogel in Bedrängnis und können ihn schließlich erbeuten.

4 Wanderfalke Peregrine Falcon *Falco peregrinus* (Accipitridae)

L 35–45 cm

Merkmale Ein großer, stromlinienförmig gebauter Falke mit spitzen Flügeln; Flug sehr kraftvoll und zielstrebig; dunkel schiefergraue Oberseite, Unterseite hell, dunkel quergestreift; auffällige „Bartstreifen" im Gesicht; Stimme: ein schrilles „kek-kek-kek-kek"; der Lannerfalke ist oberseits heller grau und hat viel Rostbraun am Oberkopf und im Genick.

Vorkommen Ein seltener Standvogel in der gesamten ostafrikanischen Region an geeigneten Stellen; im Winter kommen Zuwanderer aus dem Norden hinzu. In offenen Landschaften, Buschsavannen und auf landwirtschaftlich genutzten Flächen; brütet in der Regel an steilen Felsen, auch in Städten.

Wissenswertes Der Wanderfalke ist ein ausgesprochener Vogeljäger, der in der Regel nur fliegende Beute schlägt. Auf der Jagd erreicht er Geschwindigkeiten bis zu 300 km/h. Bei diesem Tempo kann er seine Beute oft nicht festhalten. Er fängt dann aufsteigend die eigene Geschwindigkeit ab und stößt nach.

1 Coquifrankolin Coqui Francolin *Francolinus coqui* (Phasianidae)

L 25–28 cm
Merkmale Ein rebhuhngroßer Hühnervogel mit heller, schwarz gestreifter Unterseite; Kopf, Kehle und oberer Hals beim Männchen auffällig gelblich-kastanienbraun; Weibchen mit rötlichbrauner Brust, weißem Überaugenstreif und weißer, schwarz eingefaßter Kehle; Beine schmutziggelb; Schnabel schwärzlich, an der Basis gelb; Stimme: ein wiederholtes schrilles „qui-kitt", auch als „coqui" interpretiert.
Vorkommen Örtlich Standvogel in Ostafrika; am häufigsten in der Baumsavanne Tanzanias und in der Busch- und Baumsavanne an der kenianischen Küste.
Wissenswertes Außerhalb der Brutzeit erscheint der Coquifrankolin in „Ketten" (5–20 Tiere), zur Brutzeit paarweise.

2 Nacktkehlfrankolin Red-necked Spurfowl *Francolinus afer* (Phasianidae)

L 33–35 cm
Merkmale Die Art ist in viele Unterarten aufgeteilt; Unterseite je nach Rasse grau-weiß marmoriert oder schwarz mit weißen Federrändern; bei allen Rassen Oberseite graubraun mit dunklen Schaftstreifen; auffällig die unbefiederte rote Kehle; der **Graubrustfrankolin** hat eine orangefarbene Kehle, der **Swainsonfrankolin** hat schwarze Beine; Stimme: ein sehr lautes, schrilles Krähen.
Vorkommen Standvogel in bewaldeten Gegenden Ostafrikas; die Rassen mit schwarzer Brust leben im Osten, die unterseits grauen Rassen in Westkenia und Uganda südwärts bis nach Tanzania.
Wissenswertes Frankoline sind rebhuhnartige Hühnervögel mit kräftigen Läufen. Die Weibchen des Nacktkehlfrankolins verteidigen ihre Jungen mutig sogar gegen hundegroße Raubtiere.

3 Gelbkehlfrankolin Yellow-necked Spurfowl *Francolinus leucoscepus* (Phasianidae)

L 33–35 cm
Merkmale Oberseite graubraun mit blasser Marmorierung; Unterseite dunkelbraun mit hellbraunen Längsstreifen; das leuchtende Gelb der unbefiederten gelben Kehle geht schnabelwärts in ein Orange über; Geschlechter gleich; Stimme: ein lautes, kratzendes „krarrk, krarrk, grräk".
Vorkommen Von Nordkenia und Norduganda bis Tanzania. In busch- und baumbestandenen Savannen und Trockensavannen, auch an Waldrändern.
Wissenswertes Frankoline mit nackter Kehle heißen im Englischen „spurfowl", solche mit befiederter Kehle „francolin". Im Deutschen heißen alle „Frankolin".

4 Geierperlhuhn Vulturine Guinea-Fowl *Acryllium vulturinum* (Phasianidae)

L 58–60 cm
Merkmale Überwiegend schwarz mit vielen weißen Punkten; Hals mit kobaltblauen, schwarz und weiß längsgestreiften Federn; Kopf und Hals nackt und grau, nur am Hinterkopf Kranz aus rotbraunen Federn; Stimme: verschiedene gackernde Laute.
Vorkommen Standvogel in trockenen Buschsavannen und Wäldern in Nord- und Ostkenia sowie in Nordtanzania; Bestandszahlen schwankend.
Wissenswertes Das Geierperlhuhn lebt meist in Trupps zusammen. Oft scharren die Vögel an Rändern von Straßen und Wegen.

5 Helmperlhuhn Helmeted Guinea-Fowl *Numida meleagris* (Phasianidae)

L 50–55 cm
Merkmale Ein großes schwarzgraues Perlhuhn, am ganzen Körper weiß gepunktet; Kopf und Hals spärlich befiedert, knöchernes Horn auf dem Scheitel; blaue und rote lappenartige Anhängsel am Schnabelgrund; Stimme: ein lauter, gackernder Schrei.
Vorkommen Häufiger Standvogel in Süd- und Ostkenia, Süduganda, Süd- und Osttanzania. In Gras-, Busch- und Baumsavannen sowie in Halbwüsten.
Wissenswertes Helmperlhühner sind die einzigen Haustiere, die aus der afrikanischen Tierwelt hervorgegangen sind.

Vögel

1 Kronenkranich Crowned Crane *Balearica regulorum* (Gruidae)

L 100 cm

Merkmale Unverwechselbar durch die auffällige strohfarbene „Federkrone"; Oberseite schiefergrau, Hals und Unterseite ein wenig heller; Flügeldecken gelblichweiß, Handschwingen schwarz, Armschwingen rotbraun; ein samtartiger Federwulst auf dem Kopf und an der Kehle, Gesicht nackt und weiß, Hautlappen an der Kehle rot; Schnabel und Beine schwarz, Iris grau; Stimme: ein zweisilbiges nasales „mehem", zweite Silbe lauter und höher.

Vorkommen Häufiger Standvogel in Kenia und Uganda. Auf offenen Flächen, Ackerland, Marschland und in Sümpfen.

Wissenswertes Kronenkraniche leben meist paarweise oder im Familienverband. Sie übernachten auf Sandbänken oder in flachen Gewässern, wie andere Kraniche auch, oder auf Bäumen, was andere Kranicharten niemals tun. Zuweilen führen sie Tänze mit ausgebreiteten Flügeln auf. Dabei werfen sie Stöcke und Grasbüschel in die Luft und fangen sie manchmal wieder auf. Sie fressen Insekten, Reptilien und pflanzliche Kost, auch Getreidekörner. Das Nest wird meist in sumpfigem Gelände angelegt und besteht aus zusammengezogener Vegetation und gesammelten Pflanzenhalmen. Baumnester sind selten.

2 Purpurhuhn Purple Gallinule *Porphyrio porphyrio* (Rallidae)

L 45 cm

Merkmale Größer als ein Bläßhuhn; überwiegend tiefblau mit grünlichem Rücken; Grün des Rückens allmählich in das leuchtend purpurblaue Gefieder der Unterseite übergehend; Schnabel und Stirnschild leuchtend rot; Iris, Beine und Füße dunkelrot; Jungvögel dunkel blaugrau mit hornfarbenen Beinen; Stimme: verschiedene grunzende, gackernde und kreischende Rufe.

Vorkommen In ganz Ostafrika. In dichten Sümpfen, Papyrus- und Schilfbeständen und vor allem in Seerosenbeständen.

Wissenswertes Das Purpurhuhn ernährt sich überwiegend von Pflanzenschößlingen, aber auch von Krebsen, Fröschen und Jungvögeln. Purpurhühner nehmen ihre Beute, auf einem Bein stehend, mit einem Fuß auf und führen sie geschickt zum Schnabel.

3 Kammbläßhuhn Red-knobbed Coot *Fulica cristata* (Rallidae)

L 40–43 cm

Merkmale Eine große, untersetzte schieferschwarze Ralle mit weißem Schnabel und weißem Stirnschild; am oberen Ende des Stirnschildes zwei kennzeichnende kleine rote Vorwölbungen; Iris im Brutkleid rot, sonst rotbraun; Beine und Füße im Brutkleid olivgrün, sonst schieferfarben; Stimme: ein heiseres tiefes „quoark".

Vorkommen Verbreitet in Ostafrika, gebietsweise häufig. In Sümpfen, an Seen sowie an langsam fließenden Flüssen mit reichlich Wasserpflanzen und Ried- oder Papyrusgürteln.

Wissenswertes Das Kammbläßhuhn lebt gesellig auf den Seen Afrikas, ist aber zur Brutzeit sehr streitbar. Es legt mehrere Nester an, die nicht nur zum Brüten, sondern auch zum Ausruhen dienen. Seine Nahrung sucht es meist von der Wasseroberfläche aus. Es schwimmt, hoch im Wasser liegend, mit ruckartigen Bewegungen.

4 Mohrenralle Black Crake *Limnocorax flavirostra* (Rallidae)

L 19–23 cm

Merkmale Eine kleine, drosselgroße Ralle; Gefieder einfarbig schieferschwarz, Schnabel leuchtend zitronengelb, Beine und Füße rot; Jungvögel mit schwarzen Füßen; Iris dunkelrot; Stimme: ein schrilles, trillerndes Schnarren mit einem Krächzen als Abschluß.

Vorkommen In ganz Ostafrika, wenn Gewässer mit Uferbewuchs vorhanden sind.

Wissenswertes Die Mohrenralle zeigt sich besonders im Amboseli National Park oftmals ohne Scheu gegenüber Menschen. Im Gegensatz zu ihr ist die ähnliche **Kap-Ralle** *(Rallus caerulescens)* mit rotem Schnabel und schwarzweiß gebänderten Flanken sehr scheu.

Vögel

1 Senegaltrappe White-bellied Bustard *Eupodotis senegalensis (Otididae)*

L 60 cm

Merkmale Eine mittelgroße Trappe mit weißer Unterseite und auffällig blaugrauem Hals; Männchen mit einem umgekehrten schwarzen V an der Kehle; oberseits fein schwarz und orangebräunlich marmoriert, Weibchen weniger kräftig gefärbt; Stimme: ein lauter Ruf „wukäärr-wukärr".

Vorkommen Von Nordkenia südwärts durch Ost- und Zentraltanzania; häufig u.a. in wildreichen Nationalparks südlich von Nairobi. In halbwüstenartigem Buschland, offenen und buschbedeckten Ebenen.

Wissenswertes Ähnlich ist die weibliche **Rotschopftrappe** *(Eupodotis ruficrista)*, die aber einen schwarzen Bauch hat. Die Weibchen der Schwarzbauchtrappe und der **Schwarzbürzeltrappe** *(Eupodotis hartlaubii)* sind unterseits ebenfalls blaß gelbbraun, aber ohne Spur von Blau am Hals.

2 Schwarzbauchtrappe Black-bellied Bustard *Eupodotis melanogaster (Otididae)*

L 58–65 cm

Merkmale Eine mittelgroße, oberseits braun und schwarz marmorierte Trappe; Unterseite und Vorderhals beim Männchen schwarz, die weißen Überaugenstreifen bilden im Nacken ein V; Weibchen einheitlich gelbbraun mit hellem Bauch, Schnabel schwärzlich mit gelben Seiten, Beine stumpfgelb, Iris braun; Stimme: ein weiches Pfeifen und ein bellendes „muuark".

Vorkommen Standvogel in Ostafrika in offenem Grasland. In offenen Baumsavannen und Buschgebieten; in den Grassavannen Ostkenias früher häufiger, heute seltener als die sehr ähnliche **Schwarzbürzeltrappe** *(Eupodotis hartlaubii)*.

Wissenswertes Die Schwarzbauchtrappe duckt sich bei Gefahr und fliegt nur ungern auf. Sie zeigt einen auffälligen Balzflug, bei dem die schwarzweiße Flügelzeichnung sichtbar wird. Die männliche **Rotschopftrappe** *(Eupodotis ruficrista)* sieht ihr ähnlich. Sie hat ebenfalls einen schwarzen Bauch, aber einen bläulichen Vorderhals.

3 Stanleytrappe Denham's Bustard *Neotis denhami (Otididae)*

L 80–110 cm

Merkmale Eine große Trappe, doch kleiner als Riesentrappe; oberseits braun mit rotbraunem Hinterhals und Vorderrücken, Scheitel schwarz, weißer Überaugenstreif; Vorderhals beim Männchen blaugrau, beim Weibchen bräunlich marmoriert; schwarzweiße Felder auf den Flügeln; Beine und Füße gelblich weiß, Schnabel dunkel, Iris braun; Stimme: ein bellendes „kaa-kaa", vor dem Abfliegen ein gluckendes „tschuck".

Vorkommen Von Äthiopien durch Ostafrika südwärts bis Südafrika. Auf offenen Flächen, in Busch- und Baumsavannen.

Wissenswertes Die Stanleytrappe, die auch Schwarzflügeltrappe genannt wird, kommt regelmäßig in wildreichen Gebieten vor, z.B. am Mara-Fluß in Südkenia.

4 Riesentrappe Kori Bustard *Ardeotis kori (Otididae)*

L 1,05–1,50 m

Merkmale Die größte aller afrikanischen Trappen, Männchen erheblich größer als Weibchen; Färbung graubraun mit schwarzem Scheitel und braunem Schopf; Hals weiß und graubraun gesprenkelt, Rücken einfarbig graubraun; Flügeldecken hell gefleckt; Stimme: ein dreisilbiges „kao-kao-kao".

Vorkommen In Ostafrika verbreitet, am häufigsten in Kenia; zahlreich vor allem in den Nordprovinzen und in den wildreichen Gebieten Südkenias und Nordtanzanias. In offenem und halboffenem Gelände sowie trockenem Buschland.

Wissenswertes Bei Gefahr entfernen sich Riesentrappen zunächst zu Fuß und fliegen nur in höchster Bedrängnis auf. Das Männchen der Riesentrappe ist mit bis zu 20 kg einer der schwersten flugfähigen Vögel. Bei der Balz steht der Riesentrappenhahn still mit hängenden Flügeln und aufgestelltem und gespreiztem Schwanz; die Halsfedern werden abgespreizt, der dehnbare Schlund wird mit Luft gefüllt und dient als Resonanzboden für die „brüllenden" Balzrufe des Vogels.

Vögel

1 Blaustirnblatthühnchen African Jacana *Actophilornis africanus (Jacanidae)*

L 23–28 cm

Merkmale Ein leuchtend kastanienbrauner Wasservogel mit bläulichem Schnabel und Stirnschild; Kehle und Vorderhals weiß, in einen gelben Fleck an der Brust übergehend; Hinterhals schwarz; Beine und Zehen extrem lang, schiefergrau; Stimme: eine Reihe kurzer heller Rufe.

Vorkommen Weit verbreitet in Ostafrika. An Seen und Tümpeln.

Wissenswertes Mit ihren riesigen Füßen können Blatthühnchen auf den Blättern von See- oder Teichrosen umherlaufen, um nach Nahrung zu suchen. Das **Zwergblatthühnchen** *(Micropara capensis)* ist nur halb so groß und hat keinen Stirnschild.

2 Spornkiebitz Spurwing Plover *Vanellus spinosus (Charadriidae)*

L 26 cm

Merkmale Ein mittelgroßer, auffällig schwarzweiß und graubraun gefärbter Kiebitz; der kleine Sporn am Flügelbug ist im Feld nicht besonders auffällig; vom Waffenkiebitz durch einen einheitlich blaßgraubraunen Rücken unterschieden; Stimme: laut und schrill „jajak-jajak" oder „sjak, sjak, sjak".

Vorkommen Von Ostuganda und Kenia südwärts bis Zentraltanzania; im Ostafrikanischen Graben am Lake Naivasha, Nakuro und Elmenteita. In der Nähe von Gewässern und Sümpfen, in Kurzgrassteppen.

Wissenswertes Der Spornkiebitz tritt meist paarweise, manchmal auch in kleinen Trupps auf. Er nistet gern auf kleinen Inseln.

3 Waffenkiebitz Blacksmith Plover *Vanellus armatus (Charadriidae)*

L 28–31 cm

Merkmale Ein mittelgroßer Kiebitz mit kontrastreich schwarz, weiß und grau gefärbtem Gefieder; Rücken grau mit zwei schwarzen Flecken; Scheitel weiß, Rest des Kopfes sowie Brust und Hals schwarz; Iris rubinrot, Schnabel und Beine schwarz; Stimme: laut metallisch „tink-tink- tink".

Vorkommen Von Südkenia und Uganda bis Südafrika; häufig an den Seen des Ostafrikanischen Grabens. In der Nähe von Süß- und Brackwasser.

Wissenswertes Der Name „Waffenkiebitz" bezieht sich wie der Artname *„armatus"* (= bewaffnet) auf einen Sporn am Flügelbug, den viele andere Kiebitzarten auch haben.

4 Kronenkiebitz Crowned Plover *Vanellus coronatus (Charadriidae)*

L 27–30 cm

Merkmale Ein oberseits sandbrauner Kiebitz; Kopf und Scheitel schwarz, von einem auffälligen weißen Überaugenstreifen unterbrochen; Bauch weiß, mit einem schwarzen Band scharf gegen die braune Brust abgesetzt; Schnabel orangerot mit schwarzer Spitze, Beine rot, Iris fahlgelb; Stimme: gereiht „krie-krie-krie-krie-kriep".

Vorkommen Lokal häufiger Standvogel in Ostafrika. An Seeufern, Staudämmen, Flüssen sowie in Kurzgrassavannen, offenem Buschland und manchmal auf Kulturland.

Wissenswertes Der Kronenkiebitz brütet meist in lockeren Kolonien. Eindringlinge in das Nestrevier werden mit Sturzflügen und schrillen, falkenähnlichen Rufen schneidig angegriffen.

5 Senegalkiebitz Wattled Plover *Vanellus senegallus (Charadriidae)*

L 32–33 cm

Merkmale Ein großer Kiebitz, auffallend aufrecht stehend; Gefieder blaßolivbraun, Kinn und Kehle schwarz gestreift; Stirn weiß; vor den Augen zwei rote und gelbe Lappen herabhängend; Schnabel gelb mit schwarzer Spitze; Stimme: schrill „piiik-piiik" und klagend „kiwiep".

Vorkommen Ein lokal verbreiteter Brutvogel in Westkenia, Uganda und Tanzania. In kurzrasigen Grassavannen.

Wissenswertes Der Senegalkiebitz kauert sich bei Gefahr flach auf den Boden und fliegt erst spät laut rufend auf. Wenn er landet, hält er die Flügel in charakteristischer Weise für einen Moment hoch.

1 Langzehenkiebitz Longtoed Plover *Vanellus crassirostris (Charadriidae)*

L 30 cm

Merkmale Ein großer Kiebitz, kontrastreich schwarzweiß gefärbt; Oberseite braungrau; Gesicht, vordere Hälfte des Oberkopfes, Vorderbrust, Hinterbauch und Unterschwanzdecken weiß; Hinterkopf, Nacken und vorderer Bauch schwarz; Flügel mit weißen Flecken; Beine und Füße dunkelrosa, vorn schwarz, Schnabel purpurrosa mit schwarzer Spitze, Iris rot, rosa Augenring; Stimme: laut metallisch „tik-tik".

Vorkommen Lokaler Standvogel vom Südsudan bis Uganda, Kenia und Tanzania und weiter südwärts. An Gewässern mit dichter Schwimmpflanzendecke.

Wissenswertes Der Langzehenkiebitz verhält sich ähnlich wie ein Blaustirnblatthühnchen und läuft bei der Nahrungssuche auf den Schwimmblättern von See- und Teichrosen umher. Er ernährt sich vor allem von kleinen Schnecken, Muscheln und Insekten.

2 Schwarzflügelkiebitz Black-winged Plover *Vanellus melanopterus (Charadriidae)*

L 27–28 cm

Merkmale Oberseits graubraun, an Hals und Kopf eher grau; weiße Stirn, weißes Kinn, zur Kehle hin grau werdend und in das Schwarz der Vorderbrust übergehend; übrige Unterseite und Unterflügeldecken weiß; Stimme: ein lauter Schrei wie „ssii-tschii-tschii-riik" laut metallisch „tik-tik". Vom kleineren **Trauerkiebitz** *(Vanellus lugubris)* im Feld nur schwer zu unterscheiden, am besten, wenn der Vogel vor dem Auffliegen die weiße Flügelunterseite präsentiert; Flügeloberseite beim Schwarzflügelkiebitz mit weißer Flügelbinde, beim Trauerkiebitz mit weißer Flügelhinterseite.

Vorkommen Das Verbreitungsgebiet erstreckt sich vom Hochland von Äthiopien südwärts durch Kenia bis Südafrika. In höheren Lagen gewöhnlich oberhalb von 2.100 m; regelmäßig auf abgebrannten Flächen.

Wissenswertes Schwarzflügelkiebitze bilden oft lärmende Trupps von mehr als 50 Tieren, die jeden Eindringling lautstark verfolgen.

3 Hirtenregenpfeifer Kittlitz's Plover *Charadrius pecuarius (Charadriidae)*

L 16 cm

Merkmale Ein sehr kleiner Regenpfeifer mit sandfarbener Oberseite und hell gelblichbrauner Unterseite; charakteristisch ist ein deutlicher schwarzer Streifen vom Schnabelgrund über das Auge bis in den Nacken; die ziemlich langen Beine sind schwärzlichgrau, der Schnabel ist schwarz; Iris dunkelbraun; Stimme: ein klagendes „pipiet" und ein hoher Triller.

Vorkommen Standvogel in ganz Ostafrika an zusagenden Plätzen. Bevorzugt sandige oder schlammige Flächen an der Küste und an Binnengewässern.

Wissenswertes Der Hirtenregenpfeifer ist ein zutraulicher Vogel. Er lebt auf zum Teil völlig vegetationslosen Flächen, oft weit vom Wasser entfernt. Das Nest ist eine Mulde im Sand oder Kies. Das Gelege besteht gewöhnlich aus zwei Eiern.

4 Dreibandregenpfeifer Three-banded Plover *Charadrius tricollaris (Charadriidae)*

L 19 cm

Merkmale Ein kleiner unverwechselbarer Regenpfeifer mit zwei schwarzen Bändern auf der Brust; Oberseite dunkel olivbraun mit weißer Stirn und einem weißen Ring um den Oberkopf; Schnabel rot mit schwarzer Spitze; Augenring rot; Füße rosarot; Stimme: ein schrilles „pi-piep", vor allem beim Abfliegen.

Vorkommen Weitverbreiteter Standvogel in Ostafrika. An Seeufern, Flüssen und Überflutungsgebieten; selten an der Küste.

Wissenswertes Der Dreibandregenpfeifer lebt meist einzeln oder paarweise. Er brütet selbst an kleinsten Tümpeln und läuft unbeeindruckt zwischen den Füßen der zum Wasser strebenden Großsäuger umher. Ähnlich zutraulich verhält er sich manchmal auch gegenüber Menschen. Wie ein Flußuferläufer wippt er auffällig mit dem Schwanz. Beim Verlassen des Nestes werden die gut getarnten Eier im Gegensatz zu verwandten Arten nicht zugedeckt.

1 Säbelschnäbler Avocet *Recurvirostra avosetta* (Recurvirostridae)

L 42 cm
Merkmale Ein großer, schlanker Watvogel mit langem, schwarzem, dünnem und aufwärtsgebogenem Schnabel; blaugraue Beine; Gefieder kontrastreich schwarzweiß; Füße überragen im Flug den Schwanz; Stimme: ein lautes „Kliiep" oder „Klüüp".
Vorkommen Als Zugvogel im Winter in großer Zahl in Ostafrika; daneben eine kleine Population an den Seen des Ostafrikanischen Grabens. An Süß- und Brackwasserseen, an Flußmündungen und auf Sandbänken; oft am Lake Naivasha, Nakuru und Elmenteita.
Wissenswertes Säbelschnäbler waten im flachen Wasser und ziehen den Schnabel von einer Seite zur anderen durchs Wasser, um so nach Insektenlarven und anderer Beute zu suchen.

2 Stelzenläufer Blackwinged Stilt *Himantopus himantopus* (Recurvirostridae)

L 37–38 cm
Merkmale Ein sehr schlanker Watvogel mit langen Beinen, die im Flug weit über den Schwanz hinausragen; schwarzweißes Gefieder; Schnabel lang, dünn und schwarz; Beine rot, Iris rubinrot; Stimme: Alarmruf hart „tschek-tschek-tschek" und ein kreischendes „yip-yip- yip".
Vorkommen In Ostafrika ein ziemlich häufiger Wintergast aus Eurasien. Am Süßwasser und an brackigen Binnengewässern, seltener an der Küste; in Kenia häufig an den Brackwasserseen des Ostafrikanischen Grabens.
Wissenswertes Stelzenläufer suchen ihre Nahrung meist im tiefen Wasser. Sie fressen Insekten, Schnecken, Muscheln und kleine Krebse. Die Vögel nisten einzeln oder in lockeren Kolonien. Das Nest steht meist auf einer Bülte im Wasser.

3 Temminckrennvogel Temminck's Courser *Cursorius temminckii* (Glareolidae)

L 20 cm
Merkmale Ein regenpfeiferartiger Vogel mit langen Beinen; Farbe überwiegend sandbraun mit weißem Hinterbauch und auffälligem schwarzbraunen Bauchfleck; schwarzer Augenstreif, weißer Überaugenstreif, rotbrauner Scheitel; Stimme: metallisch „err-err-err", meist beim Auffliegen.
Vorkommen Ziemlich häufig in Ostafrika. In Kurzgrassavannen und offenen Grasebenen.
Wissenswertes Der Temminckrennvogel ist oft in kleinen Verbänden anzutreffen. Der **Rennvogel** *(Cursorius cursor)* Nordafrikas kommt bis Ostkenia vor. Er ist ähnlich, aber etwas größer und unterseits rahmweiß.

4 Doppelbandrennvogel Two-banded Courser *Rhinoptilus africanus* (Glareolidae)

L 20 cm
Merkmale Ein grauer Rennvogel mit zwei auffälligen schwarzen Querbinden auf der Brust; Oberseite mit dichter grauschwarzer Fleckung, Unterseite hell; Schnabel schwarz, Beine grauweiß; Stimme: ein regenpfeiferähnlicher, klagender Pfiff.
Vorkommen Lokal Standvogel auf offenen Flächen und in Dornbuschsavannen Somalias, Zentralkenias und Tanzanias.
Wissenswertes Doppelbandrennvögel ducken sich bei Gefahr auf den Boden und rennen erst im letzten Augenblick vor Feinden davon.

5 Brachschwalbe Pratincole *Glareola pratincola* (Glareolidae)

L 22–26 cm
Merkmale Im Flug seeschwalbenartig; überwiegend braun, mit weißem Bauch und Bürzel; ockergelbe Kehle mit schwarzer Umrandung; Beine schwarz, Schnabel rot; Unterseite der Flügel rostrot; Stimme: seeschwalbenähnlich „kieäck" oder „kittikirrek".
Vorkommen In Ostafrika gebietsweise häufig, besonders im Ostafrikanischen Graben. In Savannen, in der Nähe von Seen.
Wissenswertes Brachschwalben fliegen oft wie große Schwalben in Gruppen über größeren Gewässern und fangen geschickt Insekten aus der Luft.

1 Graukopfmöwe Grey-headed Gull *Larus cirrocephalus* (Laridae)

L 40 cm

Merkmale Eine mittelgroße Möwe mit blaßgrauem Mantel und zur Brutzeit grauem Kopf; Handschwingen schwarz mit weißen Spitzen; Beine und Schnabel rot, Iris weißlich; Jungvögel oberseits und am Kopf bräunlich gefleckt; Stimme: im allgemeinen schweigsam, manchmal ein lautes Gackern.

Vorkommen In Ostafrika weit verbreitet; an manchen Stellen im Ostafrikanischen Graben ziemlich häufig. Vorzugsweise an Binnengewässern und großen Seen; außerhalb der Brutzeit gelegentlich an der Küste.

Wissenswertes Die Graukopfmöwe baut ein relativ großes Nest aus Wurzeln, Lehm und Gras in Ufernähe und manchmal auch Schwimmnester aus abgestorbenen Pflanzenteilen. Gelegentlich brütet sie auf nacktem Fels. Die zwei bis drei Eier sind olivbraun mit dunkelbraunen Flecken.

2 Braunbauchflughuhn Chestnut-bellied Sandgrouse *Pterocles exustus* (Pteroclidae)

L 30 cm

Merkmale Ein mittelgroßes Flughuhn mit stark verlängerten, spitz zulaufenden mittleren Schwanzfedern; Männchen sandbraun, mit dunkelbraunem Bauch; Weibchen etwas heller, dunkel quer- und längsgestreift; durch die weißen Spitzen der Handschwingen entsteht im Flugbild eine Flügelbinde; Stimme: sehr ähnlich wie Gelbkehlflughuhn „gatter-gatter-gatter", aber nicht so heiser.

Vorkommen Von Äthiopien südwärts bis nach Kenia und Nordtanzania; in den meisten Gebieten von Ostafrika die häufigste Flughuhnart. In Dornbusch, Trockensavannen und halbwüstenartigem Buschland.

Wissenswertes Sie leben meist paarweise oder in kleinen Gruppen zusammen. Vor dem morgendlichen Flug zur Wasserstelle versammeln die Vögel sich manchmal zu großen Schwärmen.

3 Schmuckflughuhn Black-faced Sandgrouse *Pterocles decoratus* (Pteroclidae)

L 25 cm

Merkmale Ein gedrungenes Flughuhn ohne verlängerte mittlere Schwanzfedern; Männchen an der schwarzen Kehle, dem schwarzen Augenstreif und dem weißen Überaugenstreif leicht erkennbar; beide Geschlechter mit bräunlicher Brust, breitem weißen Brustband und dunklem Bauch; Stimme: ein steter Wechsel von zwei zweisilbigen und einem einsilbigen Ruf „tschuker-tschuker-tschuk".

Vorkommen Von Somalia südwärts bis nach Kenia und Zentraltanzania; in den trockenen Nordprovinzen Kenias und in den Tsavo National Parks stellenweise häufig. In trockenem Dornbusch und buschbestandenen Halbwüsten.

Wissenswertes Das Schmuckflughuhn tritt meist paarweise oder in kleinen Gruppen auf. Im Norden Ostafrikas kommen zwei ähnliche Arten vor, **Wellenflughuhn** (*Pterocles lichtensteinii*), dessen Männchen allerdings keine schwarze Kehle hat, und das **Buschflughuhn** (*Pterocles quadricinctus*) mit ungefleckter, gelbbrauner Kehle bei beiden Geschlechtern.

4 Gelbkehlflughuhn Yellow-throated Sandgrouse *Pterocles gutturalis* (Pteroclidae)

L 30–33 cm

Merkmale Das größte der afrikanischen Flughühner; mittlere Schwanzfedern nicht verlängert; Gesamtfärbung bräunlich, Weibchen hell und dunkel marmoriert mit braunem Bauch; gelbe Kehlzeichnung, die beim Männchen von einem breiten schwarzen Band zum Bauch abgegrenzt wird; weißer Überaugenstreif; Beine bräunlich, Schnabel bläulichgrau; Stimme: im Flug heiser „gatter-gatter-gatter".

Vorkommen Von Äthiopien südwärts über Kenia und Tanzania bis ins südliche Afrika. In Grassavannen und offenen Dornbuschsavannen.

Wissenswertes Gelbkehlflughühner treten in vielen Gebieten Ostafrikas sehr unregelmäßig auf; in manchen Jahren sind sie häufig, in anderen fehlen sie ganz. Meist leben sie in kleinen Gruppen zusammen. Am Morgen versammeln sie sich zu oft riesigen Schwärmen, um zur Tränke zu fliegen.

Vögel

1 Rotbauchpapagei Orange-bellied Parrot *Poicephalus rufiventris* (Psittacidae)

L 25 cm

Merkmale Ein drosselgroßer, oberseits grauer Papagei mit leuchtend orangeroter Brust beim Männchen; Weibchen weniger kräftig gefärbt, mehr grünlich mit orangefarbenem Anflug auf der Unterseite; Bürzel und Unterschwanzdecken grün; Jungvögel wie Weibchen gefärbt; Stimme: schrille, kreischende Rufe, vor allem im Flug.

Vorkommen Standvogel von Äthiopien und Somalia südwärts durch Kenia bis nach Nordtanzania. Bewohnt trockene Busch- und Dornbuschsavannen.

Wissenswertes Der **Goldbugpapagei** (*Poicephalus meyeri*) ist vom Habitus sehr ähnlich. Wie dieser zeichnet sich der Rotbauchpapagei durch einen reißenden Flug mit sehr schnellen Flügelschlägen aus.

2 Tiputip White-browed Coucal *Centropus superciliosus* (Psittacidae)

L 40 cm

Merkmale Ein plumper, hauptsächlich rostrot gefärbter Vogel, typischer breiter, weißer Überaugenstrich und braun- und rahmweiße Streifung des Nackens; rubinrote Augen; Stimme: charakteristischer Ruf, als würde Wasser aus einer Flasche gluckern.

Vorkommen Lokal verbreitet in buschreichem Grasland und Gelände mit dichtem Unterbewuchs.

Wissenswertes Der Tiputip gehört zu den Spornkuckucken. Er fliegt nur ungern. Vor dem Abflug klettert er auf die äußerste Spitze von Bäumen und Sträuchern.

3 Gurrtaube Cape Turtle Dove *Streptopelia capicola* (Columbidae)

L 25 cm

Merkmale Eine überwiegend graubraune Taube mit einem schwarzen Halbring am Hinterhals; Unterseite grau, am Bauch weißlich; kleiner und blasser als die ebenfalls weit verbreitete **Halbmondtaube** (*S. semitorquata*), die rote Augen hat; die **Angolalachtaube** (*S. decipiens*) ist größer mit blaßorangefarbenen oder weißen Augen und schwarzen Außenschwanzfedern; Stimme: ein dreisilbiger Ruf „gu-ruuuh-ruk".

Vorkommen Standvogel in fast ganz Ostafrika. In buschbestandenen Halbwüsten, Dornbuschsavannen und Savannen.

Wissenswertes Gurrtauben leben meist paarweise, außerhalb der Brutzeit auch in kleinen Trupps. An Wasserstellen können sich Tausende von ihnen zusammenfinden.

4 Palmtaube Laughing Dove *Streptopelia senegalensis* (Columbidae)

L 24–25 cm

Merkmale Eine kleine, überwiegend blaugraue Taube ohne schwarzen Halsring; schwarz gesprenkelte bräunliche Kropfgegend und Halsseiten; die rosarote Brust geht am Bauch in ein gräuliches Weiß über; Schnabel schwärzlich, Beine rötlich; Stimme: ein fünfsilbiger Ruf „uu-kuuk, kuuk-uu-uu".

Vorkommen Standvogel fast in ganz Ostafrika und vielerorts häufig. In Busch- und Baumsavannen, Kulturland.

Wissenswertes Die Palmtaube wird auch Senegaltaube genannt. Sie muß zum Einweichen ihrer Körnernahrung zweimal täglich zur Tränke. Angeblich führt die Art bis zu sechs Bruten pro Jahr durch.

5 Grüntaube Green Pigeon *Treron australis* (Columbidae)

L 28 cm

Merkmale Eine überwiegend grüne Taube mit rotem Schnabelgrund und grauer Schnabelspitze sowie roten Füßen; Unterseite etwas heller; Schwanzfedern je nach Unterart grün oder blaßgrau; ein blaßgrauer Ring am Hinterhals; Stimme: ein heiserer, krächzender Ruf „auwäh", „getirick-gettirick".

Vorkommen Standvogel in großen Teilen Ostafrikas. Nur in baumbestandenen Gegenden und Baumsavannen, wenn Feigenbäume vorkommen.

Wissenswertes Die Grüntaube hält sich im Laubwerk von Feigen- und anderen Bäumen auf und fällt dort wegen ihrer Gefiederfarbe kaum auf.

Vögel

1 Weißbauchlärmvogel
White-bellied Go-away-bird *Corythaixoides leucogaster* (Musophagidae)

L 50 cm

Merkmale Ein langschwänziger, grauschwarz-weißer Vogel mit auffälliger Haube; Brust grau, Bauch weiß; Stimme: ein lauter durchdringender Ruf „ga-äär-gaärr" wie englisch „go away" (daher der englische Name).

Vorkommen Von Äthiopien und Somalia südwärts durch Uganda und Kenia bis in die nördliche Hälfte von Tanzania. In trockenem Buschland und Akazienwäldern entlang von Flüssen.

Wissenswertes Weißbauchlärmvogel treten meist in kleinen Trupps auf. Sie fliegen von Baum zu Baum und lassen bei der geringsten Störung ihren durchdringenden Ruf ertönen. Ihr Nest legen sie meist in einer Astgabel von Bäumen oder Büschen an. Es ist einem Taubennest ähnlich. Sie legen zwei bis drei weiße, leicht bläuliche Eier. Die Jungvögel verlassen das Nest schon lange vor der Flugfähigkeit und klettern im Geäst umher, wo sie von den Eltern gefüttert werden.

2 Kapohreule African Marsh Owl *Asio capensis* (Strigidae)

L 40 cm

Merkmale Ähnlich einer dunklen Sumpfohreule mit kleinen, wenig auffallenden Federohren; Oberseite dunkelbraun mit leichter, hellbrauner Fleckung; Unterseite weißlich, mattbraun und gelblichbraun gefleckt; Gesichtsschleier; Stimme: ein selten zu hörendes, heiseres froschartiges Quaken.

Vorkommen Von Äthiopien südwärts durch ganz Ostafrika bis nach Südafrika. In offenem Grasland, Mooren und Sümpfen.

Wissenswertes Die Kapohreule ist dämmerungs- und nachtaktiv. Sie beginnt ihre Jagd oft schon in den letzten Nachmittagsstunden und fliegt dabei nach Weihenart schaukelnd dicht über den Boden dahin. Ihre Nahrung besteht aus Insekten, Fröschen, kleinen Echsen und Säugern, selten auch aus Vögeln. Gern setzt sie sich auf Warten wie Termitenhügel und Pfähle. Das Nest ist eine Mulde auf der Erde. Das Gelege besteht aus drei bis vier Eiern.

3 Blaßuhu Giant Eagle Owl *Bubo lacteus* (Strigidae)

L 58–65 cm

Merkmale Eine große Eule mit deutlichen Federohren, die größte afrikanische Eule; Unterseite blaß braungrau und ganz fein quergestreift; weißlicher Gesichtsschleier, beiderseits von einem schwarzen Band begrenzt; Stimme: ein klagendes „hu-hu-hu-hu-hu-hu", mit langsam ansteigender Tonhöhe.

Vorkommen In Ostafrika überall an zusagenden Plätzen, aber nicht häufig; im Amboseli National Park gut zu beobachten. Bewohnt mit Bäumen bestandene Ufer von Gewässern, Akazienwälder, Busch- und Baumsavannen.

Wissenswertes Diese große Eule schlägt Buschbabies, verschiedene Hörnchen, Ratten und Kleinvögel und verschmäht auch Frösche und Insekten nicht. Sie brütet gewöhnlich in verlassenen Greifvogelhorsten, ihr Gelege besteht aus zwei Eiern. Der Blaßuhu ist dämmerungs- und nachtaktiv.

4 Perlkauz Pearl-spotted Owl *Glaucidium perlatum* (Strigidae)

L 18–20 cm

Merkmale Ein kleiner Kauz mit rundem Kopf und auffällig langem, gebändertem Schwanz; unterseits weiß mit kräftigen Längsstreifen; Oberseite braun mit weißen Flecken und einer Fleckenreihe auf den Schultern; Iris leuchtend zitronengelb; Stimme: halblaut „kiwüt" und gellend „kijüh", dazu eine ansteigende Rufreihe, oft von Brutpartnern im Duett vorgetragen.

Vorkommen In trockenem Buschland, in der Trockensavanne und in Akazienbeständen ist der Perlkauz lokal in Ostafrika häufig.

Wissenswertes Der Perlkauz ist vorwiegend dämmerungs- und nachtaktiv. Wie der europäische Sperlingskauz stellt er bei Erregung den Schwanz steil und bewegt ihn ruckartig hin und her. Als Brutplatz dient dem Perlkauz eine Baumhöhle, meist eine alte Spechthöhle.

Vögel

1 Streifenliest Striped Kingfisher *Halcyon chelicuti* (Alcedinidae)

L 17 cm

Merkmale Oberseits graubraun mit grünblauem Bürzel, Unterseite rahmfarben mit dunklen Streifen an Brust und Flanken; Oberkopf dunkelgrau mit hellen Stricheln; Bürzel-, Schwanz- und Schwungfedern leuchten etwas blaugrün; Oberschnabel schwarzbraun, Unterschnabel rot; Füße rötlich braun; Stimme: ein lauter abfallender Triller.

Vorkommen In Ostafrika häufig und weit verbreitet. In lichten Wäldern, Savannen und Kulturland, besucht auch Gärten; oft weit vom Wasser entfernt.

Wissenswertes Der Streifenliest sitzt meist auffällig auf Telefonleitungen oder auf der Spitze kleiner Bäume und Sträucher, die er als Ansitzwarten nützt. Seine Nahrung besteht überwiegend aus Insekten, vor allem Heuschrecken und Käfern. Er brütet überwiegend in Baumhöhlen, aber auch in Mauerspalten und Vogelnestern. Das Gelege besteht aus meist vier weißen Eiern.

2 Graufischer Pied Kingfisher *Ceryle rudis* (Alcedinidae)

L 25 cm

Merkmale Schwarzweißes Gefieder, Schopf am Hinterkopf; Oberseite schwarz und weiß gefleckt, Unterseite weiß; Männchen mit einem breiten oberen und schmalen unteren Brustband; Weibchen nur mit einem in der Mitte unterbrochenen Band über der Brust; Schnabel und Beine schwarz; Stimme: ein scharfes „kiiek-kiiek-kiiek".

Vorkommen In ganz Ostafrika, an geeigneten Plätzen zuweilen häufig. Kommt sowohl am Ufer von Binnengewässern als auch an der Küste vor; stellenweise häufig in Uganda, wo er oft auf Telegraphendrähten über dem Wasser sitzt.

Wissenswertes Der Graufischer brütet einzeln oder in Kolonien und gräbt Höhlen in Erdabbrüche meist entlang von Flüssen. Er jagt von exponierten Warten wie Baumspitzen, Brücken, Pfählen oder Telegraphendrähten. Er fängt fast ausschließlich Fische, die er mit dem Kopf voran verschlingt. Dabei rüttelt er auf der Stelle über dem Wasser und stößt dann auf seine Beute hinab.

3 Haubenzwergfischer Malachite Kingfisher *Alcedo cristata* (Alcedinidae)

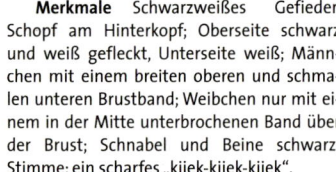

L 13 cm

Merkmale Ein kleiner, prächtig gefärbter Eisvogel mit einer Haube; Kopf kobaltblau mit schwarzen Querstreifen; Rücken ultramarinblau, Kehle weiß; Wangen und Unterseite rötlichbraun; Schnabel und Beine scharlachrot; Stimme: im Flug „tiiet".

Vorkommen Standvogel im gesamten Ostafrika, gebietsweise sogar häufig. An Gewässern mit dichter Ufervegetation.

Wissenswertes Der noch kleinere **Zwergfischer** *(Alcedo picta)* ist ebenfalls Brutvogel in Ostafrika. Er ist zwischen Auge und Kopfplatte rotbraun gefärbt und hat keine Haube. Der in Ostafrika seltene **Kobalteisvogel** *(Alcedo semitorquata)* ist größer, oberseits blau und unterseits rostfarben mit blauen Flecken am Hals. Die Nahrung der kleinen Eisvögel besteht überwiegend aus Wasserinsekten.

4 Braunflügelmausvogel Speckled Mousebird *Colius striatus* (Coliidae)

L 35 cm

Merkmale Ein braungrau gefärbter Mausvogel mit kurzem Federschopf und überlangem Schwanz; Gesicht, Kinn und Kehle schwärzlich; Oberseite braun, Unterseite hellbraun; Beine dunkel fleischfarben, Oberschnabel schwarz, Unterschnabel hellgraublau; Stimme: ein scharfes „tsssick" und verschiedene zwitschernde Töne.

Vorkommen Standvogel in ganz Ostafrika, stellenweise häufig. In lockeren Waldbeständen, an Waldrändern, in Busch- und Kulturland.

Wissenswertes Mausvögel leben nur in Afrika. Sie huschen durchs Geäst wie Mäuse – daher der Name. Im Flug erinnern sie mit dem überlangen Schwanz an winzige Fasane. Der **Weißgesichtmausvogel** *(Colius leucocephalus)* hat einen auffällig weißen Oberkopf und eine quergestreifte Oberseite; der **Rotzügelmausvogel** *(Colius indicus)* hat ein rotes Gesicht.

Vögel

1 Schwalbenschwanzspint Swallow-tailed Bee-eater *Merops hirundineus (Meropidae)*

L 20–22 cm

Merkmale Ein mittelgroßer Bienenfresser mit tief gegabeltem Schwanz; Ober- und Unterseite goldgrün mit einer leuchtend gelben Kehle, die nach unten durch ein blaues Band begrenzt wird; Ober- und Unterschwanzdecken hellblau; der einzige Bienenfresser im Gebiet mit einem Gabelschwanz; breiter schwarzer Augenstreif; Iris tiefrot; Beine schwärzlich; Stimme: ein lautes „tschirie, tschirie", oft wiederholt.

Vorkommen Von Südwest-Äthiopien südwärts durch Uganda, Kenia und Tanzania bis nach Südafrika. Vor allem in Akazienbeständen, Busch- und Baumsavannen und auf Waldlichtungen; oft auch am Wasser.

Wissenswertes Der Schwalbenschwanzspint gräbt bis zu einem Meter lange Brutröhren in Steilwände an Flußufern oder in die flache Erde, oft auf Sandbänken. Er nistet einzeln in kleinen Kolonien. Seine Nahrung erbeutet er von einem Ansitz aus.

2 Zwergspint Little Bee-eater *Merops pusillus (Meropidae)*

L 15 cm

Merkmale Ein kleiner Spint mit abgestutztem Schwanz ohne verlängerte mittlere Steuerfedern; Kehle gelb, durch ein blauschwarzes Brustband begrenzt; ein auffälliger schwarzer Augenstreif, dazu ein angedeuteter blauer Überaugenstreif; Schnabel schwarz, Iris braun; Oberseite überwiegend grünlich; Beine dunkelrot; außerhalb der Brutzeit deutlich blasser gefärbt; Stimme: gelegentlich ein ein- oder zweisilbiges „tiiiep" oder „tie-tiiep".

Vorkommen Von Äthiopien und Somalia südwärts durch ganz Ostafrika bis in den Süden des Kontinents. In Baumsavannen, Sumpfgebieten und Galeriewäldern.

Wissenswertes Im Gegensatz zu den meisten anderen Bienenfressern brütet der Zwergspint meist nicht in Kolonien, sondern einzeln. Er benutzt gerne hohe Grashalme als Ansitzwarten und jagt von dort nach Insekten. Die Hinterleibe von Wespen und Bienen zerquetscht er vor dem Verzehr, vermutlich, um ihren Giftapparat zu entfernen.

3 Scharlachspint Carmine Bee-eater *Merops nubicus (Meropidae)*

L 33–38 cm

Merkmale Ein großer Bienenfresser; Schwanz mit stark verlängerten mittleren Steuerfedern; Ober- und Unterseite überwiegend karminrot gefärbt; Kopfplatte und Kehle dunkelgrünblau, schwarzer Augenstreif; Schnabel schwarz; Iris rotbraun; Bürzel und Unterschwanzdecken blaß kobaltblau; Beine rötlichbraun; Stimme: ein zweisilbiger, metallisch klingender Ruf „rik-rak". Von einigen Autoren wird der **Karminspint** *(Merops nubicoides)* des südlichen Afrikas als Rasse des Scharlachspints angesehen.

Vorkommen Von Äthiopien und Somalia südwärts bis Norduganda, Nordwest-Kenia und Nordost-Tanzania. In Buschsavannen und anderen offenen Landschaften.

Wissenswertes Scharlachspinte leben sehr gesellig. Sie brüten kolonieweise in Höhlen, die sie in Uferböschungen oder sogar in den flachen Erdboden graben. Außerhalb der Brutzeit vereinigen sich die Vögel zu mitunter großen Schwärmen. Sie benutzen Baumspitzen, Telefonleitungen und sogar Weidetiere als Ansitzwarte. Von dort aus steigen sie auf, um Insekten im Flug zu erbeuten.

4 Weißstirnspint White-fronted Bee-eater *Merops bullockoides (Meropidae)*

L 22–24 cm

Merkmale Schwanz ohne verlängerte mittlere Steuerfedern; Oberseite grün, Nacken zimtfarben, Stirn weiß; Schnabel schwarz, Iris braun; Kehle lebhaft scharlachrot, Brust und Bauch braungelb; Ober- und Unterschwanzdecken ultramarinblau; Stimme: nasale Rufe wie „waark, aark".

Vorkommen Von Zentralkenia bis ins südliche Afrika vorkommend. In Buschlandschaften in Gewässernähe und in Galeriewäldern mit Steilufern; auch im Kulturland, in buschreichen Gegenden und im Gebirge.

Wissenswertes Der Weißkehlspint brütet in Kolonien. Er gräbt seine Brutröhren ins Steilufer von Gewässern.

1 Gabelracke Lilac-breasted Roller *Coracias caudatus (Coraciidae)*

L 35–40 cm

Merkmale Auffällig verlängerte äußere Schwanzfedern, am Ende zugespitzt; Oberseite dunkelbraun, grünlich verwaschen, Kehle und Brust violett, übrige Unterseite grünlichblau; Bürzel und Flügeldecken leuchtend ultramarinblau; Beine grünlichgelb; Stimme: heiser krächzend „kra-kra".

Vorkommen Von Äthiopien und Somalia südwärts durch ganz Ostafrika bis ins südliche Afrika. In Baumsavannen, offenem Buschland und Kulturland.

Wissenswertes Die Gabelracke ist einer der schönsten Vögel der Welt und in ihrem Verbreitungsgebiet in Afrika überall regelmäßig anzutreffen. Im Gebiet erscheinen auch die ähnliche **Blauracke** *(C. garrulus)*, die jedoch keine Schwanzspieße und eine blaue Unterseite hat, und die **Spatelracke** *(C. spatulatus)*, deren äußere Schwanzfedern am Ende auffällig verbreitert sind. Wie alle Racken sitzt die Gabelracke gerne auf Baumspitzen, Leitungsmasten, Termitenhügeln oder Zäunen, um von dort nach Insekten zu jagen.

2 Strichelracke Purple Roller *Coracias naevius (Coraciidae)*

L 35–40 cm

Merkmale Eine große untersetzte Racke ohne Schwanzspieße; Oberseite olivbraun, Unterseite rötlichbraun mit kräftigen weißen Längsstreifen; Scheitel rotbraun, kräftige weiße Überaugenstreifen, die bis in den Nacken reichen; Schnabel schwarz, Iris braun; Schwanz und Schwingen dunkelpurpurblau; Beine olivbraun; Stimme: ein knarrendes „kra-kra".

Vorkommen Von Äthiopien südwärts durch Kenia und Uganda bis nach Nordtanzania. In Dornbuschsavannen und Buschland mit lockerem Baumbewuchs.

Wissenswertes Strichelracken führen einen auffälligen Balzflug mit Überschlag und lauten „kraa-kraa"-Rufen vor. Sie brüten in Baumlöchern oder verlassenen Spechthöhlen. Obwohl die Art nicht sehr gesellig ist, trifft man in günstigen Nahrungsrevieren manchmal zahlreiche Tiere an. Zum Beutespektrum gehören große Insekten, Skorpione, Eidechsen und kleine Schlangen. Sie werden von einer Warte aus bejagt.

3 Palmensegler African Palm Swift *Cypsiurus parvus (Apodidae)*

L 13 cm

Merkmale Unverkennbar; ein zierlich gebauter Segler mit langen, schmalen Flügeln und langem, tief gegabeltem Schwanz; Gefiederfarbe blaß graubraun mit wenig auffälliger Kehlfärbung; Stimme: ein hoher, zwitschernder Ruf, im Flug vorgetragen.

Vorkommen In ganz Ostafrika, wo Palmen vorkommen. An verschiedene Palmenarten gebunden, die als Nistbäume dienen, z.B. Borassus-, Kokos- und Doumpalme.

Wissenswertes Palmensegler erhielten ihren Namen, weil sie ihre Nester an schwankende Palmenblätter ankleben. Sie heften nur ein winziges Nest an alte herabhängende Wedel und kleben die beiden Eier mit Speichel in der flachen Nestmulde fest. Der brütende Vogel sitzt steil aufgerichtet.

4 Haussegler Little Swift *Apus affinis (Apodidae)*

L 13 cm

Merkmale Ein schwarzer Segler mit gerade abgestutztem, nicht gegabeltem Schwanz; ober- und unterseits schwärzlich mit weißem Kehl- und großem, weißem Bürzelfleck; Stimme: ein scharfes, trillerndes Zwitschern, meist in der Nähe der Nistplätze zu hören. Der **Horussegler** *(Apus horus)* und der **Kaffernsegler** *(Apus caffer)* haben ebenfalls einen weißen Bürzel, aber einen gegabelten Schwanz.

Vorkommen Überall in Ostafrika in geeigneten Lebensräumen. Nistet in Gebäuden, an Brücken und Felsen auf dem Lande sowie in der Stadt; gesellig, Koloniebrüter.

Wissenswertes Der Haussegler gehört zum Bild fast aller afrikanischen Städte. Am Abend versammeln sich oft Hunderte der Vögel zu einer schrill rufenden, wild dahinstiebenden Meute. Die oft eng aneinanderstehenden Nester sind ungeordnete Klumpen von Federn und Halmen.

1 Kaffernhornrabe Ground Hornbill *Bucorvus leadbeateri (Bucerotidae)*

L 90–129 cm
Merkmale Der größte der afrikanischen Nashornvögel; Gefieder schwarz, nur im Flug sind die weißen Handschwingen sichtbar; Gesicht und Kehle nackt und leuchtend rot, beim Weibchen ein kleiner blauer Kehlfleck; Stimme: ein dumpfes „wumb", zuweilen von beiden Partnern abwechselnd vorgetragen.

Vorkommen Sehr lokal verbreiteter Standvogel in Kenia, Uganda und Tanzania. In Savannen und Buschlandschaften.

Wissenswertes Im Gegensatz zu anderen Nashornvögeln mauern die Weibchen sich nicht in der Bruthöhle ein. Der **Sudanhornrabe** *(Bucorvus abyssinicus)* erscheint in Nordkenia und -uganda. Bei ihm sind die unbefiederten Hautteile blau gefärbt.

2 Silberwangenhornvogel Silvery-cheeked Hornbill *Bycanistes brevis (Bucerotidae)*

L 65–72 cm
Merkmale Mit gut ausgebildetem, gelblichem „Helm" auf dem Oberschnabel; bis auf ein wenig Weiß an den Schwanzecken und Ober- und Unterschwanzdecken ganz schwarz; Stimme: eine Folge von lauten, rauhen, trompetenden Rufen „aark-aark".

Vorkommen Standvogel vom südlichen Äthiopien südwärts durch Kenia und Osttanzania; häufig in den Bergwäldern Osttanzanias und den Küstenwäldern Kenias.

Wissenswertes Der Silberwangenhornvogel ist gesellig. Die Brut findet in einer Baumhöhle oft in beträchtlicher Höhe statt.

3 Rotschnabeltoko Red-billed Hornbill *Tockus erythrorhynchus (Bucerotidae)*

L 42–50 cm
Merkmale Oberseite braunschwarz, mit einem weißen Streifen an der Schulter; Flügel auffällig weiß gefleckt; Unterseite weiß; Schnabel rot, beim Männchen mit einem schwarzen Fleck an der Basis des Unterschnabels; unbefiederte Partien ums Auge und an der Kehle rosa; Beine schwarz; Stimme: ein fortlaufendes „tuock-tuock-tuock".

Vorkommen Von Äthiopien und Somalia südwärts durch ganz Ostafrika. In Busch- und Baumsavannen und Akazienwäldern.

Wissenswertes Wie alle Tokoarten brütet der Rotschnabeltoko in Baumhöhlen. Das Weibchen wird in der Höhle vom Männchen von außen eingemauert. Durch einen schmalen Spalt von etwa einem Zentimeter Breite wird es vom Männchen gefüttert.

4 Gelbschnabeltoko Yellow-billed Hornbill *Tockus flavirostris (Bucerotidae)*

L 48–60 cm
Merkmale Ein mittelgroßer Toko mit weißer Unterseite; weißgefleckte braunschwarze Flügel; mächtiger, orangegelber, leicht abwärts gebogener Schnabel; Augenring unbefiedert und gelbrot, Iris gelb; nackter rosafarbener Kehlfleck; Stimme: ein ansteigendes „tok-tok-tok-tok" das in ein lautes „tschedek-tschedek" übergeht.

Vorkommen Zerstreut in Kenia, Nordost-Uganda und Nordtanzania. In trockenem Buschland.

Wissenswertes Gelbschnabeltokos halten sich nicht selten in der Nachbarschaft menschlicher Siedlungen auf. Sie sind dann zum Teil sehr zutraulich. Sie fressen pflanzliche und tierische Nahrung, bevorzugt schwärmende Termiten.

5 Grautoko Grey Hornbill *Tockus nasutus (Bucerotidae)*

L 43–48 cm
Merkmale Hauptsächlich blaß graubraun; weißer Überaugenstreif; Brust und Bauch weiß; Flügeldecken mit weißlichen Säumen; Schnabel beim Männchen schwarz mit elfenbeinfarbenem Streifen von der Basis des Oberschnabels bis über die Mitte; Oberschnabel beim Weibchen hinten gelb, vorne braunrot; Stimme: ein zweisilbiges „pie-huh".

Vorkommen Zerstreut in ganz Ostafrika. In Busch- und Baumsavannen.

Wissenswertes Der Grautoko hält sich überwiegend auf Bäumen auf und kommt selten auf die Erde.

Vögel

1 Flammenkopfbartvogel
Red and yellow Barbet *Trachyphonus erythrocephalus* (Capitonidae)

L 23 cm

Merkmale Ein Bartvogel mit auffällig leuchtendem Gefieder; schwarze Oberseite; Flügel und Schwanz dicht mit weißen Flecken besetzt; Unterseite hellgelb; Männchen mit dünnem, schwärzlichem Brustband, schwarzem Kehlfleck und dunkler Kopfplatte; Oberkopf rot, Kopfseiten und Vorderhals rot bis orangerot; Stimme: Duettsänger; Gesang ein wiederholtes „tügel-de-tügel".

Vorkommen Von Südäthiopien durch Kenia bis Nordost-Tanzania. In halbwüstenartigem Buschland und Dornbuschsavannen.

Wissenswertes Die meisten Bartvögel nisten in Baumhöhlen. Der Flammenkopfbartvogel dagegen ist ein Bodenbewohner und zimmert seine Bruthöhle in Termitenbauten. Benannt sind die Bartvögel nach steifen Borsten, eben dem „Bart", die am Schnabelgrund wachsen.

2 Gelbkehlpieper Yellow-throated Longclaw *Macronyx croceus* (Motacillidae)

L 20–21 cm

Merkmale Ein kräftiger Großspornpieper mit leuchtend gelber Kehle, die von einem breiten schwarzen Band eingefaßt ist; Schwarz des Brustbandes zum gelben Bauch hin gestrichelt; oberseits bräunlich mit hellen Federsäumen; Stimme: ein melodisches „tjuwieh", von Sitzwarten aus; außerdem ein melodischer Gesang, der sowohl im Flug als auch von einer Warte vorgetragen wird.

Vorkommen Lokaler Standvogel in ganz Ostafrika. In offenen Gras- und Buschsavannen sowie Kultursteppen.

Wissenswertes Beim ähnlichen und im Gebiet seltenen **Fülleborns Großspornpieper** (*Macronyx fuelleborni*) ist das Schwarz des Brustbandes scharf zum Bauch abgegrenzt. Der in Südwest-Kenia und Tanzania verbreitete **Karmesinpieper** (*Macronyx amelia*) hat eine leuchtend lachsrote Kehle.

3 Rotnackenlerche Rufous-naped Lark *Mirafra africana* (Alaudidae)

L 15–18 cm

Merkmale Oberseits rötlichbraun mit schwarzen Längsstreifen; Nacken rötlichbraun; Unterseite heller bräunlich mit dunkler Fleckung auf der Brust; Schwanz ziemlich kurz mit braunen Kanten; Stimme: charakteristischer Pfiff wie „zieh-tüwieh".

Vorkommen Ganz Ostafrika, stellenweise in Kenia und Uganda häufig. In offenen Gras- und Buschsavannen.

Wissenswertes Die Rotnackenlerche singt gerne von einem erhöhten Sitzplatz aus, manchmal auch in einem flatternden Singflug.

4 Rötelschwalbe Red-rumped Swallow *Hirundo daurica* (Hirundinidae)

L 18 cm

Merkmale Eine ziemlich große Schwalbe mit schwach rostfarbener Unterseite; Kopfseiten kräftiger rostrot; schwarzblaue Kopfplatte; Unterschwanzdecken schwarz; Stimme: ein kurzes Zwitschern.

Vorkommen Ganz Ostafrika und südlich davon. In Busch- und Baumsavannen.

Wissenswertes Rötelschwalben bauen ein kalebassenförmiges Nest mit Einschlupfröhre aus Schlamm unter überhängenden Felsen, Dachvorsprüngen und Brücken.

5 Kleine Streifenschwalbe Lesser Striped Swallow *Hirundo abyssinica* (Hirundinidae)

L 18,5 cm

Merkmale Erkennbar an der rotbraunen Kopfplatte, dem rotbraunen Bürzel und der schwarzweiß gestreiften Unterseite; Oberseite blauschwarz; äußere Schwanzfedern verlängert; Stimme: ein zwitschernder Gesang, Pfiffe sowie schnurrende Laute.

Vorkommen Häufiger Stand- und Strichvogel Ostafrikas. In der Nähe von felsigem Gelände oder menschlichen Siedlungen.

Wissenswertes Die Kleine Streifenschwalbe tritt meist paarweise oder in kleinen Trupps auf. Das Nest ähnelt dem der Rötelschwalbe.

1 Gelbschnabelmadenhacker Yellow-billed Oxpecker *Buphagus africanus (Sturnidae)*

L 22,5 cm

Merkmale Deutlich größer als der **Rotschnabelmadenhacker** *(Buphagus erythrorhynchus)*, unterseits heller und mit hellerem Bürzel als dieser; kennzeichnend ist der leuchtend gelbe, derbe Schnabel mit roter Spitze, deutlich dicker als beim Rotschnabelmadenhacker; Rachen blutrot, Beine braun, Augenring unauffälliger als bei der anderen Art; Stimme: ein gackerndes „krisssss".

Vorkommen Im Westen Kenias und Tanzanias verbreitet, fehlt im Osten. In Buschsavannen und lockeren Baumbeständen.

Wissenswertes Genau wie der Rotschnabelmadenhacker ist die Art immer nur in der Nähe von Großwild oder Haustieren anzutreffen. Unter den „Wirten" werden Arten wie Kudu, Impala und Rappenantilope offenbar bevorzugt. Der Gelbschnabelmadenhacker nistet in Baumhöhlen, wo er ein umfangreiches Nest aus Gras und Heu zusammenträgt. Die Jungen schlüpfen nach 14 Tagen und werden mit Insekten gefüttert. Im Alter von drei Wochen fliegen die Jungen aus. Sie werden noch einige Tage von den Altvögeln mit Nahrung versorgt und bald in die Nähe von Großtierherden geführt.

2 Dreifarbenglanzstar Superb Starling *Lamprotornis superbus (Sturnidae)*

L 17,5 cm

Merkmale Ein kleiner, etwas untersetzter, kurzschwänziger Glanzstar; metallisch blaugrün mit schwarzblauem Kopf; Bauch leuchtend rostrot; quer über der Brust ein schmales weißes Band; Unterschwanzdecken und Unterflügel weiß; Iris gelb; Stimme: vorwiegend hohe, schrill pfeifende Laute; zwitschernder Gesang, der auch andere Stimmen nachahmt.

Vorkommen Häufiger Standvogel in Ostafrika. In Dornbusch- und Akaziensavannen, auch nahe menschlichen Behausungen.

Wissenswertes Der Dreifarbenglanzstar baut ein kugelförmiges Nest in Büsche und Bäume, zuweilen nistet er auch in Baumhöhlen. Das Gelege besteht aus vier Eiern. Außerhalb der Brutzeit leben die Vögel in Trupps mit über hundert Individuen. Sie suchen ihre Nahrung meist auf dem Erdboden.

3 Hildebrandt-Glanzstar Hildebrandt's Starling *Lamprotornis hildebrandti (Sturnidae)*

L 17,5 cm

Merkmale Der vorigen Art sehr ähnlich, jedoch metallisch violett und insgesamt dunkler wirkend; unterscheidet sich in folgenden Merkmalen vom Dreifarbenglanzstar: Augen orangerot statt gelb, Unterflügel und Unterschwanzdecken rot statt weiß, kein weißes Brustband; Stimme: vorwiegend melodische Pfiffe; Gesang: eine Folge von langgezogenen und zweisilbigen Pfiffen.

Vorkommen Standvogel in der südlichen Hälfte von Kenia und in Nordtanzania. In Busch- und Baumsavannen.

Wissenswertes Wie der Dreifarbenglanzstar sucht der Hildebrandt-Glanzstar seine Nahrung überwiegend auf dem Erdboden. Der von Äthiopien südwärts bis Südkenia vorkommende **Shelley-Glanzstar** *(Lamprotornis shelley)* ist ähnlich, aber oberseits dunkler und unterseits dunkelbraun.

4 Schweifglanzstar Rüppell's Long-tailed Starling *Lamprotornis purpuropterus (Sturnidae)*

L 33–35 cm

Merkmale Ein großer, schwarzer und langschwänziger Glanzstar mit blauviolettem Glanz, am Kopf und an der Kehle bronzeschimmernd; Augen auffällig elfenbeinweiß; Stimme: schwatzende und schnatternde Rufe; Gesang sehr melodisch.

Vorkommen Standvogel in Kenia, Uganda und Tanzania. In Busch- und Akaziensavannen, offenem Wald- und Kulturland.

Wissenswertes Der Schweifglanzstar heißt auch Langschwanz-Purpurglanzstar. Er lebt außerhalb der Brutzeit in kleinen Trupps und besucht zusammen mit anderen Glanzstaren menschliche Siedlungen, wo er recht vertraut wird. Schweifglanzstare brüten in Baumhöhlen, gelegentlich in verlassenen Nestern anderer Vögel. Der weiter südlich verbreitete **Mevesglanzstar** *(L. mevesii)* ist leicht am braunen Auge zu erkennen.

Vögel

1 Graubülbül Common Bulbul *Pycnonotus barbatus* (Pycnonotidae)

L 18 cm

Merkmale Ein häufiger Gartenvogel Ostafrikas; Oberseite graubraun, Kopf und Kinn schwärzlich bis dunkelbraun, über die Brust zum Bauch in ein blasses Braun übergehend; Bauch weiß, Unterschwanzdecken blaßgelb; Kopf leicht geschopft wirkend; Stimme: ein schimpfender Alarmruf, Gesang kurz wie „tuu, dli, dli, dli, tschi, tschi".

Vorkommen Ein häufiger Vogel in Gärten, verlassenem Kulturland, Baumsavannen, Küstenbusch und Sekundärwäldern Ostafrikas; eine der häufigsten Vogelarten im Gebiet.

Wissenswertes Bülbüls sind drosselähnliche Vögel mit meist ungeflecktem Gefieder, in dem grüne, gelbe und schmutzig graue und braune Töne vorherrschen. Die Beine sind sehr kurz. Die meisten Arten leben in Wäldern. Die Hauptnahrung besteht aus Früchten, aber auch aus Insekten. Viele Arten singen sehr melodisch.

2 Trauerdrongo Fork-tailed Drongo *Dicrurus adsimilis* (Dicruridae)

L 25 cm

Merkmale Völlig schwarzes Gefieder; Schwanz auffällig gegabelt wie die Schwanzflosse eines Fisches; grauer Fleck auf dem Flügel; Schnabel und Beine schwarz, Iris dunkelrot; Geschlechter gleich gefärbt, aber Männchen mit tiefer gegabeltem Schwanz; Jungvögel etwas matter schwarz mit grauen Federsäumen; Stimme: harte, metallische Rufe, laute Pfiffe und krächzende Laute.

Vorkommen Weit verbreitet und sehr häufig in Ostafrika. In Busch- und Baumsavannen, lichten Trockenwäldern, bewaldetem Buschland.

Wissenswertes Trauerdrongos leben meist paarweise. Bei üppigem Nahrungsangebot sind aber auch zahlreiche Individuen zu beobachten. Sie sitzen gern auf exponierten Sitzwarten und starten von dort zu kurzen Jagdflügen auf fliegende Insekten, die sie mit hörbarem Schnabelklappern erbeuten. Der in Ostafrika seltene **Geradschwanzdrongo** (*Dicrurus ludwigi*) ist kleiner und hat einen fast gerade abgestutzten Schwanz.

3 Schildrabe Pied Crow *Corvus albus* (Corvidae)

L 45–52 cm

Merkmale Krähengroß, schwarz mit weißer Brust und weißem Halsband; Stimme: ein heiseres Krächzen.

Vorkommen Afrika südlich der Sahara mit Ausnahme der Regenwaldgebiete; fast überall in Ostafrika. In offenem Gelände, Kulturland, am Ufer von Binnengewässern und an Meeresküsten.

Wissenswertes Der ebenfalls schwarzweiß gefärbte **Geierrabe** (*Corvus albicollis*) ist erheblich größer und völlig schwarz mit einem halbmondförmigen Fleck auf dem Vorderrücken. Schildraben halten sich gern in der Nachbarschaft von Städten und Dörfern auf und suchen dort nach Abfällen aller Art. Sie finden sich oft am Aas ein, erbeuten aber auch kleine Vögel im Flug.

4 Weißflankenbuntschnäpper Chin-spot Flycatcher *Batis molitor* (Platysteiridae)

L 11,5 cm

Merkmale Ein kleiner, gedrungen wirkender Schnäpper; Männchen schwarz, weiß und grau gefärbt mit einem schwarzen quer über die Brust verlaufenden Band; Weibchen mit rostrotem Brustband und rostrotem Kehlfleck, im Flug wird ein schwirrendes Geräusch erzeugt; Stimme: ein quietschendes „dschirr", „dschirr" und ein zweisilbiger Alarmruf wie „tih-tid".

Vorkommen Standvogel von Kenia und Uganda südwärts bis nach Südafrika. In Baumsavannen, Galeriewäldern, besonders Akazienwäldern und dichtem Busch; gern in Gärten und Kulturland.

Wissenswertes Der Weißflankenbuntschnäpper gehört zur Familie der Kleinschnäpper. Das sind kleine, fliegenschnäperähnliche Vögel, deren Männchen meist schwarzweiß gefärbt ist. Sie zeichnen sich durch einen breiten Schnabel und ein sehr weiches und lockeres Rückengefieder aus. Mit den eigentlichen Fliegenschnäppern sind sie nicht verwandt, eher mit den Würgern.

Vögel

1 Rüppellwürger Northern White-crowned Shrike *Eurocephalus rueppelli* (Laniidae)

L 22–24 cm

Merkmale Für einige Autoren ist der Rüppellwürger lediglich die ostafrikanische Rasse des **Weißscheitelwürgers** (*E. anguitimens*); ein oberseits graubrauner Würger mit weißem Scheitel, weißer Kehle und Brust sowie weißem Bauch, der in die grauen Unterschwanzdecken übergeht; Augenstreif bis hinters Ohr, wo er sich stark verbreitert; Schnabel dunkel hornfarben, Iris braun; Beine hell- bis dunkelbraun; Geschlechter gleich, Jungvögel bräunlicher; Stimme: ein heiseres „kaa-kaa-kaa" und ein lautes „kwäh-kwäh".

Vorkommen Von Äthiopien südlich durch Norduganda, Kenia bis Südtanzania und weiter südwärts. In Buschsavannen und lockeren Baumbeständen.

Wissenswertes Der Weißscheitelwürger zeigt einen auffälligen Gleitflug mit steifen Schwingen zwischen Bäumen.

2 Elsterwürger Magpie Shrike oder Long-tailed Shrike *Corvinella melanoleuca* (Laniidae)

L 35–43 cm

Merkmale Ein großer schwarzweißer Würger mit sehr langem Schwanz, weißem Flügelspiegel und je einem weißen Streifen beiderseits des Rückens; grauer Bürzel; Schnabel und Beine schwarz, Iris braun; Männchen etwas größer und kontrastreicher gefärbt als Weibchen; Jungvögel braun; Stimme: ein zweisilbiger, trillernder Ruf „klidloh" sowie krächzende Laute.

Vorkommen Von Kenia südwärts durch Tanzania bis ins südliche Afrika. In Dornbuschsavannen und lichten Mopanewäldern.

Wissenswertes Der Elsterwürger ist so langschwänzig, daß er mit keiner anderen Art verwechselt werden kann. Der **Fiskalwürger** (*L. collaris*) ist ebenfalls schwarzweiß, hat aber einen deutlich kürzeren Schwanz mit weißen Außenfedern. Der Elsterwürger sitzt gern auf der Spitze von Büschen und Bäumen und jagt von dort nach Insekten und manchmal kleinen Reptilien. Seine Lieblingsnahrung sind offenbar schwärmende Termiten. Er tritt meist paarweise oder in kleinen Trupps auf. Das Nest wird in den äußeren Zweigen von Dornbüschen angelegt.

3 Graurückenwürger Grey-backed Fiscal *Lanius excubitorius* (Laniidae)

L 25 cm

Merkmale Oberseite von der schwarzen Stirn bis zum Schwanzansatz hellgrau mit schwarzen Flecken an Schultern und Flügeldecken; Stirn und ein breiter Augenstrich schwarz; Unterseite weiß, Schwanz weiß mit schwarzen Mittelfedern und breiter schwarzer Endbinde; Stimme: melodische Pfiffe und schrille Rufe.

Vorkommen Von Äthiopien südwärts durch Kenia, Uganda und Tanzania. In Buschsavannen und offenen Landschaften mit lockeren Akazienbeständen.

Wissenswertes Der Graurückenwürger erscheint einzeln oder in kleinen Trupps, die auffällig laut sein können. Er hebt und senkt den langen Schwanz und schwingt ihn hin und her wie ein Pendel.

4 Neuntöter Red-backed Shrike *Lanius collurio* (Laniidae)

L 17–18 cm

Merkmale Männchen mit blaugrauem Oberkopf und Bürzel, Rücken rostrot; ein breiter, schwarzer Augenstreif vom Schnabelgrund bis hinters Ohr; unterseits weiß mit rosa Anflug; Schwanz schwarz mit weißen Außenfedern; Weibchen oberseits rötlichbraun, unterseits gelbbräunlichweiß und an den Flanken quergebändert; Jungvögel unterseits stärker quergebändert; Schnabel und Beine schwarz; Iris braun; Stimme: ein rauhes, doppelt gerufenes „tschaaark".

Vorkommen Ein häufiger Wintergast und Durchzügler in Ostafrika; erscheint aus Eurasien in Zentral-, Ost- und Südafrika; bleibt von Oktober bis April im Gebiet. In Savannen und offenem Gelände mit vereinzelten Büschen.

Wissenswertes Der Neuntöter sitzt gern auf den Spitzen von Büschen. Häufig pendelt er mit dem Schwanz hin und her. Seine Beute sind überwiegend Insekten, die er manchmal auf Dornen spießt, um sie besser bearbeiten zu können.

1 Silberschnäpper Silverbird *Empidornis semipartitus* (Muscicapidae)

L 20 cm
Merkmale Ein schlanker Fliegenschnäpper mit auffällig silbergrauer Oberseite und lebhaft rostroter Unterseite; ziemlich langschwänzig; Jungvögel oberseits bräunlich, unterseits schwärzlich gefleckt, doch immer mit silbergrauem Rücken und roter Unterseite; Stimme: ein weicher zwitschernder Gesang.
Vorkommen Ein sporadisch verbreiteter und nicht sehr häufiger Standvogel in Uganda, Westkenia und Tanzania; in Kenia ziemlich häufig in der Umgebung des Lake Baringo. In trockenen, mit Busch und Akazien bestandenen Gebieten unterhalb von 1.600 m.
Wissenswertes Wie die meisten anderen Fliegenschnäpper hat auch der Silberschnäpper einen abgeflachten Schnabel mit Borsten am Schnabelgrund. Er sitzt gern auf einer Sitzwarte, von wo aus er in geschicktem Flug Insekten erbeutet.

2 Paradiesschnäpper Paradise Flycatcher *Therpsiphone viridis* (Monarchidae)

L Männchen 30–35 cm, Weibchen 20 cm
Merkmale Ein unverkennbarer Vogel mit auffällig rostrotem Gefieder; schwarzer Kopf mit deutlicher Haube; Männchen mit sehr stark verlängerten mittleren Schwanzfedern; Unterseite schiefergrau; Weibchen ohne verlängerte Schwanzfedern; Schnabel graublau; Iris braun; Beine schiefergrau; Stimme: ein scharfer, zwei- bis dreisilbiger Lockruf, zwitschernder Gesang.
Vorkommen Standvogel in ganz Ostafrika. In Wäldern, Galeriewäldern, Buschland, dichtem Dornbusch, Akazienbeständen, Kulturland und Gärten.
Wissenswertes In einigen Teilen des Verbreitungsgebietes kommen Männchen mit weißer statt fuchsbrauner Oberseite vor, z.B. im Tsavo East and West National Park. Das Nest des Paradiesschnäppers ist ein kunstvolles Gebilde aus Rindenstücken, Halmen, Würzelchen und Spinnweben sowie Pflanzenwolle. Es wird in Astgabeln oder auf waagerechten Ästen angelegt. Das Gelege besteht aus meist drei Eiern.

3 Weißbrauenrötel White-browed Robin Chat *Cossypha heuglini* (Turdidae)

L 20 cm
Merkmale Ein drosselähnlicher Vogel mit relativ langem Schwanz; die gesamte Unterseite leuchtend rostrot; Schwanzfedern ebenfalls rostrot mit Ausnahme der mittleren Federn, die grau sind; Oberseite olivgrau, Scheitel und Kopfseiten schwarz; auffälliger Überaugenstreif; Jungvögel oberseits braun; Stimme: der vor allem morgens und abends vorgetragene Gesang ist sehr melodisch; imitiert auch Gesänge anderer Arten; weiter ein schnurrendes „püp-pürr-ürriiii", wobei die letzte Silbe stakkatoartig geäußert wird.
Vorkommen Ein lokal häufiger Vogel in ganz Ostafrika, mit Ausnahme des Hochlandes von Kenia. In Wäldern, baumreichen Gärten und dichtem Küstenbusch.
Wissenswertes Der Weißbrauenrötel legt sein Nest in Nischen an Uferböschungen, in Baumstümpfen oder Felsspalten an. Das Gelege besteht aus zwei Eiern, die von rahmweiß bis dunkelbräunlich gefärbt sind.

4 Rotbauchdrosselschmätzer Mocking Chat *Thamnolaea cinnamomeiventris* (Turdidae)

L 17,5 cm
Merkmale Ein überwiegend schwarzer Schmätzer mit rotbraunem Bauch und Bürzel; Männchen mit weißem Schulterfleck; Weibchen weniger kontrastreich gefärbt; Stimme: Gesang laut und melodisch, komponiert aus trillernden und flötenden Lauten; guter Stimmenimitator.
Vorkommen Von Äthiopien südwärts durch Kenia und Tanzania bis zum Kap. In felsigem Gelände mit Blockhalden oder Schluchten und Steilwänden, wenn dichtes Buschwerk in der Nähe ist.
Wissenswertes Der Rotbauchdrosselschmätzer setzt sich gern auf exponierte Plätze. Das aus Halmen, Würzelchen und Blättern gebaute Nest wird mit Federn und Haaren ausgepolstert und in Höhlen und Mauerlöchern angelegt. Es enthält meist drei blaß gelblichgrüne oder bläulichgrüne Eier.

Vögel

1 Erdschmätzer Capped Wheatear *Oenanthe pileata* (Turdidae)

L 18 cm

Merkmale Ein ziemlich großer Steinschmätzer mit auffällig aufrechter Körperhaltung; Oberseite dunkelrostbraun mit weißem Bürzel; weiße Kehle, breites, schwarzes Brustband; Kopfplatte, Kopf- und Halsseiten schwarz; breiter weißer Überaugenstreif; Stirn weiß; Schnabel und Beine schwarz; Iris braun; Geschlechter gleich; Stimme: kurzer zwitschernder Gesang, oft im Flug vorgetragen, imitiert hervorragend Rufe und Gesänge anderer Vogelarten.

Vorkommen Weit verbreitet in Ostafrika; von Kenia über Ostuganda und Tanzania bis nach Südafrika. In Gras- und Buschsavannen, Weideland und Küstenebenen.

Wissenswertes Der Erdschmätzer nistet in Höhlen in Termitenhügeln oder Mauselöchern. Das Gelege besteht meist aus drei Eiern.

2 Schwarzkehlchen Stonechat *Saxicola torquata* (Turdidae)

L 13–14 cm

Merkmale Kopf, Nacken und Kehle beim Männchen schwarz, auffälliger weißer Halsseitenfleck, Brust rostrot, Bauch und Bürzel weiß, weißer Flügelfleck; Weibchen oberseits braun mit weißen Flügelflecken, Brust zimtfarben; Jungvögel blasser und oberseits gefleckt; Schnabel und Beine schwarz; Stimme: ein rauh krächzendes „huit-tak-tak", mehrfach wiederholt, sowie ein schnell vorgetragener zwitschernder Gesang.

Vorkommen Lokal verbreitet und an manchen Stellen häufig, in Ostafrika oberhalb von 900 m; von Äthiopien südwärts durch Uganda, Kenia und Tanzania bis nach Südafrika. In Bergmooren, Kulturland, Grassavannen und Buschland.

Wissenswertes Schwarzkehlchen sitzen gern auf der Spitze von Büschen, auf hohen Halmen, Zäunen und Telegraphenmasten. Der Flug ist ziemlich ruckartig. Die Art ist ein Bodenbrüter.

3 Rahmbrustprinie Tawny-flanked Prinia *Prinia subflava* (Sylviidae)

L 12,5 cm

Merkmale Ein kleiner einfarbig gelblichbrauner Vogel mit rötlichen Flügeln und einem langen, deutlich gestuften Schwanz, der häufig „gestelzt" wird; auffälligste heller Überaugen- und dunkler Augenstreif; Geschlechter gleich; Stimme: ein zwitscherndes, gedehntes „tschieer", das oft wiederholt wird, sowie ein leiser Zwitschergesang.

Vorkommen In Ostafrika sehr häufig und weit verbreitet. In offenen Landschaften mit hohem Gras und Gebüsch, am Ufer von Wasserläufen, an Waldrändern, in aufgelassenem Kulturland, Plantagen und Gärten.

Wissenswertes Ähnlich ist die nur lokal in Westkenia und Tanzania vorkommende **Sonnenprinie** (*Prinia erythroptera*). Sie ist bräunlichgrau gefärbt und in allen Kleidern an den lebhaft rotbraunen Schwingen erkennbar.

4 Strahlnektarvogel Collared Sunbird *Anthrepes collaris* (Nectariniidae)

L 10 cm

Merkmale Ein winziger, untersetzt wirkender Nektarvogel mit auffällig kurzem Schwanz; Oberseite und Kehle metallisch gelbgrün mit schmalem, violetten Brustband; Unterseite gelblich; Weibchen und Jungvögel ebenfalls oberseits metallglänzend, jedoch nicht an der Kehle; Stimme: ein weiches „tssssp", das oft zu hören ist, und ein zwitschernder Gesang.

Vorkommen In Ostafrika sehr häufig, vor allem in Uganda und in den Küstenregionen von Kenia und Tanzania. In Wäldern, Baum- und Buschsavannen; an der Küste häufig in Mangrovenbeständen; auch in Gärten und Parks.

Wissenswertes Der **Schwalbennektarvogel** (*Anthrepes orientalis*) kommt in den Trockenbuschgebieten von Kenia und Tanzania vor. Er ist mit 15 cm deutlich länger als der Strahlnektarvogel. Das Männchen ist oberseits und an der Kehle metallisch violettblau gefärbt und unterseits weiß mit blaßgelben Brustbüscheln, das Weibchen ist oberseits grau mit einem weißen Überaugenstreif und violettschwarzem Schwanz.

1 Starweber White-headed Buffalo Weaver *Dinemellia dinemelli* (Ploceidae)

L 22,5 cm
Merkmale Ein starengroßer, kräftiger, untersetzt wirkender Weber mit weißem Kopf und überwiegend weißer Unterseite; papageienartig bunt; Stimme: verschiedene zwitschernde und schnatternde Laute sowie ein papageienartiger Triller.

Vorkommen Von Äthiopien und Somalia südwärts durch Uganda und Kenia bis nach Tanzania. In Trockenbuschgebieten, Akaziensavannen und Dornbuschdickichten.

Wissenswertes Der Starweber erscheint meist in kleinen Gruppen. Seine Nahrung sucht er meist auf dem Boden.

2 Hahnschweifwida Long-tailed Widowbird *Euplectes progne* (Ploceidae)

L Männchen 60–75 cm, Weibchen 15 cm
Merkmale Männchen im Brutkleid mit bis zu 60 cm langem Schwanz; Gefieder unverkennbar schwarz, rot und weiß; Schulterfleck rot, zum Flügel hin weißlich; Männchen im Ruhekleid und Weibchen sperlingsartig gefärbt mit breitem weißem Längsstreifen über dem Kopf; Schnabel schwarz; Jungvögel hellbraun mit weißlichem Bauch; Stimme: ein metallisches „tiiet", Gesang zwitschernd.

Vorkommen Beschränkt auf das Hochland von Zentral- und Westkenia oberhalb von 1.800 m. In offenem Grasland, Gebirgsmooren, Marsch- und Kulturland.

Wissenswertes Das Männchen der **Leierschwanzwida** (*Euplectes jacksoni*) hat einen nur gut körperlangen, abwärtsgebogenen buschigen Schwanz und bräunliche Schultern. Sie lebt im Hochland von Kenia und Tanzania oberhalb von 1.000 m.

3 Oryxweber Red Bishop *Euplectes orix* (Ploceidae)

L 12,5 cm
Merkmale Männchen im Brutkleid leuchtend orangerot mit schwarzem Vorderkopf, Flügel und Schwanz braun; Männchen im Schlichtkleid genau wie Weibchen und Jungvögel unscheinbar sperlingsähnlich mit gestreifter Oberseite; Schnabel des Männchens im Brutkleid schwarz; Stimme: verschiedene zwitschernde und tschilpende Rufe.

Vorkommen Brutvogel in Südkenia, Südwest-Uganda und Tanzania. Zur Brutzeit in hohem Gras, Schilfbeständen und Vegetationsgürteln von Gewässern; außerhalb der Brutzeit auch in offenen Grassavannen.

Wissenswertes Der Oryxweber lebt meist in kleinen Gruppen. Er baut ovale Nester mit seitlichem Eingang. Das Gelege besteht aus vier bis fünf Eiern.

4 Textor oder Dorfweber Black-headed Weaver *Ploceus cucullatus* (Ploceidae)

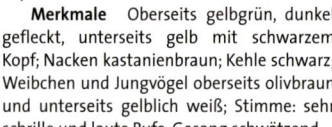

L 17 cm
Merkmale Oberseits gelbgrün, dunkel gefleckt, unterseits gelb mit schwarzem Kopf; Nacken kastanienbraun; Kehle schwarz; Weibchen und Jungvögel oberseits olivbraun und unterseits gelblich weiß; Stimme: sehr schrille und laute Rufe, Gesang schwätzend.

Vorkommen In verschiedenen Unterarten in Südkenia, Ostuganda und Nordtanzania. In waldreichen Gebieten und Kulturland; brütet in der Nähe menschlicher Siedlungen.

Wissenswertes Der Textor hält sich das ganze Jahr über in der Nähe der Brutkolonien auf. Die Nester sind beutelförmig.

5 Cabanisweber Masked Weaver *Ploceus intermedius* (Ploceidae)

L 14 cm
Merkmale Ein oberseits grünlicher, unterseits zitronengelber Weber; Männchen mit schwarzer Maske, die von der Kehle bis zum Scheitel reicht, Auge gelb; Männchen im Ruhekleid, Weibchen und Jungvögel ohne Schwarz am Kopf; Stimme: helle, schrille und laute Rufe, Gesang schwätzend.

Vorkommen Stand- und Strichvogel in Kenia, Uganda und Tanzania. In Savannen und offenem Gelände, Farmland mit Gebüschgruppen und an Waldrändern.

Wissenswertes Der Cabanisweber brütet nur in kleinen Kolonien. Die Nester werden in Schilfbeständen oder Bäumen angelegt, oft auch in Gärten und Parks.

1 Dominikanerwitwe Pin-tailed Whydah *Vidua mocroura* (Viduidae)

L Männchen 30–35,5 cm, Weibchen 11,5 cm
Merkmale Das Männchen ist ein schwarzweißer Witwenvogel mit doppelt körperlangem, schwarzem, sehr schmalem Schwanz und rotem Schnabel; Oberseite überwiegend schwarz; Flügelflecke, Bürzel, Wangen und Kehle weiß; Weibchen und Jungvögel sperlingsähnlich mit gestreifter Oberseite und gestreiftem Kopf; Schnabel ebenfalls rot; Männchen im Ruhekleid ähnlich; Stimme: ein zwitschernder Gesang und ein scharfer Ruf wie „tssp".

Vorkommen Von Südkenia bis Tanzania; meist unterhalb von 2.500 m. In Grasland, lichtem Busch und Kulturland.

Wissenswertes Die Dominikanerwitwe und alle übrigen Witwenarten der Familie *Viduidae* sind Brutparasiten bei Prachtfinken. Während einige Witwenarten auf eine einzige Wirtsvogelart spezialisiert sind, ist die Dominikanerwitwe nicht so streng festgelegt. Vorzugsweise legt sie ihre Eier in das Nest des **Wellenastrilds** (*Estrilda astrild*). Das Männchen zeigt einen auffälligen Balzflug.

2 Schuppenköpfchen Speckle-fronted Weaver *Sporopipes frontalis* (Sporopipidae)

L 12 cm
Merkmale Ein auffallend kleiner Weberverwandter; hell graubraun, Flügel gefleckt, Unterseite weißlichgrau; Stirn, Scheitel und Zügel auf schwarzem Grund ganz fein weiß gepunktet; Nacken rotbraun; Stimme: kurze Rufe wie „tsik".

Vorkommen In Nordwest- und Südkenia bis nach Tanzania. In Busch- und Baumsavannen zwischen 400 m und 2.000 m.

Wissenswertes Schuppenköpfchen brüten einzeln oder in kleinen Gruppen. Das kugelförmige Nest hat einen seitlichen Eingang und wird an Zweigen aufgehängt. Ähnliche Arten sind das **Silberschnäbelchen** (*Lonchura malabrica*) mit schwarzen Flügel- und Schwanzfedern und weißlicher Unterseite und die **Perlhalsamadine** (*Lonchura griseicapella*) mit rotbraunem Rücken, weißem Bürzel und weiß gepunkteten Wangen.

3 Rostsperling oder Riesensperling
Rufous Sparrow *Passer motitensis rufocinctus* (Passeridae)

L 15 cm
Merkmale Ein großer Sperling, ähnlich einem kräftig gestreiften Haussperling; Männchen mit grauem Oberkopf, längsgestreiftem Rücken, schwarzem Kinn, schwarzer Kehlmitte und einem lebhaft rostroten Bürzel; Stimme: das typische Sperlingschilpen.

Vorkommen Häufiger Brutvogel im zentralen Südkenia und Nordtanzania. In hochgelegenem offenen Land mit Flötenakazienbeständen, in denen er seine Nester anlegt; oft nahe menschlicher Siedlungen.

Wissenswertes Die verschiedenen Unterarten des Rostsperlings werden in vier Rassengruppen zusammengefaßt, die weit über Afrika verbreitet sind. Der ähnliche und weit verbreitete **Graukopfsperling** (*Passer griseus*) ist oberseits nicht gestreift.

4 Schmetterlingsfink oder Schmetterlingsastrild
Red-cheeked Cordon-Bleu *Uraeginthus bengalus* (Estrildidae)

L 12,5 cm
Merkmale Oberkopf, Rücken und Flügel überwiegend hellbraun; von den Wangen bis zum Bauch, an den Flanken und Flügeln hell azurblau; Männchen mit rotem Wangenfleck; Schnabel rötlich; Weibchen und Jungvögel blasser gefärbt; Stimme: ein dünner, scharfer Lockruf und ein drei- bis mehrsilbiger Gesang, der ständig wiederholt wird.

Vorkommen Stand- und Strichvogel in Kenia und Uganda bis zur Nordhälfte von Tanzania. In Dornbusch und Akaziensavannen, aufgelassenem Kulturland, an Waldrändern, in Gärten und Parks.

Wissenswertes Der Schmetterlingsfink sucht seine Nahrung, die überwiegend aus Grassamen besteht, meist auf dem Boden. Er lebt paarweise oder in kleinen Gruppen. Ähnlich ist der **Angola-Schmetterlingsfink** (*U. angolensis*) aus Südtanzania, der einen grauen Schnabel und keinen roten Wangenfleck hat.

1 Pantherschildkröte Leopard Tortoise *Geochelone pardalis* (Testudinidae)

L 35–40 cm, max. 72 cm

Merkmale Die größte Landschildkröte in Ostafrika; ausgewachsene Tiere werden mehr als 15 kg schwer, angeblich bis zu 40 kg; der Rückenpanzer von jungen Exemplaren ist gelb mit schwarzen Flecken, mit zunehmendem Alter wird der Panzer einfarbig gelb oder hornfarben mit gelben Flecken.

Vorkommen Die häufigste Schildkrötenart in Ostafrika. In Grasland, Baumsavannen, trockenem Buschland und Küstenebenen; auch im Gebirge.

Wissenswertes Die Pantherschildkröte frißt überwiegend pflanzliche Nahrung, verschmäht jedoch Aas und Fleisch nicht. Die Männchen sind untereinander recht angriffslustig und verfolgen Weibchen hartnäckig. Nach der Kopulation legt das Weibchen 6–20 tischtennisballgroße Eier. 4–14 Monate später schlüpfen die Jungen. Sie haben zahlreiche Feinde, z.B. Warane, Kaffernhornraben, Sekretäre, Schakale, Hyänen und Mungos. Durch Buschfeuer und Straßenverkehr ist die Art zusätzlich stark gefährdet.

2 Glattrand-Gelenkschildkröte Bell's Hinged Tortoise *Kinixys belliana* (Testudinidae)

L 12–17 cm, max. 21 cm

Merkmale Eine mittelgroße Landschildkröte; erheblich flacher gebaut als die vorhergehende Art; der gelbe Rückenpanzer ist auf den Wirbel- und Rippenschildern mit ziemlich breiten schwarzen Strahlen gezeichnet.

Vorkommen Häufig in Ostafrika und weiter südlich bis nach Südafrika. In Savannen des Hochlandes, Dornbuschsavannen, Küstenebenen und Dünenwäldern.

Wissenswertes Die ausgewachsenen Gelenkschildkröten haben im hinteren Teil ihres Rückenpanzers ein scharnierartiges Gelenk, mit dem sie die Öffnungen für Schwanz und Hinterbeine verschließen und damit Bauch und Rückenpanzer fest miteinander verbinden können. Zur Übernachtung suchen die Tiere einen Unterschlupf in Felsspalten oder unter Bäumen auf und vergrößern ihn im Laufe der Zeit durch Kratzen mit den Vorderbeinen.

3 Starrbrustpelomeduse Marsh Terrapin *Pelomedusa subrufa* (Pelomedusidae)

L bis 25 cm

Merkmale Eine ziemlich große Wasserschildkröte; sehr flach gebaut; Beine mit Krallen und Schwimmhäuten; Panzer uni grau, braun oder schwärzlich gefärbt.

Vorkommen Südlich der Sahara; in Ostafrika ziemlich häufig. In allen zusagenden Gewässern, auch in periodisch austrocknenden Tümpeln; unternimmt weite Wanderungen über Land, zur Fortpflanzung jedoch auf Wasser angewiesen.

Wissenswertes Die Süßwasserschildkröten der Gattung *Pelomedusa* gehören zur Unterordnung der *Pleurodira* (= „Halswender"). Diese können nicht wie die „Halsberger" ihren Kopf in den Hals einstülpen. Statt dessen legen sie ihn mit dem Hals seitlich unter den Vorderrand des Panzers.

4 Felsenpython African Rock Python *Python sebae* (Colubridae)

L 3–5 m, max. 5,60 m

Merkmale Die längste Schlange Afrikas; im Gebiet kommt die nördliche Unterart vor; Grundfarbe dunkel gelblich- bis gräulichbraun; Rücken mit einem Muster aus dunkelbraunen und schwarzen Flecken; Bauch weiß, dunkelbraun oder schwarz gesprenkelt; Wärme-Sinnesgruben auf der Ober- und Unterlippe.

Vorkommen In den Schutzgebieten Ostafrikas in grasigem und buschigem Gelände nicht selten. In Ufergebüschen an Flüssen, in Felshöhlen und Löchern sowie in Termitenhaufen.

Wissenswertes Der Felsenpython ist überwiegend nachts aktiv. Am Tage versteckt er sich meist unter Büschen oder im hohen Gras. Pythons fressen in der Jugend Ratten und Mäuse, später erreicht die Beute Antilopen- bis Affengröße. Angriffe auf Menschen werden berichtet, sind aber äußerst selten. Das Weibchen legt zwischen 20 und 100 Eier, die es im Gegensatz zu vielen anderen Schlangen bewacht.

Reptilien / Amphibien

1 Schwarze Mamba   Black Mamba   *Dendroaspis polylepis*   *(Elapidae)*

L 2–2,50 m, max. 4,30 m

Merkmale   Die größte Giftschlange Afrikas; trotz ihres Namens selten schwarz, sondern oberseits meist olivbraun, graubraun oder bleigrau gefärbt, gelegentlich mit dunklen Flecken; unterseits heller.

Vorkommen   Vom Senegal und von Somalia südwärts durch ganz Ostafrika bis ins nördliche Südafrika. Im Gegensatz zu den anderen drei Mambaarten, die ausschließlich auf Bäumen leben, auch auf dem Boden; in Dickichten und buschigem Gelände, Grassavannen, Baumsavannen und Felsregionen.

Wissenswertes   Die Schwarze Mamba ist überwiegend tagaktiv. Wie die meisten Giftschlangen ist die schwarze Mamba scheu; in die Enge getrieben, greift sie jedoch unverzüglich an. Es wird berichtet, daß sie bei einem Angriff ihren Vorderkörper hoch aufrichtet. Menschen werden deshalb in der Regel in die Brust oder ins Gesicht gebissen. Ihr Biß kann für einen Menschen tödlich sein. Das Gift ist ein sehr starkes Nervengift. Das Opfer muß sofort behandelt werden. Oft tritt trotz einer Behandlung mit Antiserum der Tod durch Atemlähmung ein.

2 Schwarze Speikobra   Black-necked Spitting Cobra   *Naja nigricollis*   *(Elapidae)*

L 1,20–2,20 m, max. 2,80 m

Merkmale   Eine Kobra mit breitem Kopf und gerundeter Schnauze; die Färbung ist recht variabel; mehrere Unterarten; *N. n. nigricollis* hat einen schwarzen Rücken, eine gelblichrote Bauchseite und ein breites schwarzes Kehlband; *N. n. nigricinctus* ist oberseits und unterseits grau bis braunschwarz mit zahlreichen schwarzen Ringen; *N. n. woodi* hat einen einfarbig schwarzen Rücken und einen dunkelgrauen Bauch.

Vorkommen   Von West-, Mittel- und ganz Ostafrika bis in den Süden des Kontinents. In Baum- und Grassavannen sowie trockenen Felsgebieten.

Wissenswertes   Die Schwarze Speikobra verbirgt sich tagsüber in Löchern oder Höhlen und begibt sich erst nach Einbruch der Dämmerung auf Beutesuche. Sie jagt überwiegend kleine Nager. Der Biß dieser Art kann für einen Menschen tödlich giftig sein. Speikobras können ihr Gift über 2 m, vielleicht sogar 4 m weit spritzen. Gelangt es in die Augen, verursacht es große Schmerzen oder sogar Erblinden. Die Augen sollten sofort mit Flüssigkeit ausgewaschen werden.

3 Gabunviper   Gaboon Adder   *Bitis gabonica*   *(Viperidae)*

L 80–120 cm, max. 1,80 m

Merkmale   Die längste Otter; Körper stämmig und schwer, am Rücken mit lederfarbenen Rechtecken; Körper seitlich mit schwarzen, grauen und gelben sanduhrförmigen Mustern; diese Färbung läßt die Gabunviper mit der Laubstreu des Waldbodens verschmelzen.

Vorkommen   Weit verbreitet von Westafrika über Zentral- nach Ostafrika und weiter nach Süden. In Küsten- und Bergwäldern.

Wissenswertes   Die Gabunviper hat mit 4 cm die längsten Giftzähne aller Schlangen auf der Erde. Sie ist normalerweise friedfertig, kann aber bei Bedrohung rasch zustoßen. Der Biß kann für Menschen tödlich sein.

4 Puffotter   Puff Adder   *Bitis arietans*   *(Viperidae)*

L 70–90 cm, max. 1,20 m

Merkmale   Eine dicke, schwer gebaute Schlange mit dreieckigem Kopf; Farbe gelbbraun bis hellbraun mit schwarzen, hell gesäumten Flecken; Unterseite weiß oder gelblich; Männchen kleiner und prächtiger gefärbt als Weibchen.

Vorkommen   Die am weitesten verbreitete Giftschlange Afrikas; in allen Lebensräumen außer den Bergwäldern und Wüsten.

Wissenswertes   Die Puffotter zählt zu den am meisten gefürchteten Giftschlangen Afrikas und ist für viele Schlangenbisse verantwortlich. Im Gegensatz zu anderen Schlangen sind Puffottern sehr träge und verlassen sich auf ihre gute Tarnfarbe. So passiert es häufiger, daß Menschen sehr nahe an sie herankommen und gebissen werden. Beim Zustoßen injizieren Puffottern ein Zellgift. Das Gewebe an der Bißstelle stirbt ab.

Reptilien / Amphibien

1 Sudan-Schildechse Rough-scaled Plated Lizard *Gerrhosaurus major* (Cordylidae)

L 30–40 cm, max. 48 cm

Merkmale Eine große und kräftige Echse mit kurzem Kopf, rundlicher Schnauze und großen, dunklen Augen; Oberseite hell gelblichbraun, Unterseite graubraun, Kehle cremefarben.

Vorkommen Von Togo im Westen und Äthiopien im Osten durch Ostafrika bis ins südliche Afrika. Auf Felsen und Blockhalden, in Flußbetten sowie in Ritzen und Höhlen von Bäumen und Termitenhügeln.

Wissenswertes Die Nahrung der Sudan-Schildechse besteht aus Früchten und Blüten, Tausendfüßern, Käfern und Heuschrecken. Wie viele Eidechsen frißt sie auch junge Artgenossen und kleine Eidechsenarten.

2 Fünfstreifenmabuye Five-lined Skink *Mabuya quinquetaeniata* (Scincidae)

L 18–24 cm, max. 29 cm

Merkmale Eine prächtig gefärbte Echse; alte Männchen oberseits olivbraun, jede Schuppe mit perlmuttfarbenem Fleck; Schwanz rötlichorange; Jungtiere und Weibchen sind auf der Oberseite braun oder schwarz mit drei bläulichweißen Längsstreifen und prächtig blauen Schwänzen.

Vorkommen In den Savannen Ostafrikas. In Felsbiotopen.

Wissenswertes Wie andere Mabuya-Arten ist die Fünfstreifenmabuye in der Lage, Teile des Schwanzes abzuwerfen (Autotomie). Es handelt sich um eine Schutzmaßnahme; Greifvögel schnappen zuerst nach dem zuckenden und auffällig blauen Schwanz.

3 Nilwaran Nile Monitor *Varanus niloticus* (Varanidae)

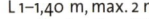

L 1–1,40 m, max. 2 m

Merkmale Die größte afrikanische Eidechse; stämmiger Körper mit kräftigen Beinen; verlängerte Schnauze; Schwanz länger als der Körper, seitlich abgeflacht; oberseits graubraun bis olivbraun, unterseits gelb mit schwarzen Querstreifen; Jungtiere viel bunter und kontrastreicher.

Vorkommen Überall in Ostafrika in der Nähe größerer Gewässer.

Wissenswertes Der Nilwaran lebt amphibisch. Er schwimmt hervorragend. Gegen Feinde setzt er sich durch Schwanzschläge erfolgreich zur Wehr. Das Weibchen legt 20–60 Eier in Termitenhügeln ab. Die Termiten schließen die Eier in ihrem Nest ein. Vier bis zehn Monate später schlüpfen die jungen Warane. Dann weicht der Termitenhügel durch die Eireste auf und die Jungen können sich einen Ausgang scharren.

4 Steppenwaran Rock Monitor *Varanus exanthematicus* (Varanidae)

L 70–110 cm, max. 1,32 m

Merkmale Kleiner als der Nilwaran, insgesamt heller und grauer als jener; Rücken gelb und braun gefleckt, Bauch gelblichgrau.

Vorkommen In Baum- und Buschsavannen südlich der Sahara.

Wissenswertes Die Männchen des Steppenwarans sind sehr territorial und gegenüber Artgenossen zuweilen höchst aggressiv. Steppenwarane leben in selbstgegrabenen Erdhöhlen oder in aufgegebenen Bauen von Erdferkeln, Nagetieren und Warzenschweinen. Die Paarung ist ausgesprochen kämpferisch, Männchen und Weibchen umschlingen, beißen und kratzen einander vor der Begattung.

5 Nilkrokodil Nile Crocodile *Crocodylus niloticus* (Crocodylidae)

L 2,5–3,5 m, max. 5,60 m

Merkmale Die einzige Krokodilart in Ostafrika; unverkennbar, bis zu 1 t schwer.

Vorkommen Verbreitet in den Schutzgebieten Ostafrikas. An großen Flüssen, Seen und in Sümpfen; auch in Flußmündungen und Mangrovensümpfen.

Wissenswertes Krokodile sind offenbar durch ihren Körperbau an das Leben in großen Gewässern so gut angepaßt, daß sie sich in ihrem Äußeren seit 100 Mio. Jahren nicht verändert haben. Sie schwimmen hervorragend. Dabei befinden sich nur Nase, Augen und Ohren über Wasser.

Reptilien / Amphibien

1 Siedleragame   Common Agama   *Agama agama*   (Agamidae)

L 8–14 cm, max. 18 cm

Merkmale   Kopf dreieckig, Körper abgeplattet, Schwanz lang, in eine Spitze auslaufend; Kopf gelb, rot oder orange, Rest des Körpers olivbraun, beim dominanten Männchen einer Gruppe leuchtend hellblau.

Vorkommen   Häufige Echsenart in Ostafrika; zahlreiche Unterarten im Gebiet. In der Nähe menschlicher Siedlungen, in steinigem Gelände, in Steppen und Savannen.

Wissenswertes   Siedleragamen leben in Gruppen aus 2–25 Tieren zusammen. Ein Männchen ist gegenüber den anderen dominant. Das Weibchen legt nach der Begattung 4–6 Eier in ein Erdloch. Die Jungen schlüpfen nach zwei bis drei Monaten.

2 Blaukehlagame   Tree Agama   *Agama atricollis*   (Agamidae)

L 20–30 cm, max. 39 cm

Merkmale   Eine stattliche Agamenart; erwachsene Männchen mit großen, seitlich verdickten Köpfen; Oberseite ungemustert blauschwarz, am Schwanz olivbraun; manchmal ein heller Längsstreifen vom Kopf bis zur Schwanzwurzel; in der Fortpflanzungszeit farbenprächtig mit türkisblauem Kopf und schillernd blauer Kehle und Brust; Weibchen hell olivbraun, oberseits mit einem undeutlichen Netzmuster.

Vorkommen   In tiefer gelegenen Gebieten in Ostafrika weit verbreitet. In der Nähe menschlicher Siedlungen und auf Bäumen.

Wissenswertes   Blaukehlagamen sind geschickte Kletterer. Bei Gefahr fliehen sie in Baumkronen und verbergen sich im Blattwerk vor ihren Feinden. Sie fressen Insekten und deren Larven, Spinnen und andere Wirbellose. Zur Eiablage legt das Weibchen eine flache Erdgrube an. Die bis zu zwölf weißen Eier sind von einer weichen Hülle umgeben.

3 Lappenchamäleon   Flap-neck Chamaeleon   *Chamaeleo dilepis*   (Chamaeleonidae)

L 20–24 cm, max. 35 cm

Merkmale   Grundfarbe des Weibchens kräftig grün mit weißem Seitenstreifen; Männchen kleiner und heller gefärbt; Farbe kann bis nach dunkelbraun gewechselt werden; Kopf helmförmig mit zwei Lappen; auf dem Rücken und über die gesamte Bauchlänge ein Saum aus erhabenen Schuppen.

Vorkommen   Tropisches Afrika, südwärts bis Südafrika. In buschbestandenen Grasebenen.

Wissenswertes   Im Frühjahr sind die Männchen auf der Suche nach einem Weibchen sehr wanderlustig. Chamäleons erbeuten ihre Nahrung mit der herausschnellenden, klebrigen Zunge.

4 Dreihornchamäleon   Jackson's Chamaeleon   *Chamaeleo jacksoni*   (Chamaeleonidae)

L bis 30 cm

Merkmale   Auffällig durch drei Schnauzenhörner, jedoch nur beim Männchen; Grundfarbe olivbraungrün.

Vorkommen   Verbreitet in niedrigem Strauchwerk der ostafrikanischen Savannen.

Wissenswertes   Dreihornchamäleons können die Farbe zur Tarnung an die Umgebung anpassen. Sie sind lebendgebärend. Das Weibchen bekommt 12–15 Junge, die gleich nach der Geburt mit der Zunge nach kleinen Insekten schießen.

5 Hausgecko   Tropical House Gecko   *Hemidactylus mabouia*   (Gekkonidae)

L 12–16 cm, max. 18 cm

Merkmale   Oberseite hell graubraun, Rumpf und Schwanz mit schwarzen, gewellten Querbändern; Hautschuppen körnig oder mit Knötchen.

Vorkommen   Weit verbreitet im tropischen Afrika. Häufig in und an menschlichen Behausungen.

Wissenswertes   Mit seinen „Haftfüßen" kann der Hausgecko senkrecht an Fensterscheiben oder an Zimmerdecken laufen. Die Zehen sind an der Unterseite mit weichen, sich überlappenden Plättchen ausgestattet. Jede Lamelle ist mit mikroskopisch feinen Härchen besetzt, die eine Saugwirkung haben.

Reptilien / Amphibien

1 Gesprenkelter Grabfrosch Giant Bullfrog *Pyxicephalus adspersus* (Ranidae)

L 25 cm

Merkmale Bis zu 1 kg Gewicht; gedrungene Gestalt, kurzer breiter Kopf mit tief eingeschnittenem Maul; dunkel olivgrün, Bauch gelblich, rötlichgelbe Achseln und Leisten; große Fersenhöcker; mehrere Längsleisten auf dem Vorderrücken; Stimme: ein tiefer brüllender Ruf, der über eine Sekunde dauert.

Vorkommen In Zentral-, Ost- und Südafrika. An Ufern kleinerer Seen und langsam fließender Flüsse mit ruhigen Buchten.

Wissenswertes Zu Beginn der Trockenperiode graben die Gesprenkelten Grabfrösche über 1 m tiefe Löcher, in denen sie die ungünstige Jahreszeit überdauern. Sie sind tag- und nachtaktiv. Vor allem erwachsene Tiere erbeuten neben Insekten, auch Frösche, Fische, Mäuse und Ratten. Die Beutetiere werden im ganzen verschlungen. Zur Paarungszeit finden sich die Partner in Gewässern ein. Sie laichen im seichten Wasser. Die Kaulquappen schlüpfen nach 4–7 Tagen.

2 Krallenfrosch Common Platanna *Xenopus laevis* (Pipidae)

L 5–10 cm

Merkmale Ein stromlinienförmig gebauter Frosch; oberseits graubraun, hell gefleckt, unterseits weißlich; glatthäutig und schlüpfrig; Weibchen doppelt so groß wie Männchen; Krallen an den inneren drei Zehen der mit großen Schwimmhäuten ausgestatteten Füße; Augen nach oben gerichtet.

Vorkommen Lebt ständig unter Wasser; in Gewässern aller Art in ganz Afrika südlich der Sahara; wandert bei Regen über Land.

Wissenswertes Krallenfroschweibchen legen pro Jahr zehn- bis fünfzehntausend Eier. In Zeiten der Nahrungsknappheit fressen Krallenfrösche ihren eigenen Nachwuchs.

3 Senegal-Kassina Bubbling Kassina *Kassina senegalensis* (Hyperoliidae)

L 3,5–4 cm

Merkmale Ein kleiner Frosch mit runder Schnauze; Pupillen senkrecht; Oberseite gelblich mit kräftig schokoladenbraunen, zum Teil unterbrochenen Streifen; Unterseite weiß; Männchen mit großer Schallblase, die in Ruhe eine Scheibe bildet; Stimme: ein lautes „kuip" in gleichmäßigen Intervallen.

Vorkommen In und an Gewässern in allen savannenähnlichen Lebensräumen Ostafrikas.

Wissenswertes In Afrika leben mehrere kleine bis mittelgroße Froscharten der Gattung *Kassina*. Sie legen ihre Eier in Tümpeln und Teichen ab. Die Kaulquappen sind Dauerschwimmer mit hohen Flossensäumen.

4 Pantherkröte Leopard Toad *Bufo regularis* (Bufonidae)

L 10–14 cm

Merkmale Froschähnlich, aber mit deutlichen Warzen; Oberseite beigebraun mit dunkelbraunen, von feinen gelblichen Rändern begrenzten Flecken; Unterseite hellbeige.

Vorkommen Von Ägypten bis Südafrika. An Ufern von Binnengewässern.

Wissenswertes Ein Pantherkrötenweibchen soll 24.000 Eier auf einmal legen können. Die Kaulquappen entwickeln sich ziemlich langsam. Trotz ihrer auffälligen Färbung verstehen es die Pantherkröten, sich gut vor ihren Feinden zu tarnen, und führen ein verborgenes Leben.

5 Gefleckter Baumfrosch Tree Rhacophorid *Hylambates maculatus* (Rhacophoridae)

L 6 cm

Merkmale Ein auf braunem Grund auffällig schwarz gefleckter Frosch; Beine rötlich mit schwarzen Querstreifen; Männchen um ein Drittel kleiner als Weibchen.

Vorkommen Auf Bäumen und Büschen in Gewässernähe in Savannen Ostafrikas.

Wissenswertes Ähnlich anderen Ruderfröschen legt diese Art ihre Eier in selbstgebaute Schaumnester an Ästen und Blättern über dem Wasser. Die geschlüpften Kaulquappen weichen das feste Nest mit der eigenen Feuchtigkeit auf und fallen durch den Boden ins Wasser.

Reptilien / Amphibien

1 Erntetermite Harvester Termite *Hodotermes* spec. *(Hodotermitidae)*

L ca. 1 cm

Merkmale Körper deutlich in Kopf, Brustabschnitt und Hinterleib gegliedert; Arbeiter und Soldaten mit stark pigmentierter Haut, Komplexaugen und sehr langen Beinen; auffällig lange Fühler.

Vorkommen Nur in der östlichen Hälfte Afrikas, von Äthiopien südwärts bis Südafrika. In Grasländern und Baumsavannen mit geringen Jahresniederschlägen.

Wissenswertes Erntetermiten bauen keine Hügel. Ihre Kolonien leben in unterirdischen Nestern. Während die Soldaten meist unter der Erde bleiben und die Eingänge zum Bau bewachen, verlassen die Arbeiter ihre Nester auch tagsüber. Sie benutzen Tunnelgänge, um Pflanzen einzusammeln. Dazu beißen sie die Stengel in kleine Stücke, die von anderen Tieren wegtransportiert werden. Vor dem Nesteingang werden die Halmstücke abgelegt, so daß bisweilen Haufen von 10–20 cm Durchmesser und 1 m Höhe entstehen. Die Pflanzenteile werden nach und nach in den Bau getragen. Termiten werden oft auch als „Weiße Ameisen" bezeichnet. Sie stehen jedoch den Schaben viel näher als den Ameisen. Ihre hochentwickelten Gemeinschaften weisen eine ausgeprägte Arbeitsteilung auf. Der Termitenstaat besteht gewöhnlich aus einem Paar Geschlechtstieren, dem König und der Königin, sowie Arbeitern und Soldaten.

2 Gottesanbeterin Praying Mantis *Mantis* spec. *(Mantidae)*

L 6–8 cm

Merkmale Eine kräftige Fangschrecke; die mit Klauen versehenen Fangbeine werden hocherhoben in Lauerstellung gehalten und erinnern an gefaltete Hände (Name!); Körper sehr langgestreckt; Kopf klein und dreieckig, drehbar, mit zwei großen Facettenaugen und drei Nebenaugen.

Vorkommen In trocken-warmen Gebieten, vor allem Grasländern; nachts in großer Zahl unter Lichtquellen.

Wissenswertes Aus ihrer unbeweglichen Lauerstellung kann die Gottesanbeterin blitzschnell zuschlagen und dabei sogar Fliegen aus der Luft fangen. Vor der Begattung nähert sich das kleinere Männchen dem Weibchen vorsichtig. Oft dauert es Stunden, bis es ihm gelingt, auf den Rücken des Weibchens zu steigen. Dennoch wird es oft vom Kopf her bei lebendigem Leibe vom Weibchen verspeist, ohne daß der Begattungsvorgang unterbrochen würde.

3 Wanderheuschrecke Migratory Locust *Locusta* spec. *(Acrididae)*

L 3–6 cm

Merkmale Farbe überwiegend gelbbraun, hell gefleckt; Flügel lang, Fühler kurz.

Vorkommen In trocken-heißen Gebieten der Alten Welt; mehrere Rassen in Afrika.

Wissenswertes Es gibt neun bis zehn verschiedene Heuschreckenarten auf der Erde, die als „Wanderheuschrecken" gelten. Die Arten der Gattungen *Locusta* und *Nomadacris* sind für die Landwirtschaft Ostafrikas am gefährlichsten. Sie kommen in zwei Lebensphasen vor: Die Tiere der Solitärphase leben verstreut und mehr oder weniger an einen Ort gebunden. Dagegen sind die Tiere der Schwarmphase von einem Wandertrieb bestimmt. Die Schwärme (**3b**) können ungeheure Ausdehnung erreichen: 5–12 km^2 mit 700 Millionen bis 2 Milliarden Tieren sind normal, es gab schon Schwärme von 250 km^2 mit 35 Milliarden Tieren.

4 Nashornkäfer Rhinoceros Beetle *Dynastes* spec. *(Scarabeidae)*

L 2,5–4,5 cm

Merkmale Verschiedene Arten aus der Unterfamilie der Riesenkäfer (=*Dynastinae*); Männchen unverkennbar durch ein auffälliges Nasenhorn, das den Weibchen fehlt oder nur ganz klein ist; Panzerfarbe braun bis schwarz schimmernd.

Vorkommen Weit verbreitet in Ostafrika. Unter Laub, in Mulm- und Komposthaufen.

Wissenswertes Die Käfer nehmen keine Nahrung zu sich. Die Larven sind große weiße Maden, die größer als die Imagines werden. Sie leben in Dunghaufen und Mulm.

Wirbellose

1 Pillendreher Dung Beetle *Scarabaeus sacer* (Scarabaeidae)

L 3 cm

Merkmale Schwarz, mit metallischem Glanz; Form rundlich; Vorderbeine verkürzt, am Ende stark verbreitert mit mehreren Zacken; Fühler am Ende fächerartig mit Lamellen.

Vorkommen Überall in Afrika in der Nähe von Kühen, Schafen und Ziegen oder wildlebenden Huftieren.

Wissenswertes Der Heilige Pillendreher, also *Scarabaeus sacer*, ist der bekannteste Pillendreher. Schon die alten Ägypter verehrten ihn. Der frische Dung verschiedener Huftiere wird von dem Käfer zu einer Kugel geformt, die mit Vorderbeinen und Kopfschild geglättet und im Rückwärtsgang wegtransportiert wird. Hat er eine Stelle von geeigneter Bodenbeschaffenheit erreicht, kriecht er unter die Kugel und schiebt den darunter liegenden Sand beiseite. Dungpillen werden von Käfern beider Geschlechter gerollt. Die Käfer stellen zwei Sorten von Dungkugeln her: „Nahrungspillen" für die Ernährung der Altkäfer und Kugeln, die als Nahrung für die Larven dienen und in einer Brutkammer vergraben werden.

2 Malariamücke Mosquito *Anopheles* spec. (Culicidae)

L 8 mm

Merkmale Von den übrigen Stechmücken ist die sitzende Malariamücke an ihrer Körperhaltung zu unterscheiden: Während die Vertreter der Gattung *Culex* ihren Körper parallel zur Unterlage und den Stechrüssel nach unten abgeknickt halten, bilden Rüssel und Körper bei der Malariamücke eine gerade Linie, die schräg zur Unterlage verläuft.

Vorkommen An und in Seen, Teichen, Tümpeln, Wasserlöchern und Regentonnen überall in den Tropen und Subtropen.

Wissenswertes Die Weibchen ernähren sich durch Blutsaugen an Wirbeltieren und übertragen durch den Stich die Erreger der Malaria, Blutparasiten der Gattung *Plasmodium*, auf den Menschen. Die Männchen stechen nicht. Die Malaria gilt als gefährlichste parasitäre Erkrankung des Menschen und tritt heute fast ausschließlich in den Tropen und Subtropen auf. Seit langem kann man die Malaria durch Chemotherapeutika bekämpfen, doch sind die Erreger zunehmend resistent geworden, so daß die Krankheit heute eher weiter zunimmt.

3 Tsetsefliege Tsetse Fly *Glossinia* spec. (Muscidae)

L 1 cm

Merkmale Stechrüssel in Ruhestellung waagerecht nach vorn gehalten; Farbe bräunlich grau bis schwärzlich grau; zungenförmige Flügel, in Ruhe übereinanderliegend.

Vorkommen In Baumsavannen und Galeriewäldern im tropischen und subtropischen Afrika; durch Bekämpfungsmaßnahmen in weiten Teilen des Verbreitungsgebiets ausgerottet.

Wissenswertes Tsetsefliegen übertragen die Erreger der Schlafkrankheit auf den Menschen und die der Naganaseuche auf das Vieh. Blitzschnell fliegen sie ihre Wirtstiere an, um in kurzer Zeit mit dem Stechrüssel ein Mehrfaches des Körpergewichts an Blut aufzunehmen. Die Larven der Tsetsefliege entwickeln sich in einem gebärmutterähnlichen Organ im Hinterleib des Weibchens bis zur Puppenreife.

4 Afrikanischer Monarch African Monarch *Danaus chrysippus* (Danaidae)

L 8–10 cm

Merkmale Ein auffälliger Schmetterling mit rötlichbraunen Flügeln; Flügelränder schwarz und weiß; fliegt langsam und träge; Männchen mit einem samtigen Fleck in der Mitte des Hinterflügels, der dem Weibchen fehlt.

Vorkommen In ganz Afrika; einer der weltweit am weitesten verbreiteten Schmetterlinge.

Wissenswertes Das Männchen besitzt an seinem Hinterende zwei etwa drei Millimeter lange Haarbüschel, die wie kleine Rasierpinsel aussehen. Sie enthalten Pheromone (Sexuallockstoffe) und spielen bei der Werbung und Paarung eine wichtige Rolle.

Wirbellose

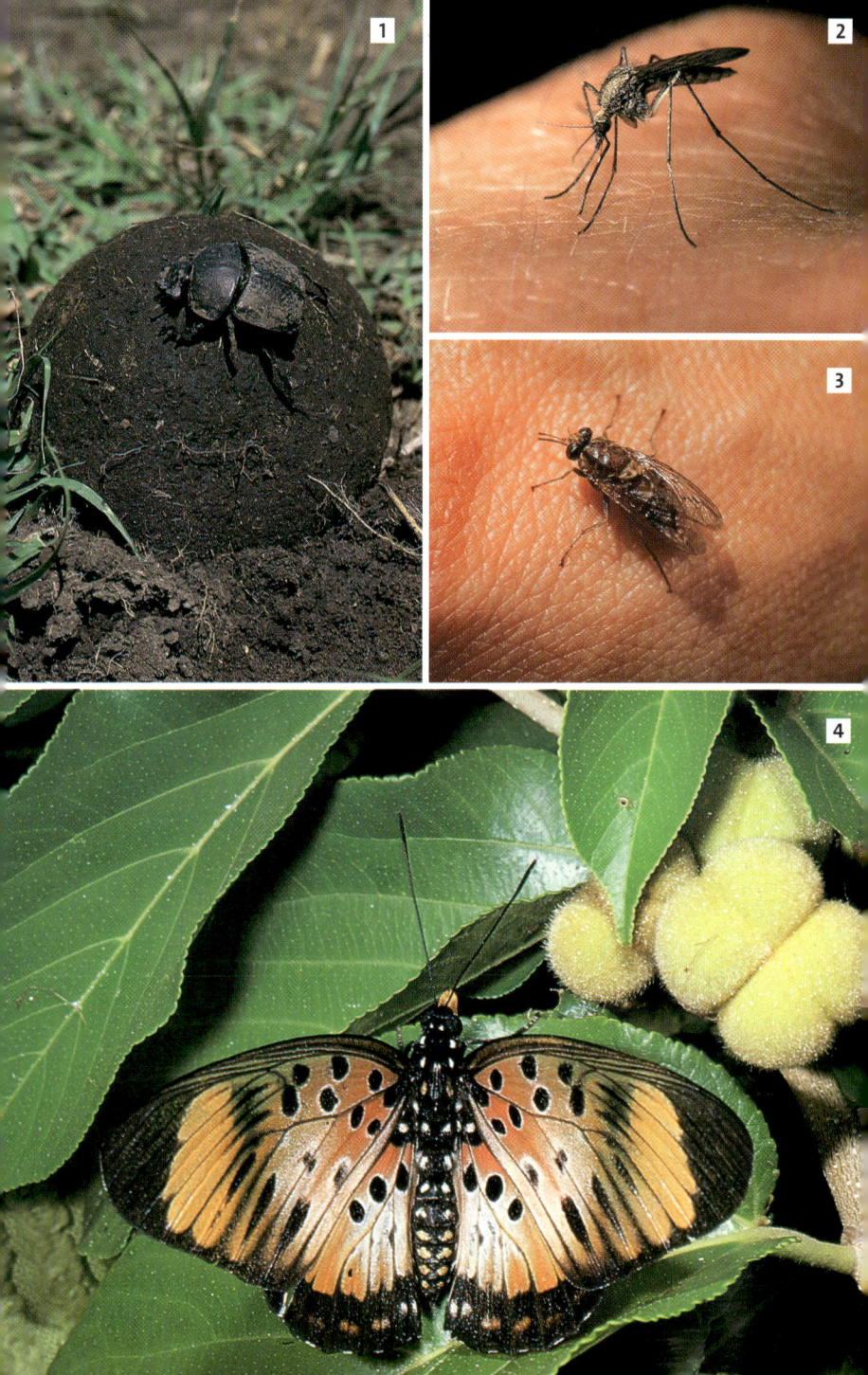

1 Strelitzie oder **Paradiesvogelblume** Crane Flower *Strelitzia reginae (Strelitziaceae)*

H 2 m

Merkmale Eine krautige Pflanze mit strauchartigem Habitus; ohne Stengel; die Blattscheiden der üppigen Blätter bilden Scheinstämme, die verholzen können; Blüte orangegelb, groß, prächtig; Blüten stehen in Wickeln und werden von einem lila- bis blaugrauen Hochblatt überragt; zwei der sechs Blütenhüllblätter umschließen pfeilförmig den Griffel und die fünf Staubblätter.

Vorkommen Stammt aus der östlichen Kapregion und ist in Ostafrika eingeführt. Vor allem in Parks und Gärten, auch verwildert in Buschland.

Wissenswertes Die unterschiedlichen Blütenkronblätter verleihen der Blüte das Aussehen eines Vogelkopfes mit langem Schnabel, daher der englische Name „Crane Flower" (Kranichblume). Die Paradiesvogelblume ist die bekannteste und auffälligste der fünf Arten aus der Gattung *Strelitzia*. Die *Strelitziaceae* (Familie der Blumenrohrartigen) ist benannt nach Charlotte von Mecklenburg-Strelitz, der Gattin König Georgs III. von England. Sie umfaßt vier Gattungen mit insgesamt 60 Arten. Die Gattung *Strelitzia* ist mit vier Arten vertreten. Sie alle sind geschätzte Zierpflanzenarten.

2 **Hibiskus** Hibiscus *Hibiscus cannabinus (Malvaceae)*

H 2 m

Merkmale Eine einjährige Pflanze; der haarige Stengel ist mit kleinen Dornen besetzt; Blätter rundlich mit Einbuchtungen; hängende Blüten von ca. 6 cm Durchmesser; Blütenfarbe grau, purpurgrau, purpurrot oder leuchtend gelb mit kastanienbraunem Grund; Blüten in lockeren Trauben.

Vorkommen Weit verbreitet in Ostafrika. In Höhen zwischen 600 m und 2.100 m in trockenem Grasland; oft am Rand von Sümpfen und Feuchtgebieten.

Wissenswertes In Ostafrika gibt es 64 Arten der Gattung *Hibiscus*. Ziemlich ähnlich mit meist gelben Blüten sind *H. vitifolius*, *H. ludwigii* und *H. aethiopicus*.

3 **Seerose** Water Lily *Nymphaea caerulea (Nymphaeaceae)*

H bis 20 cm

Merkmale Eine Schwimmpflanze mit großflächigen Schwimmblättern, die mit Luftkammern versehen sind; Blüte über 10 cm im Durchmesser, weiß mit bläulichem Anflug, tagsüber geöffnet.

Vorkommen In ganz Kenia und Tanzania, in Uganda nicht im Norden. In stehenden oder langsam fließenden Gewässern; bis in 2.500 m Höhe.

Wissenswertes Die Blüten der Seerosen sind gekennzeichnet durch einen fließenden Übergang von Blüten- zu Staubblättern. Sie werden von Käfern und Fliegen bestäubt. Die Blüten schwimmen auf der Wasseroberfläche oder stehen auf starken Stengeln über dem Wasser. Sie öffnen sich bei den ersten Sonnenstrahlen des Tages und schließen sich am Abend wieder. Sie wachsen aus einem zum Teil mächtigen Wurzelstock.

4 **Riesenlobelie** Giant Lobelia *Lobelia spec. (Lobeliaceae)*

H über 3 m

Merkmale Baumartig wachsende Riesenformen der in den gemäßigten Breiten eher unscheinbaren und kleinblütigen Familie; hoher, unverzweigter Stengel, aus einer großen Rosette entspringend; Blätter sitzend, lanzettlich, bis 30 cm lang; Blütenstand lang, dicht und zylindrisch; Kronen der Blüten mehrere Zentimeter lang, meist blau bis blauviolett.

Vorkommen Am Mt. Kenya, in den Aberdares und am Mt. Kilimanjaro. Nur in großen Höhen mit kalten Klimaten und viel Feuchtigkeit; in der Moorland- und Baumheidenzone oberhalb der Waldgrenze, meist zwischen 3.000 m und 4.000 m.

Wissenswertes Die Riesenrosetten sind eine Anpassung an die tiefen Nachttemperaturen des Lebensraumes. Die Randblätter können sich nach oben biegen und bilden dann über der Knospe einen schützenden Raum, in dem die Temperatur nicht unter den Gefrierpunkt absinkt. In Ostafrika gibt es vierzig Lobelienarten.

Wildblumen

1 Riesenkreuzkraut Tree Senecio *Senecio* spec. *(Asteraceae)*

H bis 10 m

Merkmale Eine Gruppe von strauch- oder baumartig wachsenden Pflanzen; die verzweigten Stämme enden in kräftigen, zum Teil kohlkopfähnlichen Rosetten, deren vertrocknete Blätter lang herabhängen; die größeren Arten haben eine tiefzerfurchte Rinde; große, oft dicht weißbehaarte Blütenstände mit meist gelben Blüten.

Vorkommen Am Mt. Kenya, in den Aberdares und am Mt. Kilimanjaro. Nur in großen Höhen mit kalten Klimaten und viel Feuchtigkeit; in der Moorland- und Baumheidenzone oberhalb der Waldgrenze, meist zwischen 3.000 m und 4.000 m.

Wissenswertes Die Kreuzkräuter (Gattung *Senecio*) heißen mit anderem Namen „Greiskräuter". Weltweit gibt es 1.500 verschiedene Arten. Viele von ihnen sind giftig. Baumartig wachsende *Senecio*-Arten leben nicht nur in den Hochgebirgen Ostafrikas, sondern auch in den Wüstengebieten Süd- und Südwestafrikas. Kreuzkräuter gehören zur Familie der Korbblütler *(Asteraceae*, früher auch *Compositae* genannt). Es sind Kräuter, Stauden und (Halb)Sträucher mit einem Verbreitungsschwerpunkt in den trocken-heißen Gebieten, also etwa in den Steppengebieten Nord- und Mittelamerikas, im Mittelmeerraum und in Südafrika.

2 Goldranke Helichrysum *Helichrysum brownei (Asteraceae)*

H bis 1 m

Merkmale Ein niedriger, buschiger Strauch mit kurzen, fast nadelartigen Blättern; Blütenköpfe endständig oder in kleinen Trauben, weiß und gelb, ca. 1,6 cm im Durchmesser; die ganze Pflanze wirkt silbriggrau.

Vorkommen Eine in Ostafrika lokal verbreitete Art der Buschvegetation oberhalb der Heidekrautzonen in den Aberdares, am Mt. Kenya sowie in Uganda und Tanzania; am Mt. Kenya oberhalb von 3.500 m Meereshöhe.

Wissenswertes Aus der Gattung *Helichrysum* stammen die sogenannten Strohblumen (engl. = Everlasting Flowers). Weltweit gibt es 500 Arten, 80 davon in Ostafrika. Sie gehören zur Familie der Korbblüter *(Asteraceae)*. Charakteristisch für diese Familie sind die von einer ein- oder mehrreihigen Hülle unterschiedlich geformter Hochblätter umgebenen, als Köpfchen oder Körbchen bezeichneten Blütenstände. Die das Körbchen bildenden Einzelblüten sind überwiegend klein und unscheinbar. Die Samen werden oft durch den an der reifen Frucht verbleibenden, zu einem Flug- oder Klammerorgan umgebildeten Blütenkelch verbreitet.

3 Wandelblume Lantana *Lantana camara (Verbenaceae)*

H 1,5 m

Merkmale Strauchartig wachsend, aber auch kriechend, Stengel oft mit Dornen versehen; Zweige vierkantig, Blätter eiförmig bis herzförmig, in eine Spitze auslaufend, Oberfläche runzlig; Blüten fünfzählig in Ähren stehend, mit kleinem Kelch und vier in der Mitte der Blütenkrone angehefteten Staubblättern; Blütenfarbe sehr unterschiedlich von orange über leuchtend gelb nach dunkel karminrot, daneben lila, violett oder weiß.

Vorkommen In Ostafrika weitverbreitete Art. In Regionen mit durchschnittlich hohen Niederschlägen, in Höhen bis zu 1.000 m.

Wissenswertes Die Wandelblume stammt ursprünglich aus den tropischen Gebieten Amerikas und hat sich von dort aus über die gesamten Tropen verbreitet. Aus dem zweiteiligen Fruchtknoten gehen glänzend blauschwarze Früchte hervor, die zwar dekorativ, aber gefährlich giftig sind.

4 Löwenköpfchen Lions Head *Leonotis nepetifolia (Labiatae)*

H 1 m

Merkmale Eine einjährige krautige Pflanze mit steifen Stengeln, leicht verholzt; Blüten (**4a**) in Scheinquirlen, orangefarben, etwa 25 mm lang; Blätter bis 8 cm lang.

Vorkommen Überall in Kenia und Tanzania in Höhen bis zu 2.100 m.

Wissenswertes In Ostafrika kommen insgesamt neun Arten der Gattung *Leonotis* vor. Sie gehören zur Familie der Lippenblütler.

Wildblumen

1 Ruhmeslilie Flame Lily, Turk's Cap *Gloriosa superba = Gloriosa simplex (Liliaceae)*

H bis 5 m

Merkmale Die Pflanze wächst aus einer unterirdischen, V-förmigen Knolle; krautig; klettert in Baumbeständen bis fünf Meter hoch, dabei agieren die Spitzen der lanzettlichen Blätter als Ranken; die turbanförmige Blüte mißt 7,5 cm im Durchmesser und ist kräftig rot gefärbt, oft mit gelben Streifen; es gibt eine Varinate mit gelben Blütenblättern, die purpurn gestreift sind.

Vorkommen Weit verbreitet in Ostafrika unterhalb von 2.300 m Höhe; die gelbe Variante z.B. in den Tsavo National Parks und im Samburu National Reserve.

Wissenswertes Die Ruhmeslilie ist im Vorkommen auf Afrika beschränkt. Es gibt insgesamt fünf Arten der Gattung *Gloriosa* auf dem Kontinent, eine davon ist *G. minor*, die bis 50 cm groß wird. Insgesamt kommen in Ostafrika 240 Lilienarten vor.

2 Fackellilie Red Hot Poker *Kniphofia thomsonii (Liliaceae)*

H 1 m

Merkmale Die Pflanze wächst aus einem unterirdischen Wurzelstock; Blütenstand an einem bis 1 m hohen kräftigen Stengel; die 3 cm großen Blüten sind trompetenförmig, flammend rot oder gelb; oft an einer Pflanze zuerst rot, später gelb werdend.

Vorkommen In Ostafrika entlang von Flüssen und in sumpfigem Gelände; zwischen 1.000 und 1.600 m Höhe.

Wissenswertes Es gibt eine Variante in trockenen Gegenden mit kürzeren Blütenständen und deutlich gekielten Blättern. Die Gattung *Kniphofia* umfaßt rund 70 Arten.

3 Feuerball-Lilie
Snake Lily, Fireball Lily *Scadoxus multiflorum = Haemanthus multiflorum (Amaryllidaceae)*

H 90 cm

Merkmale Die Pflanze wächst aus einer unterirdischen Knolle; die Blätter bilden eine Art Stamm; Stengel des Blütenstandes am Grunde rot gepunktet; der bis zu über 150 Einzelblüten umfassende Blütenstand wird bis zu 20 cm im Durchmesser und ähnelt einem riesigen Rasierpinsel; Früchte leuchtend rot.

Vorkommen Weit verbreitet in Ostafrika. In Grassavannen, an felsigen Standorten und in Galeriewäldern; oft im Schatten von Bäumen; im Gebirge in Höhen bis zu 2.700 m.

Wissenswertes Blutlilie ist ein anderer gebräuchlicher Name für die Feuerball-Lilie. Die auffälligen roten Blütenstände der Pflanze erscheinen jeweils mit den ersten Regenfällen am Standort vor den aufrechtstehenden dicken Blättern. Die Knollen der Pflanze können mitunter sehr tief in der Erde stecken. In Ostafrika wachsen noch drei andere *Scadoxus*-Arten. Die Familie der Amaryllisgewächse (Amaryllidaceae) umfaßt etwa 75 verschiedene Gattungen mit 1.100 Arten, die überwiegend in den warmgemäßigten und den subtropischen Gebieten beheimatet sind.

4 Pyjamalilie Pyjama Lily *Crinum macowani (Amaryllidaceae)*

H 90 cm

Merkmale Eine kräftige Knollenpflanze; Blüten groß, bis 10 cm lang; Blütenfarbe weiß mit rosa Streifen (Name!); kräftige grau-grüne Blätter, die direkt aus dem Boden wachsen.

Vorkommen Weit verbreitet in Ostafrika. In Grassavannen, an felsigen Standorten und in Galeriewäldern; im Schatten von Bäumen; im Gebirge in Höhen bis zu 2.700 m; kommt eigentlich nur in den Wüstengebieten nicht vor.

Wissenswertes Am Rande des Ngorongoro-Kraters wächst eine seltene Albino-Farbvariante der Pyjamalilie. Die Gattung *Crinum* umfaßt die meisten Arten aus der Familie der Amaryllisgewächse in Ostafrika. Die verschiedenen Arten sind nur schwer voneinander zu unterscheiden. Früher wurden mehrere von ihnen unter dem Sammelnamen *C. Kirkii* zusammengefaßt. Wie die Blutlilie ist auch die Pyjama-Lilie keine Lilie, sondern eine Art aus der Familie der Amaryllisgewächse, der Amaryllidaceae.

Wildblumen

1 Gladiole Gladiole *Gladiolus natalensis* (Iridaceae)

H bis 1 m

Merkmale Eine kräftige Knollenpflanze; an einem aufrechten Stengel entspringen bis zu zehn gelbbraune bis orangefarbene Blüten, die oft bräunlich gefleckt oder gestreift sind; Blüten 2 cm lang;

Vorkommen Häufige Pflanze der Grasländer Ostafrikas in Höhen zwischen 1.200 m und 3.000 m; in Westkenia wächst eine gelbblütige Farbvariante in felsigem, bewaldetem Grasland.

Wissenswertes Weltweit gibt es ca. 250 verschiedene Arten von Gladiolen. Sie werden auch „Siegwurz" genannt. In Ostafrika kommen insgesamt 20 verschiedene *Gladiolus*-Arten vor. Möglicherweise stellt *G. natalensis* eine Sammelart dar und muß in mehrere verschiedene Arten aufgeteilt werden. In steinigen Grassavannen zwischen 600 m und 2.100 m Meereshöhe wächst die weißblütige *G. ukambanensis*. Die prächtigste der ostafrikanischen Gladiolen ist *G. watsonioides* mit 3–4 cm langen, leuchtend roten Blütenkelchen. Es ist eine Pflanze der alpinen und subalpinen Regionen oberhalb von 3.000 m Meereshöhe. Sie kommt u.a. in den Aberdares, am Mt. Kenya und am Mt. Kilimanjaro vor.

2 Ansellie Ansellia *Ansellia africana* (Orchidaceae)

H 50–120 cm

Merkmale Eine stattliche, aufrecht wachsende Orchidee, die epiphytisch wächst (meist auf Baumstämmen oder Ästen); die Pflanze entspringt einer kräftigen, zylindrischen Scheinknolle, die von papierartigen, blättrigen Scheiden bedeckt ist; 8–10 lanzettliche, zugespitzte Blätter, die 15–20 cm lang sind; Blütenstand stark verzweigt mit 30–40 locker stehenden Blüten mit dreilappiger Lippe, gelblich mit kräftigen, dunkel kastanienbraunen Flecken.

Vorkommen In Kenia, Tanzania und Uganda; die Art kommt vom tropischen Afrika bis in den Süden des Kontinents vor. Wächst auf Bäumen (vor allem auf Palmen der Gattung *Hyphaena*) oder Felsen in offenem Grasland; von Meereshöhe bis in 2.200 m Höhe.

Wissenswertes *Ansellia africana* ist eine stark variierende Art. Eine kleine Form mit braunen Blüten, die im Osten des Gebiets vorkommt, wird als Variation „*nilotica*" bezeichnet. Die *Ansellia*-Arten gehören zur Familie der Orchideen, die in Ostafrika mit 166 Arten vertreten sind. Einige wachsen im Erdboden, die meisten sind jedoch Epiphyten, die andere Pflanzen besiedeln, jedoch ohne ihnen Nährstoffe zu entziehen. Die Orchideen sind mit über 20.000 Arten eine der größten Pflanzenfamilien überhaupt. Sie sind weltweit verbreitet und zeichnen sich durch die Produktion sehr vieler, winziger Samen aus, die über weite Strecken vom Wind verfrachtet werden können. Sämtliche Orchideen sind auf die Symbiose (Lebensgemeinschaft) mit einer bestimmten Pilzart angewiesen.

3 Papyrus Papyrus *Cyperus papyrus* (Cyperaceae)

H 4–5 m

Merkmale Eine Staude mit kräftigem, im Uferschlamm von Gewässern kriechendem Wurzelstock; Sprosse abgerundet dreieckig, bis vier Meter hoch und zehn Zentimeter im Durchmesser; an der Spitze ein Schopf feiner, hängender Blätter und eine vielstrahlige Blütendolde mit achtblättriger Hülle.

Vorkommen An sämtlichen größeren stehenden und fließenden Gewässern Afrikas.

Wissenswertes Die zu den Sauergräsern gehörige Gattung *Cyperis* umfaßt ca. 600 überwiegend tropisch und subtropisch verbreitete Arten. Die Papyrusstaude ist eine alte Nutzpflanze, die heute vielfach als Zierpflanze kultiviert wird. Im Altertum wurde aus dem Mark der Sprosse Papier hergestellt, in Ägypten bereits vor 2.400 v. Chr. Hierzu wurden sie in Streifen geschnitten und kreuzweise übereinandergelegt. Das auf diese Weise hergestellte Papier konnte nur einseitig beschrieben werden, weil es nicht geleimt war. Außerdem wurden die stärkehaltigen Wurzelstöcke gegessen, und die Borke wurde zur Herstellung von Stricken, Matten und Körben verwandt. Aus Papyrushalmen wurden sogar Schiffe hergestellt.

Wildblumen

1 Dattelpalme Wild Date Palm *Phoenix reclinata* (Arecaceae)

H 6 m

Merkmale Eine mittelhohe Palme mit 3–4 m langen, gefiederten Blättern mit mehr als 50 Seitenblättchen; Stamm meist gebogen, Borke dunkelbraun mit rauhen Blattnarben, Früchte in langen Trauben.

Vorkommen Entlang von Wasserläufen in den Tiefländern Ostafrikas sowie in höheren Lagen auf steinigem Gelände.

Wissenswertes Die Dattelpalme ist eng verwandt mit der **Echten Dattelpalme** (*Phoenix dactylifera*) Nordafrikas, die nicht in Ostafrika vorkommt. Die Früchte sind zwar nicht so fleischig, aber auch sehr schmackhaft. Aus dem Saft der Blütenköpfe wird ein alkoholisches Getränk gebraut, das dem Geschmack von Ingwer-Bier sehr nahe kommen soll.

2 Doumpalme Doum Palm *Hyphaene compressa* (Palmae)

H 12–20 m

Merkmale Stamm dichotom (= gabelig) bis zu viermal verzweigt, nur selten unverzweigt oder nur einmal gegabelt; Farbe des Stamms grau, Oberfläche mit Blattnarben; Blätter 80 × 125 cm groß, fächerförmig, an langen Stielen; zweihäusig: Blütenstände der männlichen Pflanze bis 1,5 m lang, Blüten klein, blaßgrün; weibliche Blütenstände ebenso lang, Blüten größer, leuchtend grün; Früchte orangebraun bis dunkelbraun.

Vorkommen In weiten Teilen Ostafrikas. Entlang von Flüssen.

Wissenswertes Die Früchte der Doumpalme sind eiförmige Steinfrüchte; die Samen enthalten eine weiße, sehr harte hornartige Substanz, die man als „pflanzliches Elfenbein" bezeichnet. Daraus werden Knöpfe und andere Gebrauchsgegenstände sowie Schmuck gefertigt. Der filigrane Palmensegler klebt seine Eier mit Speichel an die Unterseite der Palmblätter und bebrütet sie dort in senkrechter Sitzhaltung. Die Blätter sind sehr geschätzt, weil sie sich gut zu Matten, Hüten und Säcken verarbeiten lassen und weil man aus ihnen Körbe und Teller flechten kann.

3 Borassuspalme African Fan Palm *Borassus aethiopum* (Palmae)

H 7,5–30 m

Merkmale Stamm 40–50 cm im Durchmesser, oft in der Mitte deutlich verdickt; Borke des Stammes mit kennzeichnenden Ringen (wo die Blätter angesessen haben); die fächerförmigen Blätter haben einen Durchmesser bis zu 1,8 m; durch den unverzweigten Stamm unterschieden von der Doumpalme; zweihäusig, Blüten kurzlebig.

Vorkommen In Ostafrika am häufigsten in einem Streifen entlang der Küste. In Grasland mit hohem Grundwasserspiegel.

Wissenswertes Die orangebraunen Früchte der Borassuspalme sind eßbar und von Elefanten sehr begehrt. Aus den Blättern flechten die Eingeborenen Körbe und Teller. Aus Teilen der Palme wird ein stark berauschender Wein gewonnen.

4 Bambus Mountain Bamboo *Arundinaria alpina* (Gramineae)

H 14–20 m

Merkmale Eine strauch- bis baumähnliche Pflanze mit bis zu 20 m hohen gelbgrünen Stämmen, 5–12 cm im Durchmesser; Stämme hohl, an den Knoten verdickt; von den oberen Knoten gehen schmale Zweige ab, die schmal elliptische Blätter tragen, deren Spreiten fadenähnlich auslaufen; Blüten in 1,5–4 cm langen Ähren.

Vorkommen Die Art bildet die „Bambuszone" oberhalb der alpinen Wälder in den Hochgebirgen Ostafrikas; manchmal in kleinen Beständen in Bergwäldern.

Wissenswertes In Ostafrika gibt es eine zweite große Bambusart, *Oreobambos buchwaldii*, mit bis zu 18 m hohen Stämmen und deutlich breiteren Blättern. Sie wächst aber nur unterhalb von 1.500 m Meereshöhe. Unter der Bezeichnung Bambus versteht man eine Unterfamilie von Gräsern, die sich vor allem durch ihre Größe auszeichnen. Zuweilen blühen große Bambusbestände gleichzeitig. Nach der Fruchtbildung sterben sie ab. In den Heimatländern des Bambus benutzt man die Stämme zum Bau von Wänden, Dächern, Möbeln und Zäunen.

Bäume / Sträucher

1 Flötenakazie Whistling Thorn *Acacia drepanolobium* (Mimosoideae)

H 1–6 m

Merkmale Strauch oder kleiner Baum mit flacher Krone; Borke dunkelbraun bis dunkelgrau oder schwarz mit feinen Längsrissen; Dornen paarweise, grau oder weiß, 1,5–6 cm lang; oft sehr viele von ihnen mit stark aufgeblasener purpurner bis schwarzer Basis von 1–6 cm im Durchmesser (**1b**); Blätter mit 3–13 Paaren von Fiedern; Blüten in Köpfchen, weiß oder crémefarben; Früchte braunrot oder schwarz.

Vorkommen Weit verbreitet in Ostafrika. In Baum-, Busch- und Grassavannen.

Wissenswertes Die kugeligen Auftreibungen am Grunde der Nebenblattdornen dieser Akazie werden von kleinen Ameisen erzeugt. Wenn der Wind durch die Löcher dieser Hohlkugeln weht, entsteht ein immerwährendes Pfeifen – daher der Name. Im übrigen „verteidigen" die Ameisen „ihre" Akazien gegen Pflanzenfresser, indem sie in großen Mengen ausschwärmen.

2 Fieberakazie Fever Tree *Acacia xanthophloea* (Mimosoideae)

H bis 25 m

Merkmale Eine stattliche Akazienart; Borke charakteristisch glatt, mit gelbem bis grüngelbem, pudrigem Überzug; Dornen weiß, bis 7 cm lang; Blätter bis 10 cm lang mit je 2–9 Fiedern; Blüten gelb; Früchte bis 13 cm lange und 1,4 cm breite Hülsen.

Vorkommen Überwiegend in Südwest-Kenia und Nordtanzania. Nur in Gebieten mit hohem Grundwasserspiegel, an Seeufern und in Flußtälern.

Wissenswertes Die Art wächst in Sumpfgebieten. Weil dort auch die Malariamücken häufig sind, haben die ersten Siedler sie als Verursacher der Malaria angesehen, Darauf deuten sowohl der englische wie der deutsche Name des Baumes hin, ein Irrtum, der zum Teil heute noch fortbesteht.

3 Schirmakazie Umbrella Thorn *Acacia tortilis* (Mimosoideae)

H bis 20 m

Merkmale Leicht erkennbar an der Form: mit flacher Krone, schirmähnlich; Borke dunkelbraun bis dunkelgrau mit tiefen Längsrissen; Blätter klein, bis 30 mm, doppelt gefiedert; zwei Typen von Dornen, entweder kurz und stark gebogen (bis 15 mm) oder lang, dünn und gerade (bis 90 mm); Blütenstände cremeweiß, 7–20 mm im Durchmesser; Früchte sehr klein, korkenzieherartig gewunden.

Vorkommen Weit verbreitet in Afrika in mehreren Unterarten. In Ostafrika in trockenen Buschsavannen und Halbwüsten.

Wissenswertes Die Früchte der Schirmakazie werden von Rindern und wilden Huftieren gefressen. Die Massai verwenden einen Aufguß der Rinde gegen Bauchschmerzen und Durchfall. Der Stamm ist sehr oft von Termiten und Käferlarven zerfressen. Daher können Elefanten ihn leicht umwerfen, um an Blätter und Zweige zu gelangen.

4 Sykomore Sycamore Fig *Ficus sycomorus* (Moraceae)

H 10–35 m

Merkmale Ein mächtiger Baum mit enormem Stammumfang; Krone weit ausladend und dicht; Stamm tief eingeschnitten, wie aus mehreren Pfeilern zusammengesetzt; Farbe der Borke weißlichgelb bis orangefarben angehaucht, pellt sich in papierdünnen Streifen; Blätter ziemlich groß, 9×6,5 cm, rundlich, ganzrandig; Früchte sitzen am Stamm, ca. 3 cm im Durchmesser, grün im unreifen Zustand, reif gelblich; Früchte in Trauben; Pflanze das ganze Jahr über fruchtend.

Vorkommen Weit verbreitet in den Savannen Ostafrikas. Überwiegend an Flußufern oder Stellen mit hohem Grundwasserspiegel.

Wissenswertes Das Holz des Baumes wird zu Werkzeugen verarbeitet, z.B. zu Mörsern und Mörserkeulen, oder für den Hausbau verwendet. Die Feigen sind zwar kleiner als Kulturfeigen und schmecken nicht so gut, werden aber trotzdem von Menschen gegessen. Auch viele Säuger, Vögel und sogar Fische fressen die Früchte. Die Rinde diente früher zum Gerben und Färben von Fellen.

Bäume / Sträucher

1 Korallenstrauch Red Hot Poker Tree *Erythrina abessinica* (Papilionaceae)

H 15 m

Merkmale Ein Baum mit gelbbrauner, dicker und korkartiger Borke, meist mit dicken Dornen; laubabwerfend in der Trockenzeit; blüht oft, wenn das Laub abgeworfen ist; Blätter oval, an der Basis herzförmig, 3–20 cm im Durchmesser, samtig behaart; Blüten **(1b)** leuchtend rot bis rosa, in achselständigen Trauben, 2–20 cm lang; Früchte verholzt, Samen scharlachfarben oder schwarz.

Vorkommen Überwiegend in Zentralostafrika, fehlt in den Trockengebieten Nordkenias. In Baum- und Grassavannen, an Waldrändern und in felsigem Buschland.

Wissenswertes Korallenbäume der Gattung *Erythrina* sind in rund 100 Arten über die Tropen der Alten und Neuen Welt verbreitet. Einige der Arten werden als Schattenspender in Kaffeeplantagen angepflanzt. Die Samen mancher Arten enthalten Stoffe, die auf Fische betäubend wirken und deswegen beim Fischfang Verwendung finden. Aus den Wurzeln von *Erythrina abessinica* brauen die Masai einen stärkenden Tee.

2 Geflügelte Kassie
God's Candle *Cassia didymobotrya = Senna didymobotrya* (Caesalpiniaceae)

H 1–7,5 m

Merkmale Ein Strauch, der unter optimalen Standortbedingungen baumförmig wächst; trägt stattliche Fiederblätter mit acht bis achtzehn breit elliptischen Einzelfiedern; Blüten **(2b)** dichtgedrängt am Sproßende, leuchtend gelb; Früchte sind geflügelte, vielsamige Hülsen.

Vorkommen In Südwest-Kenia und Nordwest-Tanzania in Höhen zwischen 1.500 m und 2.400 m. In feuchtem Gelände, entlang von Flüssen und Seeufern sowie an Waldrändern.

Wissenswertes Die Borke des Baumes enthält hohe Mengen der Gerbsäure Tannin. Die Blätter sind giftig und werden beim Fischfang verwendet. Das Volk der Kipsigi verwendet Aufgüsse aus den Blättern als Brechmittel, bei den Luhya werden die Stengel gegen die Ringelflechte angewandt.

3 Flamboyant oder Feuerbaum Flame Tree *Delonix regia* (Caesalpiniaceae)

H 10–15 m

Merkmale Ein stattlicher Baum mit schirmförmiger, flacher Krone; Blätter doppelt gefiedert, 30–50 cm lang; in der Trockenzeit unbelaubt; Blüten scharlachrot, erscheinen vor der Laubbildung; Fruchthülsen auffällig lang (60 cm), braun, abgeplattet.

Vorkommen Die Art stammt von Madagaskar und ist überall in den Tropen eingeführt; in Ostafrika z.T. verwildert; in Zentralostafrika heimisch ist *Delonix elata*, ein eng verwandter, gelbblühender Baum.

Wissenswertes Der Feuerbaum ist in Parks, Gärten und als Alleebaum in weiten Teilen Ostafrikas angepflanzt. Der Stamm sondert ein gummiähnliches Harz ab. Die Fiederblättchen legen sich bei Eintritt der Dämmerung überraschend schnell zusammen.

4 Kandelabereuphorbie Candelabra Tree *Euphorbia candelabrum* (Euphorbiaceae)

H 10–15 m

Merkmale Kurzstämmiger Baum mit einer dichten Krone; sukkulente Äste aufrecht, vielfach gegabelt; vier- bis fünfkantig, am breitesten in der Mitte; Kiel mit paarig angeordneten Dornen; Blüten in Trauben, gelbgrün, oft rot angehaucht.

Vorkommen In Ostafrika verbreitet am Ostufer des Lake Nakuro. Auf felsigen Standorten, in Busch- und Baumsavannen.

Wissenswertes Wird die Borke der Kandelabereuphorbie verletzt, tritt ein milchiger Saft aus, der sehr giftig ist und auf der Haut Rötungen und Blasen hervorruft. Gelangt der Saft in die Augen, kann er eine vorübergehende oder bleibende Erblindung bewirken. Eingeborene des Limpopo-Tales bereiten aus dem Milchsaft ein Fischgift: Sie tränken ein Büschel Gras mit dem Gift, halten es in einen Tümpel, und binnen 15 Minuten sollen die Fische gelähmt, aber noch atmend, an der Oberfläche erscheinen. In kleinen Dosen wirkt das Gift der Pflanze angeblich als Abführmittel.

1 Bougainvillie oder Drillingsblume
Bougainvillea *Bougainvillea spectabilis* (Nyctaginaceae)

H über 20 m
Merkmale Strauchartig oder mit Hilfe von starken, gekrümmten Sproßdornen kletternd; später verholzen die Sprosse zusehends; Blätter wechselständig; Blüte unscheinbar weiß, umgeben von drei rosavioletten Hochblättern, die eine Blüte vortäuschen; Frucht spindel- oder birnenförmig.

Vorkommen Die Heimat der Pflanze ist Ostbrasilien; überall in den Tropen eingeführt.

Wissenswertes Die Bougainvillie ist eine der beliebtesten tropischen Zierpflanzen. Sie ist eine ausgesprochen wärmeliebende Pflanze, die am besten in praller Sonnenlage gedeiht.

2 Affenbrotbaum Baobab Tree *Adansonia digitata* (Bombacaceae)

H 10–15 m
Merkmale Stamm mit bis zu 30 m Umfang; Borke gewöhnlich glatt, aber mit zahlreichen Wülsten; Blätter bei alten Exemplaren fingerförmig gefiedert, mit 5–7 Fiedern, bei jungen Exemplaren ungefingert, dunkelgrün, kurz behaart; Blüte groß, hängend, bis zu 20 cm Durchmesser, mit wachsartig weißen Blütenblättern; Früchte groß, eiförmig, graugrün mit samtartigem Überzug.

Vorkommen In Südkenia und Nordtanzania. Auf Sandflächen, in felsigen Regionen, in der Busch- und Baumsavanne.

Wissenswertes Da der Affenbrotbaum wichtig für die Menschen in seiner Heimat ist, finden sich viele Baobabs in der Nähe menschlicher Siedlungen. Die Samen enthalten bis zu 15 % Fett und werden, wie das Fruchtfleisch, gern gegessen. Junge Blätter eignen sich als Gemüse.

3 Wüstenrose Impala Lily *Adenium obesum* (Apocynaceae)

H 3–4 m
Merkmale Ein untersetzter Strauch, nur selten höher als 3 m; Borke graugün und glatt, keine Dornen; Blätter meist nur an den Zweigenden, länglich eiförmig, dunkelgrün bis blaugrün; Blüten auffällig weiß oder rosaweiß, 5 cm im Durchmesser; Blütenblätter mit einem kräftig roten und gekräuselten Rand; Früchte zigarrenförmig.

Vorkommen In Ostafrika verbreitet in trockenem Buschland.

Wissenswertes Diese Art ist sehr giftig, vor allem die Wurzeln. Angeblich hat man daraus Pfeilgift gewonnen.

4 Palisanderbaum Jacaranda *Jacaranda mimosifolia* (Bignoniaceae)

H 12 m
Merkmale Auffällig durch die glockenförmigen, blauvioletten Blüten, die vor der Belaubung erscheinen und den Baum über und über bedecken; Borke glatt und grau; Blätter fein gegliedert und doppelt gefiedert, werden während der Trockenzeit abgeworfen.

Vorkommen Eingeführt aus Brasilien. Häufig in Gärten und Parks sowie an Straßenrändern.

Wissenswertes 40 Arten der Gattung *Jacaranda* sind aus dem tropischen Südamerika bekannt. Einige Arten liefern ein dem Palisanderholz ähnliches, sehr weiches Holz.

5 Leberwurstbaum Saucage Tree *Kigelia africana* (Bignoniaceae)

H 18 m
Merkmale Ein hoher Baum mit großer, rundlicher Krone; charakteristische, an große Leberwürste erinnernde Früchte; Blätter stets am Zweigende, unpaarig gefiedert mit 3–5 Fiederpaaren; Blüten becherförmig, kastanienbraun, bis 15 cm im Durchmesser; Früchte bis zu 1 m lang, bis zu 10 kg schwer.

Vorkommen In Galeriewäldern, Baumsavannen und Grasland in Zentralostafrika.

Wissenswertes Die reifen Früchte sind für Menschen ungenießbar. Sie werden jedoch in Scheiben geschnitten, gebacken und zum Fermentieren von Bier verwendet. Die Blüten werden von Fledermäusen besucht und von Wild- und Haustieren gefressen.

 Bäume / Sträucher

Reiseinformationen
von A bis Z

A

Anreise
Außer Kenya Airways, Ethiopian Airlines, Air Tanzania und Alliance-SAA fliegen auch die meisten europäischen Linien, darunter Sabena, Lufthansa, Swissair, British Airways und KLM, und Chartergesellschaften (Condor, LTU) nach Ostafrika. Direkt angeflogen werden in Kenia Nairobi und Mombasa (bevorzugtes Ziel der Chartergesellschaften), in Tanzania Dar es-Salaam und der Kilimanjaro International Airport, in Uganda Entebbe. Die Flugzeit ab Frankfurt beträgt zwischen 7 und 10 Stunden. In vielen Fällen sind Hin- und Rückflug zu verschiedenen Orten möglich (Gabelflug). Die Flughafengebühr beträgt in Kenia und Uganda für internationale Flüge 20 US-$. Wichtig ist, sich von der jeweiligen Fluggesellschaft drei Tage vor dem geplanten Rückflugtermin das Ticket bestätigen zu lassen (reconfirmation).

Auto
Zahlreiche internationale Verleihfirmen bieten Mietwagen mit und ohne Fahrer an. Am besten ist eine Reservierung in Deutschland über Avis (Tel. 0180-555 77), Budget (Tel. 0180-521 41 41), Hertz (Tel. 0180-533 35 35), in Österreich über Avis (Tel. 0660-87 57), Budget (Tel. 07 242-499 30), Hertz (Tel. 01-70 07 26 61) oder in der Schweiz über Avis (Tel. 01-298 33 33), Budget (Tel. 01-813 57 97), Hertz (Tel. 01-814 05 11).

In **Kenia** sind Mietwagen teuer. Man kann sie mieten bei:
Avis, College House
Koinange Street, Nairobi
Tel. (02) 33 67 04
Fax 21 54 21

Budget, Hilton Hotel
Mama Ngina Street, Nairobi
Tel. (02) 22 35 81
Fax 22 35 84

Hertz, St. Travel House
Muindi Mbingu Street, Nairobi
Tel. (02) 33 19 74
Fax 21 68 71.

In **Tanzania** ist das Angebot guter Mietwagen bescheiden. Meist wird nur mit Fahrer vermietet, was pro Tag 150 US-$ kostet.
Avis
Ghana Avenue, Dar es-Salaam
Tel. (051) 86 12 14-6
Fax 86 12 12
Mobil-Tel. 0813-79 09 81-3.

In **Uganda** sind Leihwagen teuer und werden meist nur mit Fahrer vermietet (Landrover Toyota kostet 150–200 US-$ pro Tag).
Avis, Airlines Building
1 Kimathi Avenue, Kampala
Tel. (041) 23 47 44
Fax 25 72 77

Nile Safari, Farmer's House
Parliamentary Avenue, Kampala
Tel./Fax (041) 24 50 92.

Die Firmen befinden sich an den internationalen Flughäfen und in größeren internationalen Hotels. Ohne Kreditkarte muß eine Kaution hinterlegt werden. Für Reisende nach Ostafrika genügt in der Regel ein mindestens zwei Jahre gültiger Führerschein mit Lichtbild. Man muß älter als 23 Jahre und jünger als 70 Jahre sein.
In Kenia hilft in Notfällen der Automobilclub (Automobile Association of Kenya, Tel. 02-72 03 82).

B

Banken
Kenia und Uganda: geöffnet Mo–Fr 8.30–14 Uhr.
Tanzania: geöffnet Mo–Fr 8.30–12.30 Uhr und 13–16 Uhr. Dabei kann es regionale Abweichungen geben.

Behinderte
Einrichtungen für Behinderte sind in Ostafrika weitgehend unbekannt. In der Regel werden Behinderte (Rollstuhlfahrer usw.) jedoch freundlich und bevorzugt behandelt.

Benzin
Alle Tankstellen in Ostafrika sind mit Tankwarten besetzt, die Scheiben waschen sowie Öl- und Wasserstand überprüfen. Die Benzinpreise liegen bei 0,90 DM für Benzin (90 Oktan), 1,– DM bis 1,20 DM für Super (94 Oktan) und 0,80 DM für Diesel. Kreditkarten werden nicht akzeptiert.

Bus & Bahn
Luxusbusse verschiedener privater Gesellschaften, die recht zuverlässig sind, verkehren zwischen den großen Städten. Sie fahren in den größeren Städten an zentralen Busbahnhöfen ab. Die Busbahnhöfe (stendi) befin-

den sich in kleineren Ortschaften immer in Nähe des Marktes. Die Anzahl der Fahrgäste ist auf die vorhandene Sitzplatzzahl begrenzt, so daß sich eine rechtzeitige Reservierung am jeweiligen Busbahnhof empfiehlt.
Allein in Uganda sind die Busse für afrikanische Verhältnisse relativ wenig überfüllt; es gibt feste Abfahrtzeiten. Busse verkehren regelmäßig zwischen Kampala und Nairobi.
Shuttle Busse verkehren entlang der Küste in regelmäßigen Abständen. Im Landesinneren fahren **Normalbusse**. Allerdings gibt es außerhalb geschlossener Ortschaften keine Haltestellen, sondern man wartet am Straßenrand auf das nächste Fahrzeug, das vielleicht noch einen Platz frei hat. Die Fahrkarte kauft man im Bus beim Schaffner.
Neben den Bussen bieten auch unfallträchtige **Matatus** (Kenia, Uganda) bzw. **Dalla-Dallas** (Tanzania) ihre Dienste an, umgebaute Pritschenwagen oder Kombis. Der Fahrpreis ist niedrig. Der Service besteht aus dem Fahrer und dem Kassierer.
Das **Eisenbahnnetz** ist in Kenia klein und beschränkt sich im wesentlichen auf die um die Jahrhundertwende gebaute Trasse der alten Uganda-Bahn zwischen Mombasa und Nairobi. Von dort bestehen Verbindungen über Nakuru nach Kisumu bzw. zu der Grenze nach Uganda. Für Reisende aus Europa sind Fahrten in der 1. Klasse zu empfehlen. Karten sind erhältlich bei der Kenya Railways Corporation in Nairobi (Station Road, Tel. 02-22 12 11, Fax 34 00 49) und in Mombasa (Twiga Road, Tel. 011-31 22 20).
In Tanzania ist das Eisenbahnnetz dagegen gut ausgebaut. Die „Central Line" der TRC verbindet Dar es-Salaam (Bahnhof in der Gerzani Street, Tel. 051-11 06 00) mit Dodoma, Tabora, Kigoma und Mwanza. Die „Moshi Line" verkehrt zwischen Dar es-Salaam und Moshi. Die „Tazra" (von Chinesen erbaut) fährt von Dar es-Salaam (Bahnhof in der Pugu Road, Tel. 051-86 03 44-7) nach Mbeya und weiter nach Zambia in das 1.900 km entfernte Kapiri Mposhi.
In Uganda sind die Zugverbindungen langsam und unzuverlässig. Es gibt eine wöchentliche Zugverbindung von Kampala nach Kasese im Westen des Landes.

C

Camping
Kenia:
Die mehr als 200 offiziellen Campingplätze liegen in ausgewählten Gebieten fernab der Zivilisation. Grundsätzlich darf überall gezeltet werden, außer in den Nationalparks, wo nur ausgewiesene Campsites benutzt werden dürfen. Sanitäre Einrichtungen und Stromanschlüsse fehlen meist. Wildes Camping außerhalb der Nationalparks ist wegen Dieben und Wildtieren nicht ungefährlich. Tented Camps haben mit Camps nichts zu tun und sind komfortable Unterkünfte meist neben einer feudalen Lodge.

Tanzania:
Außer in Nationalparks und Reservaten gibt es nur wenige gute Campingplätze. Die offiziellen Campsites sind wesentlich teurer und bieten nur wenig Komfort.

Uganda:
Campingplätze gibt es sowohl innerhalb als auch außerhalb der Nationalparks.

D

Diplomatische Vertretungen

Kenia:
Botschaft der Republik Kenia in Deutschland
Villichgasse 23
53177 Bonn
Tel. (0228) 93 58 00
Fax 935 80 50
geöffnet Mo–Fr 9.30–12 Uhr

Botschaft der Republik Kenia in Österreich
Neulinggasse 29
1030 Wien
Tel. (01) 712 39 19
Fax 712 39 22

Generalkonsulat von Kenia in der Schweiz
Bleicherweg 30
8039 Zürich
Tel. (01) 202 22 44
Fax 202 22 56

Tanzania:
Botschaft der Republik Tanzania in Deutschland
Theaterplatz 26
53177 Bonn
Tel. (0228) 35 80 51
Fax 35 82 26

Die Botschaft in Bonn ist auch für die Bürger aus Österreich und der Schweiz zuständig.

Uganda:
Botschaft der Republik Uganda in Deutschland
Dürenstraße 44
53173 Bonn
Tel. (0228) 35 50 27
Fax 35 16 92

Botschaft der Republik Uganda
Avenue Raymond-Poincaré 13
F-75116 Paris
Tel. (01) 472 746 80
Fax 475 593 94

Diplomatische Vertretungen in Ostafrika

Kenia:
Für Deutschland:
Embassy of the Federal Republic of Germany
Williamson House, 4th floor
Ngong Road, Nairobi
Tel. (02) 71 25 27
Fax 71 48 86
geöffnet Mo–Fr 8.30–12.30 Uhr

German Consular Agency
Palli House
Nyerere Avenue, Mombasa
Tel. (011) 22 87 81
Fax 31 45 04

Für Österreich:
Embassy of Austria
City House
Wabera Street, Nairobi
Tel. (02) 22 82 81
Fax 33 19 72
geöffnet Mo–Fr 9–16 Uhr

Für die Schweiz:
Embassy of Switzerland
International House, 7th floor
Mama Ngina Street, Nairobi
Tel. (02) 22 87 35
Fax 21 73 88
geöffnet Mo–Fr 8.30–11 Uhr

Swiss Consular Agency
Nkrumah Road, Mombasa
Tel. (011) 31 24 61
Fax 31 44 08

Tanzania:
Für Deutschland:
Embassy of the Federal Republic of Germany
NIC Investment House
10th floor
Samora Avenue, Dar es-Salaam
Tel. (051) 11 74 09
Fax 11 29 44

Für die Schweiz:
Embassy of Switzerland
Kinondoni Road, Dar es-Salaam
Tel. (051) 660 08
Fax 663 76

Österreich hat in Tanzania keine Vertretung. Zuständig ist die Botschaft in Kenia.

Uganda:
Für Deutschland:
Embassy of the Federal Republic of Germany
15 Philip Road
Kampala (Kololo)
Tel. (041) 25 67 67
Fax 34 31 36

Für Österreich:
Embassy of Austria
6 Entebbe Road (Bank Lane)
Kampala
Tel./Fax (041) 23 30 02

Für die Schweiz:
Embassy of Switzerland
1 Roscoe Road
Kampala (Kololo)
Tel. (041) 24 15 74
Fax 23 68 52

E

Einkaufen

Die Länder Kenia, Tanzania und Uganda bieten für Reisende eine breite Palette an Souvenirs und Andenken, wobei die Qualität der angebotenen Dinge je nach Region und Anbieter sehr unterschiedlich ist. Das gleiche gilt auch für die Preise. Handeln ist deshalb unabdingbar.
Kenia: Es gibt keine festen Ladenschlußzeiten. In Nairobi und Mombasa haben die meisten Läden Mo–Fr 9–12 Uhr und 15–18 Uhr, Sa 9–12 Uhr geöffnet. An der Küste schließen viele Geschäfte mittags, um ab 16 Uhr wieder bis in den späten Abend zu öffnen.
Tanzania: geöffnet Mo–Fr 8.30–12.30 Uhr und 14–18 Uhr, Sa 8–12 Uhr.
Uganda: geöffnet Mo–Fr 8.30–13.30 Uhr und 14–18 Uhr, Sa 8–14 Uhr.

Einreise

Kenia, Uganda:
Für Deutsche genügt zur Einreise ein noch mindestens sechs Monate gültiger Reisepaß. Österreicher und Schweizer benötigen für Kenia zusätzlich ein Visum.
Tanzania:
Deutsche, Österreicher und Schweizer benötigen ein Visum (ca. 20,– DM). Paßstellen am Grenzübergang von Kenia (Namanga) sowie auf den Flughäfen Kilimanjaro, Dar es-Salaam und Zanzibar stellen ebenfalls Visa aus (10 US-$ für Deutsche und Schweizer, 20 US-$ für Österreicher).

Essen & Trinken

Bei Pauschalreisen in eines der Hotels an der Küste, aber auch bei Übernachtungen in Lodges der Nationalparks ist meist Vollpension eingeschlossen. In den großen Städten gibt es eine Vielzahl von Lokalen, in besseren Restaurants ist eine Vorbestellung ratsam.
In den Ferienhochburgen an der Küste wird besonders Fisch und Hummer angeboten, am Lake Victoria der Tilapia. Oft gibt es ein üppiges Buffet mit großer Auswahl an Früchten und Säften. Das Essen in den Touristenhotels ist ausgezeichnet, die Auswahl insbesondere an der Küste reichlich. In mittleren und kleineren Ortschaften ist die einheimische Küche, oft mit indischem und arabischem Einfluß, charakteristisch.
An Getränken findet man neben Tee und Kaffee, der meist als löslicher Nescafé kredenzt wird, die üblichen Softdrinks (Coca Cola, Fanta, Bitter Lemon usw.), Bier und vor allem an der Küste gute Fruchtsäfte. Entsprechend britischer Tradition wird zwischen 16 und 17 Uhr Gebäck zu Tee oder Kaffee angeboten (Tea Time).

Nairobi:
Hard Rock Café
Loita Street, Barclays Plaza
Tel. (02) 22 08 02, Fax 22 08 04
Essen mit gepflegter Abendunterhaltung.

Lord Delamere Restaurant
Norfolk Hotel
Harry Thuku Road
Tel. (02) 22 42 01, Fax 33 67 42
Hier speisten bereits gekrönte Häupter und Präsidenten.

Thorn Tree Café
New Stanley Hotel
Kenyatta Avenue
Tel. (02) 33 32 33, Fax 22 93 88
Der beliebteste Treffpunkt der Stadt.

Mombasa:
Tamarind
Nyali Bridge, Silo Road
Tel. (011) 47 46 00
Seafood im ehemaligen Harem, Reservierung erforderlich.

Dar es-Salaam:
The Raj
Sheraton Hotel, Ohio Street
Tel. (051) 11 24 16
Feinste indische Küche.

Zanzibar:
Fisherman's
Shangani Street
Tischreservierung erforderlich.

Kampala:
Le Chateau
Gaba Road
Französisch-belgische Küche.

The Crane und The Victoria
Sheraton Hotel, Ternan Avenue
Tel. (041) 34 45 90, Fax 25 66 96
Sehr gute Buffets.

F

Fernsehen & Radio
Kenia: Die staatliche Kenya Broadcasting Corporation strahlt landesweit in Englisch und Kiswahili Rundfunk- und Fernsehprogramme aus.
Tanzania: Das Fernsehen sendet überwiegend in Kiswahili, oft auch englische Filme älteren Datums. Das beliebteste Medium ist aber das Radio.
Uganda: Es gibt das staatliche Uganda Television und das private Sanyu Television sowie das staatliche Uganda Radio und zwei private Rundfunkstationen: Sanyu und Capital Radio.

Feste und Feiertage
Neben Ostern, Weihnachten und dem 1. Mai (Tag der Arbeit) gibt es in den Ländern Ostafrikas spezielle Feiertage sowie islamische Feiertage wie Idd ul-Fitr, Idd ul-Haj und Maulid.

Kenia:
Madaraka Day: 1. Juni,
Nyayo Day: 10. Oktober,
Kenyatta Day: 20. Oktober,
Uhuru Day: 12. Dezember.

Tanzania:
Zanzibar Revolution Day: 12. Januar,
CCM Party Day: 5. Februar,
Union Day: 26. April,
Saba Saba Day: 7. Juli,
Nane Nane: 8. August,
Independence Day: 9. Dezember.

Uganda:
Liberation Day: 26. Januar,
Women's Day: 8. März,
Martyrs Day: 3. Juni,
National Heroes Day: 9. Juni,
Independence Day: 9. Oktober.

Fotografieren
Ostafrika bietet zahlreiche attraktive Fotomotive. Filmmaterial ist wesentlich teurer als in Europa und nicht immer frisch. Man sollte sich daher zuhause mit Filmen (speziell Diafilmen) eindecken und das Filmmaterial in Frischhaltetüten kühl halten. Kameras und Videogeräte müssen vor Staub und Schmutz geschützt werden. Die Filmentwicklung entspricht nicht professionellen Ansprüchen.
Für Tieraufnahmen reichen in Ostafrika bereits Teleobjektive von 200-300 mm Brennweite aus. Um Berggorillas zu fotografieren, sind mindestens Filme mit einer Empfindlichkeit von 400 ASA, besser ab 1.000 ASA und höher erforderlich.
Grundsätzlich ist beim Fotografieren Vorsicht und Umsicht geboten. Für Aufnahmen mit der Videokamera werden oft Gebühren verlangt.
Nicht fotografiert werden dürfen militärische Einrichtungen, Gefängnisse, Polizeistationen, der Präsident und die Nationalflagge sowie in Tanzania staatliche Gebäude und sonstige Einrichtungen (Banken usw.). Zumindest sollte man vorher die Erlaubnis einholen. Besonders problematisch ist das Fotografieren von Menschen. Grundsätzlich sollte um Erlaubnis gebeten und für die Fotos bezahlt werden. In muslimisch geprägten Gegenden an der Küste ist das Verbot menschlicher Abbildung zu beachten.

G

Geld und Geldwechsel
Die Landeswährung für Kenia ist der Kenya-Shilling (KSH), für Tanzania der Tanzania-Shilling (TSH) und für Uganda der Uganda-Shilling (USH). Ein- und Ausfuhr von Devisen ist in Kenia auf 100.000 KSH beschränkt; Ein- und Ausfuhr von TSH ist nicht erlaubt. Ein Rücktausch von nicht verbrauchten KSH ist am Flughafen möglich.
Geld und Reiseschecks werden bei Vorlage des Reisepasses

problemlos in Flughäfen, Banken und größeren Hotels gewechselt. Euroschecks in DM und US-$ werden nicht immer akzeptiert. Kreditkarten sind weit verbreitet, werden allerdings nicht an Tankstellen angenommen. In Tanzania und Uganda wechselt man in Forex-Büros (private Institutionen mit Lizenz) günstiger als in Banken. Die Zerstörung von Geldscheinen wird in Kenia mit Gefängnis bestraft, weil auf den Scheinen der Präsident abgebildet ist.

Gesundheitsvorsorge

Kenia: Wer direkt aus Europa kommt, braucht zur Zeit keine Impfungen.
Tanzania/Uganda: Der Impfpaß muß eine gültige Gelbfieberimpfung enthalten.
Zanzibar: Die Gelbfieberimpfung ist vorgeschrieben, die Cholera-Impfung nicht, wird aber dennoch manchmal verlangt.
Sonstiges: Besonders die Küstenregion und die Gebiete um den Lake Victoria, den Lake Malawi und den Lake Tanganyika, aber auch die Serengeti und Masai Mara gelten als stark malariagefährdet. In Tanzania gibt es in allen niedrig gelegenen Gebieten unter 800 m eine besonders bösartige Malaria-Form. Eine Prophylaxe ist daher dringend erforderlich. Auskunft erteilen die Gesundheitsämter. Eine große Gefahr stellt auch die Bilharziose dar. Deshalb sollte man das Baden in stehenden Gewässern unbedingt vermeiden.
Die Tsetsefliege, die Überträgerin der Schlafkrankheit, ist besonders im Norden Kenias und im Nordwesten Ugandas weit verbreitet. Sie bevorzugt dunkle, schattige Stellen und fühlt sich von dunkler Kleidung angezogen.

I

Informationen

Nähere Auskünfte erteilen die Fremdenverkehrsbüros:
Staatliches Verkehrsbüro von Kenia
Neue Mainzer Str. 22
60311 Frankfurt
Tel. (069) 23 20 17
Fax 23 92 39

Auskünfte über
Botschaft der Republik Kenia in Österreich
Neulinggasse 29
1030 Wien
Tel. (01) 712 39 19
Fax 712 39 22

Kenya Tourist Office
Bleicherweg 30
8039 Zürich
Tel. (01) 202 22 44
Fax 202 22 56

Nationales Verkehrsbüro Uganda
Dünnstraße 44
53173 Bonn
Tel. (0228) 35 50 27
Fax 35 16 92

Kenia
Ministry of Tourism & Wildlife
Tourism Department
Utalii House, 5th floor
Uhuru Highway, Nairobi
Tel. (02) 33 10 30
Fax 21 76 04

Kenya Tourism Foundation
Norwich Union House,
5th floor
Mama Ngina Street, Nairobi
Tel. (02) 24 11 88
Fax 25 24 66

Tanzania
Tanzania Tourist Board
UNESCO-House
Samora Avenue,
Dar es-Salaam
Tel. (051) 11 31 44, Fax 11 64 20

Tanzania Tourist Board
Boma Street, Arusha
Tel. (057) 38 42
Fax 82 56

Zanzibar
Zanzibar Tourist Cooperation
Livingstone House
Malawi Road, Zanzibar
Tel. (054) 323 44

Uganda
Uganda Tourist Board
IPS-Building
Parliament Avenue, Kampala
Tel. (041) 24 21 96
Fax 24 28 88

Ministry of Tourism & Wildlife
13 A Kampala Road, Kampala
Tel. (041) 23 29 71
Fax 24 12 47

Uganda National Parks
31 Kanjokya Street, Kampala
Tel. (041) 53 01 58
Fax 52 01 59

Inlandsflüge

Kenia: Die nationale Fluggesellschaft Kenya Airways (Barclays Plaza, Nairobi, Tel. 02-21 07 71) unterhält zwischen Nairobi, Mombasa, Kisumu und Malindi täglich Verbindungen. Zahlreiche Orte werden mehrmals wöchentlich angeflogen. Vom Wilson Airport Nairobi fliegen regelmäßig Chartergesellschaften in alle Teile des Landes. Für alle Inlandsflüge müssen 100 KSH Flughafengebühr entrichtet werden.
Tanzania: Die staatliche Air Tanzania (ATC House, Ohio Street, Dar es-Salaam, Tel. 051-11 02 45/8, Fax 465 45) gilt als unzuverlässig. Chartergesellschaften, z.B. Coastal Travel (Tel. 051-11 79 59) oder Precisionair (Tel. 0511-11 30 36), fliegen ebenfalls Ziele im Land an. Für alle Inlandsflüge müssen 5 US-$ gezahlt werden.

Uganda: Chartergesellschaften bieten Flüge ab Entebbe an (teuer). Allein Flüge zum Kidepo Valley National Park sind eine erwähnenswerte Alternative zum Landweg.

K

Karten
Empfehlenswert sind Landkarten von freytag & berndt (Kenya, Tanzania), Shell-Marco Polo (Kenya), die Globetrotter Travel Maps (Kenya, Tanzania), die Nelles Maps (Kenya, Tanzania, Uganda) und der Lonely Planet Travel Atlas (Kenya).

Kleidung
Auf Safaris sollte man strapazierfähige, nicht zu enge Hosen mitnehmen, Hemden aus Baumwolle mit möglichst großen Brusttaschen in hellen Farben, warme Socken, Unterwäsche aus Baumwolle, eine leichte Jacke mit geräumigen Taschen, luftdurchlässige, aber feste und möglichst knöchelhohe geschlossene Schuhe sowie eine Kopfbedeckung.
In guten Restaurants und den Hotels großer Städte ist zum Dinner auch korrekte Kleidung erwünscht. Shorts, kurze Röcke, T-Shirts und schulterfreie Kleider sind unangebracht. Sportlich geht es in den Touristenzentren an der Küste zu. Hier eignet sich für das feuchtheiße Klima am besten leichte Kleidung aus Naturfasern. Abends empfiehlt sich ein leichter Pullover. In höheren Lagen ist die große Temperaturschwankung zwischen Tag und Nacht zu beachten. Ein dicker Pullover oder ein Anorak gehören ins Reisegepäck. Während der Regenzeit ist die Mitnahme einer regen- und winddichten Jacke mit Kapuze sowie ein Regenschirm unerläßlich.

Für Bergbesteigungen über 4.000 m, insbesondere des Mt. Kilimanjaro, der Ruwenzori Mountains und teilweise des Mt. Kenya, ist eine alpine Bergsteigerausrüstung erforderlich. Beim Besuch der Berggorillas benötigt man Regenschutz, Gummistiefel und Handschuhe gegen die Brennesseln.

L

Literaturhinweise
Gabriel, Jörg: Tansania. Sansibar
Verlag Därr, Hohenthann, 1999
Informativer Reiseführer.

Jumbo Guide Uganda
Nelles Verlag, München, 1998
Reiseführer der bekannten Reihe.

Kürzinger, Georg und Kordy, Steffi: Kilimanjaro. Vom Victoriasee zum Indischen Ozean
Verlag C. J. Bucher, München, 1998
Eindrucksvoller Bildband.

Rössing, Roger und Balocco, Patrizia: Reise durch Kenia
Stürtz-Verlag, Würzburg, 1996
Schöner Bildband.

Waterkamp, Rainer: Kenia
Mai-Verlag, Dreieich-Buchschlag, 1997
Reiseführer mit Landeskunde, Tierführer und Reiseatlas

M

Maße, Gewichte, Strom
Maße, Gewichte: Neben dem metrischen System gibt es noch alte britische Maß- und Gewichtsangaben.
Strom: Das Stromnetz in den größeren Städten Kenias entspricht 220 bzw. 240 V, in kleineren Orten 230 V und 50 Hz. In wenigen Hotels gibt es auch 110-V-Anschlüsse. Die kleineren Hotels und Gasthäuser sowie die Lodges der Nationalparks werden durch Generatoren versorgt, die üblicherweise gegen 23 Uhr abgestellt werden.
In Tanzania beträgt die Stromspannung 230 V und ist in allen Groß- und Kleinstädten gewährleistet.
In Uganda entspricht die Stromspannung 240 V. Es gibt meist dreipolige Flachstecker nach britischem Standard. Für deutsche Geräte sind in allen Ländern Zwischenstecker erforderlich.

Medizinische Versorgung
Apotheken sind in Ostafrika in fast allen Orten zu finden. Das Gesundheitswesen entspricht in keiner Weise europäischen Verhältnissen. Nur in den Großstädten gibt es Kliniken, die in Notfällen aufgesucht werden können. Jede Arztrechnung muß jedoch sofort vor Ort in bar bezahlt werden. Die Versorgung mit Zahnärzten ist ausgesprochen schlecht. Eine zahnärztliche Vorsorgeuntersuchung rechtzeitig am Heimatort und die Mitnahme guter Schmerzmittel ist ratsam. In Notfällen können die europäischen Botschaften mit Adressen von praktischen Ärzten helfen.

Kenia:
Nairobi Hospital
Argwings Kodhek Road, Nairobi
Tel. (02) 72 21 60

Aga Khan Hospital
Limuru Road, Parklands
Nairobi
Tel. (02) 74 25 33, 74 00 00
Fax 74 17 49

Aga Khan Hospital
Vanga Road, Mombasa
Tel. (011) 31 29 53
Fax 31 32 78

Tanzania:
Aga Khan Hospital
Ocean Road, Dar es-Salaam
Tel. (051) 11 40 96, 300 81
Nordic Clinic
Valhalla, Dar es-Salaam
Tel. (051) 60 16 50
Mobil-Tel. (0811) 32 55 69

Uganda:
Nsambya Hospital (privat, katholisch)
Nsamya Hill, Kampala
Tel. (041) 26 70 12

Empfehlenswert ist eine zweimonatige Mitgliedschaft beim Flugrettungsdienst des Flying Doctor Service in Kenia (Wilson Airport, Langata Road, Nairobi, Tel. 02-50 13 01, 50 05 08, Fax 50 26 99) mit dem Notrettungsdienst Amref (Tel. 02-50 12 80, 60 24 92, Fax 33 68 86). Auch in Tanzania gibt es ein Amref-Büro in Dar es-Salaam (Tel. 051-11 66 10) und eins in Arusha (Tel. 057-33 68 86).

N

Notruf & Polizei
Die Polizei und der Notruf in Kenia, Uganda und Tanzania sind über die Telefonnummer 999 zu erreichen.

P

Post
Postämter bestehen auch in den meisten kleinen Ortschaften und sind in der Regel Mo–Fr 8.30–12.30 Uhr, 14–16.30 Uhr, Sa 8.00–11 Uhr geöffnet. Da es in Ostafrika keine Briefträger gibt, erfolgt die Zustellung stets über das Postfach (P. O.). Es ist ratsam, den Vornamen des Adressaten niemals auszuschreiben, da die Briefe alphabetisch nach dem Familiennamen abgelegt werden und es zu Verwechslungen des Vor- und Nachnamens kommen kann. Wertvollere Gegenstände sollte man nur per Kurier oder durch internationale Luftfrachtdienste (DHL oder TNT) versenden. Pakete (bis max. 20 kg) bedürfen einer Freigabe durch den Zoll.
Nicht immer sind Briefmarken erhältlich. Die Portokosten sind bedeutend niedriger als in Europa (Brief ca. 0,80 DM), für Afrikaner aber immer noch sehr hoch. Man sollte deshalb frankierte Post direkt bei der Post oder an der Direktion guter Hotels abgeben, da die Briefmarken andernfalls abgelöst werden könnten.

R

Reisetips für Frauen
Das Reisen für Frauen ist in Ostafrika problemlos und unbeschwerter als in vielen anderen Teilen der Welt. Schwarzafrikanische Männer sind gegenüber weißen Frauen höflich und zuvorkommend. Angebracht ist jedoch angemessene Kleidung, insbesondere in der islamisch geprägten Küstenregion. Ein Ehering kann hilfreich sein.

S

Sicherheit
Für alle ostafrikanischen Länder gelten die üblichen Vorsichtsmaßnahmen in Ländern der Dritten Welt. Nächtliche Ausflüge in großen Städten und Spaziergänge in einsame Gegenden sollte man vermeiden. Nachts ist es ratsam, ein Taxi zu nehmen. Besonders an den Stränden Tanzanias besteht Überfallgefahr. Diebstahl sollte man wegen der Versicherung bei der Polizei dokumentieren lassen, die gestohlenen Sachen wird man jedoch aller Wahrscheinlichkeit nach niemals wiedersehen. Gegenwehr bei Raubüberfällen ist lebensgefährlich. Vom Reisepaß und den Flugtickets sollte man eine Kopie an einem anderen Ort deponieren, um ggf. schneller Ersatz zu bekommen.
Die größte Gefahr droht noch immer in den Wildreservaten und Nationalparks von Seiten der Tiere durch unbedachtes Verhalten der Touristen. Folgen Sie unbedingt den Anweisungen der Parkhüter und Ranger!

T

Taxis
Taxis findet man auf den internationalen Flughäfen, vor großen Hotels und an ausgewiesenen Ständen. Auf jeden Fall sollte man den Preis vor Fahrtbeginn aushandeln. Auskünfte über angemessene Preise erhält man oft von den Rezeptionen großer Hotels. Üblich ist ein Trinkgeld von etwa 10 %.

Telefonieren
Kenia: In den meisten Orten gibt es öffentliche Telefonhäuschen, von denen man auch ins Ausland telefonieren kann. Die Postämter vermitteln Auslandsgespräche meist recht schnell. Tanzania: Zur Zeit werden landesweit die Telefon- und Fax-Nummern umgestellt. Kleinere Orte bedürfen der Hilfe eines Operators. Fast alle größeren Postämter verfügen über ein Telefon House oder Extelecom Office mit Selbstwahlmöglichkeit.
Uganda: Das Telefonsystem ist zur Zeit im Aufbau begriffen. In allen größeren Städten gibt es aber mittlerweile Kartentelefone.

Direktwahlnummer nach Deutschland: 0049, nach Österreich: 0043, in die Schweiz: 0041. Die internationale Vorwahl für Kenia ist 00 254, für Tanzania 00 255 und für Uganda 00 256.

Trinkgeld
In teuren Restaurants und Hotels ist das Bedienungsgeld in der Rechnung enthalten. Sonst gibt man 10 % des Rechnungsbetrages für guten Service. Auf Safaris erwarten Fahrer, Guides, Träger und Köche ebenfalls ein Trinkgeld von etwa 5–10 US-$ pro Tag.

Unterkunft
Das Angebot an Hotels, Lodges, Luxus-Zeltcamps, landestypischen Pensionen (gesti) und Herbergen ist groß. Es gibt komfortable Hotels mit internationalem Standard in den Großstädten (150–200 US-$), teilweise luxuriöse Lodges in den Nationalparks und an der Küste (200–250 US-$) sowie schlichte, aber stimmungsvolle Camps und Bandas (aus Stein und Holz gebaute Bungalows für Selbstversorger). Die Bezeichnung „hoteli" ist irreführend und bezeichnet in der Regel nur ein Restaurant. Jugendherbergen sind (bis auf wenige Orte in Kenia) unbekannt.
Die Luxushotels sind mit allem Komfort ausgestattet, während in den Mittelklassehotels der Service, die Hygiene und das Unterhaltungsangebot bereits merklich nachlassen. Doch besitzen viele dieser einfachen Hotels oft eine ansprechende Atmosphäre mit kolonialem Ambiente, da sie vielfach noch aus der britischen und deutschen Kolonialzeit stammen. Der Service in Tanzania und Uganda ist in der Regel freundlich, hat aber vielfach nicht den Standard wie in Kenia.
Die Preise in den meist privat unterhaltenen Lodges in den Nationalparks und Reservaten sind sehr hoch (200–250 US-$ pro Übernachtung), enthalten allerdings in der Regel alle Mahlzeiten, Getränke ausgenommen.

Verkehrsregeln
In Ostafrika herrscht Linksverkehr, doch fährt man außerhalb der Städte auf derjenigen Straßenseite, deren Fahrbahn besser ist, bis man einem entgegenkommenden Fahrzeug ausweichen muß. Der Verkehr ist teilweise chaotisch, der Fahrstil nicht ganz ungefährlich. Der Stärkere hat Vorfahrt. Schnellen Überlandbussen und LKWs weicht man aus, auf schmalen Straßen muß man an den Straßenrand fahren und warten, bis die schweren Wagen vorbei sind.
Innerhalb geschlossener Ortschaften beträgt die Höchstgeschwindigkeit 50 km/h, außerhalb der Ortschaften 100 km/h. In den Nationalparks beträgt die Fahrgeschwindigkeit zwischen 30 und 50 km/h. Achten Sie auf verkehrsungewohnte Fußgänger und plötzlich auftauchendes Vieh. In den Wildreservaten haben Tiere immer Vorfahrt!

Z

Zeit
Ortszeit für Ostafrika ist MEZ plus zwei Stunden, während der europäischen Sommerzeit plus einer Stunde. An der Küste wird der Tag in Tag (6–18 Uhr) und Nacht (18–6 Uhr) eingeteilt. 7 Uhr MEZ entspricht 1 Uhr swahilischer Zeit.

Zeitungen & Zeitschriften
Tageszeitungen und Zeitschriften gibt es in Englisch und Kiswahili. Als Tageszeitungen erscheinen die „Daily News", „The Guardian" (Tanzania), die „Daily Nation" (Kenia, Uganda) und der „Standard", als Wochenzeitschriften „The East African" (Kenia, Tanzania, Uganda) und die „Weekly Review" (Kenia). Informativ ist das von der BBC herausgegebene Magazin „Focus on Africa", das man in den Buchhandlungen großer Städte bekommen kann.

Zoll
Neben Gegenständen des persönlichen Gebrauchs können zollfrei eingeführt werden 20 g Tabak oder 200 Zigaretten bzw. 50 Zigarren, 1 l alkoholische Getränke und 0,5 l Parfüm. Einfuhrverbot besteht für Waffen, Drogen und für „pornographische Artikel". Ausfuhrverbot besteht für geschützte Tiere bzw. Teile von Tieren (Elfenbein, Felle, Wildtrophäen, Korallen-, Schnecken- und Muschelgehäuse) sowie für Antiquitäten.

Register

Die fett gedruckten Zahlen verweisen auf Abbildungen im Reiseteil.

Aardwolf 154
Aberdare National Park (K) 90 ff., **90**
Acacia drepanolobium 266
Acacia tortilis 266
Acacia xantophloea 266
Acinonyx jubatus 156
Acryllium vulturinum 200
Actophilornis africanus 206
Adamson, Joy und George 95
Adansonia digitata 270
Adenium obesum 270
Aepyceros melampus 170
Affenbrotbaum 270
African Buffalo 162
African Elephant **94**, 158
African Fan Palm 264
African Fish Eagle 196
African Jacana 206
African Marsh Owl 216
African Monarch 254
African Palm Swift 222
African Pygmy Goose 186
African Rock Python 242
African Spoonbill 182
African Wild Cat 154
Afrikanische Ruderente 186
Afrikanische Zwerggans 186
Afrikanischer Grabenbruch 15 f.
Afrikanischer Großelefant **94**, 158
Afrikanischer Löffler 182
Afrikanischer Monarch 254
Afrikanischer Wildhund 152
Agama agama 248
Agama atricollis 248
Albert Nile (U) 137
Alcedo cristata 218
Alcedo picta 218
Alcedo semitorquata 218
Alcelaphus buselaphus 172
Alcelaphus b. jacksoni 172
Alcelaphus b. lichtensteini 172
Alopochen aegyptiacus 186
Amboni Caves (T) 114
Amboseli National Park (K) 50 ff., **51**, **52**
Anas capensis 188
Anas erythrorhyncha 188
Anas undulata 188
Anastomus lamelligerus 184
Angolalachtaube 214
Angola-Schmetterlingsfink 240
Anhinga rufa 176
Anopheles spec. 254
Ansellia 262
Ansellia africana 262
Ansellia a. nilotica 262
Ansellie 262
Anthrepes collaris 236
Anthrepes orientalis 236
Anubispavian 148
Apus affinis 222
Apus caffer 222
Apus horus 222
Aquila clanga 194
Aquila nipalensis 194
Aquila pomarina 194
Aquila rapax 194
Aquila verreauxii 194
Arab Moi, Daniel 11, 13
Arabuke Sokoke Forest Nature Reserve (K) 39
Ardea cinerea 176
Ardea goliath 178
Ardea melanocephala 176
Ardea purpurea 178
Ardeola ralloides 180
Ardeotis kori 204
Ardipithecus ramidus 7
Arundinaria alpina 264
Arusha National Park (T) 58 f.
Asio capensis 216
Australopithecus 7, 63
Avocet 210

Baboon 148
Babuin 148
Bagamoyo (T) 112
Bagayo River (T) 61
Balearica regulorum 202
Bamburi Qarry Nature Trail (K) 38
Bambus 264
Banagi Hills (T) 66
Banded Mongoose 152
Baobab tree 270
Bat-eared Fox 152
Bateleur 196
Batian Point (K) 92
Batis molitor 230
Baumschliefer 158
Baumwolle 14, 20
Behobeho Hills (T) 119
Bell's Hinged Tortoise 242
Berggorilla 143 f., 148
Bienenfresser 68
Biharamulo Wildlife Reserve 78
Bismarck Rock (T) 77, **77**
Bitis arietans 244
Bitis gabonica 244
Black Crake 202
Black Kite 192
Black Mamba 244
Black Rhinoceros 160
Black-backed Jackal 150
Black-bellied Bustard 204
Black-breasted Snake Eagle 196
Black-crowned Night Heron 180
Black-faced Sandgrouse 212
Black-headed Heron 176
Black-headed Weaver 238
Black-necked Spitting Cobra 244
Black-shouldered Kite 192
Blacksmith Plover 206
Black-winged Plover 208
Blackwinged Stilt 210
Blaßuhu 216
Blaukehlagame 248
Blauracke 222
Blaustirnblatthühnchen 206
Blixen, Karen (Tania) 88
Böhmzebra 158
Bohor Reedbuck 168
Bongo 164
Borassus aethiopum 264
Borassuspalme 264
Bostrychia hagedash 182
Bostrychia olivacea 182
Bougainvillea spectabilis 270
Bougainvillia 270

Bougainvillie 270
Brachschwalbe 210
Braunbauchflughuhn 212
Brauner Sichler 182
Braunflügelmausvogel 218
Breitmaulnashorn 160
Bubbling Kassina 250
Bubu lacteus 216
Bubulcus ibis 180
Bucorvus abyssinicus 224
Bucorvus leadbeateri 224
Büschelohr-Spießbock 172
Buffalo Springs National Reserve (K) 93 f.
Bufo regularis 250
Buhoma (U) 142 f.
Bukoba (T) 78
Bunyoro Plateau (U) 138
Buphagus africanus 228
Buphagus erythrorhynchus 228
Burchell's Zebra 158
Burigi Game Reserve (T) 78
Burton, Richard 8
Buschbock 164
Buschflughuhn 212
Buschschliefer 158
Bushbuck 164
Bwindi Impenetrable National Park (U) 143 f., **143**
Bycanistes brevis 224

Cabanisweber 238
Candelabra Tree 268
Canis adustus 150
Canis aureus 150
Canis mesomeles 150
Cape Hare 150
Cape Turtle Dove 214
Cape Wigeon 188
Capped Wheatear 236
Caracal 156
Caracal caracal 156
Carmine Bee-eater 220
Casmerodius albus 178
Cassia didymobotrya 268
Cattle Egret 180
Centropus superciliosus 214
Ceratotherium simum 160
Cercopithecus aethiops 148
Cercopithecus mitis 148
Ceryle rudis 218
Chaimu Crater (K) 50
Chalbi Desert (K) 96 f., **98**
Chamaeleo dilepis 248
Chamaeleo jacksoni 248
Chambura Gorge (U) 141, **141**
Chania Falls (K) 90
Charadrius pecuarius 208
Charadrius tricollaris 208
Cheetah 156
Chestnut-bellied Sandgrouse 212
Chin-spot Flycatcher 230
Chyulu Range (K) 50
Cichliden 128
Ciconia abdimii 184
Ciconia episcopus 184
Circaetus gallicus 196
Circaetus pectoralis 196
Circus macrourus 198
Circus pygargus 198
Colius indicus 218
Colius leucocephalus 218

Colius striatus 218
Collared Sunbird 236
Colubus guereza 148
Common Agama 248
Common Bulbul 230
Common Genet 154
Common Platanna 250
Connochaetes taurinus 170
Connochaetes t. albojubatus 170
Coqui Francolin 200
Coquifrankolin 200
Coracias caudatus 222
Coracias garrulus 222
Coracias naevius 222
Coracias spatulatus 222
Corvinella melanoleuca 232
Corvus albicollis 230
Corvus albus 230
Corythaixoides leucogaster 216
Cossypha heuglini 234
Crane Flower 256
Crescent Island (K) 100
Crinum macowani 260
Crocodylus niloticus 246
Crocuta crocuta 154
Crowned Crane 202
Crowned Plover 206
Cursorius cursor 210
Cursorius temminckii 210
Cyperus papyrus 262
Cypsiurus parvus 222

Dabchick 174
Damaliscus lunatus 172
Damaliscus l. hunteri 172
Damaliscus l. jimela 172
Damaliscus l. tiang 172
Damaliscus l. topi 172
Danaus chrysippus 254
Dar es-Salaam (T) 102 ff.
Darter 176
Dattelpalme 264
Defassa-Wasserbock 168
Delonix elata 268
Delonix regia 268
Dendroaspis polylepis 244
Dendrohyrax arboreus 158
Denham's Bustard 204
Diademed Monkey 148
Diademmeerkatze 148
Diana Beach (K) 35, 35
Diceros bicornis 160
Dicrurus adsimilis 230
Dicrurus ludwigi 230
Dinemellia dinemelli 238
Dominikanerwitwe 240
Doppelbandrennvogel 210
Dorfweber 238
Doum Palm 264
Doumpalme 264
Dreibandregenpfeifer 208
Dreifarbenglanzstar 228
Dreihornchamäleon 248
Drillingsblume 270
Drosselrohrsänger 68
Dung Beetle 254
Dwarf Mongoose 152
Dynastes spec. 252

Echte Dattelpalme 264
Egretta garzetta 178
Egretta intermedia 178

Egyptian Goose 186
Egyptian Vulture 192
El Molo 99
Eland 164
Eleanus caeruleus 192
Elenantilope 164
Ellipsen-Wasserbock 168
Elsterwürger 232
Emin Pascha Gulf (T) 78
Empidornis semipartitus 234
Endabash River (T) 61
Enkongo Narok (K) 52
Entebbe (U) 134
Ephippiorhynchus senegalensis 184
Equus grévy 158
Equus quagga 158
Equus q. böhmi 158
Erdschmätzer 236
Erdwolf 154
Erntetermite 252
Erythrina abessinica 268
Estrilda astrild 240
Euphorbia candelabrum 268
Euplectes jacksoni 238
Euplectes orix 238
Euplectes progne 238
Eupodotis hartlaubii 204
Eupodotis melanogaster 204
Eupodotis ruficrista 204
Eupodotis senegalensis 204
Eurocephalus anguitimens 232
Eurocephalus rueppelli 232
Ewaso Nigro River (K) 93, 93

Fackellilie 260
Falbkatze 154
Falco biarmicus 198
Falco peregrinus 198
Felis silvestris 154
Felsenpython 242
Feuerball-Lilie 260
Feuerbaum 268
Fewer Tree 266
Ficus sycomorus 266
Fieberakazie 266
Fireball Lily 260
Fischreiher 176
Fitis 68
Five-lined Skink 246
Flamboyant 268
Flame Lily 260
Flame Tree 268
Flamingo 101, 182
Flammenkopfbartvogel 226
Flap-neck Chamaeleon 248
Fleckenhyäne 154
Flötenakazie 266
Flußpferd 160
Fork-tailed Drongo 230
Fort Jesus (K) 30, 32
Fort Portal (U) 140
Francolinus afer 200
Francolinus coqui 200
Francolinus leucoscepus 200
Fünfstreifenmabuye 246
Fülleborns Großspornpieper 226
Fulica cristata 202

Gabar Goshawk 198
Gabarhabicht 198
Gabelracke 222
Gaboon Adder 244

Gabunviper 244
Galana River (K) 48
Gartenrotschwanz 68
Gaukler 196
Gazella granti 170
Gazella thomsoni 170
Gazi Bay (K) 35 f.
Gebirgsstelze 68
Gedi (K) 39
Gefleckter Baumfrosch 250
Geflügelte Kassie 268
Geierperlhuhn 200
Geierrabe 230
Gelbkehlflughuhn 212
Gelbkehlfrankolin 200
Gelbkehlpieper 226
Gelbschnabelente 188
Gelbschnabelmadenhacker 228
Gelbschnabeltoko 224
Genetta genetta 154
Geochelone pardalis 242
Gepard 156
Geradschwanzdrongo 230
Gerenuk 170
Gerrhosaurus major 246
Gesprenkelter Grabfrosch 250
Giant Bullfrog 250
Giant Eagle Owl 216
Giant Lobelia 256
Ginsterkatze 154
Giraffa camelopardalis 162
Giraffa c. reticulata 162
Giraffa c. rothschildi 162
Giraffa c. tippelskirchi 162
Giraffe 162
Giraffengazelle 170
Gladiole 262
Gladiolus natalensis 262
Gladiolus ukambanensis 262
Gladiolus watsonionides 262
Glanzente 188
Glanzgans 188
Glareola pratincola 210
Glattrand-Gelenkschildkröte 242
Glaucidium perlatum 216
Gleitaar 192
Gloriosa minor 260
Gloriosa simplex 260
Gloriosa superba 260
Glossinia spec. 254
Gnu 67, **67**, 170
God's Candle 268
Goldbugpapagei 214
Golden Jackal 150
Goldranke 258
Goldschakal 150
Goliath Heron 178
Goliathreiher 178
Gombe Stream National Park (T) 130
Goodall, Jane 130
Gorilla 143 f., 148
Gorilla gorilla 143 f., 148
Gottesanbeterin 252
Grant's Gazelle 170
Grantgazelle 170
Grantzebra 158
Graubülbül 230
Graubürzel-Singhabicht 198
Graubrustfrankolin 200
Graufischer 218
Graukopfmöwe 212
Graukopfsperling 240

281

Graurückenwürger 232
Grautoko 224
Great Ruhaha (T) 120
Great White Egret 178
Greater Flamingo 101, 182
Greater Kudu 164
Green Pigeon 214
Grévy's Zebra 158
Grévyzebra 158
Grey Duiker 166
Grey Heron 176
Grey Hornbill 224
Grey-backed Fiscal 232
Grey-headed Gull 212
Großer Kudu 164
Ground Hornbill 224
Grüne Meerkatze 148
Grüntaube 214
Grumeti River (T) 65
Grzimek, Bernhard 66
Guereza 148
Guinea-Ibis 182
Gurrtaube 214
Gyps africanus 190
Gyps rueppelli 190

Hadada Ibis 182
Haemanthus multiflorum 260
Hagedasch 182
Hahnschweifwida 238
Halbmondtaube 214
Halcyon chelicuti 218
Haliaeëtus vocifer 196
Hammerkop 180
Hammerkopf 180
Hartebeest 172
Haubenzwergfischer 218
Hausgecko 248
Haussegler 222
Helgoland-Zanzibar-Vertrag 110 f.
Heia Safari (K) 46
Heiliger Ibis 182
Helichrysum 258
Helichrysum brownei 258
Hell's Gate National Park (K) 100
Helmeted Guinea-Fowl 200
Helmperlhuhn 200
Helogale parvula 152
Helogale undulata 152
Hemerodromus africanus 210
Hemidactylus mabouia 248
Heterohyrax brucei 158
Hibiscus 256
Hibiscus aethiopicus 256
Hibiscus cannabinus 256
Hibiscus ludwigii 256
Hibiscus vitifolius 256
Hibiskus 256
Hildebrandt's Starling 228
Hildebrandt-Glanzstar 228
Himantopus himantopus 210
Hippopotamus 160
Hippopotamus amphibius 160
Hippotragus equinus 172
Hippotragus niger 172
Hirtenregenpfeifer 208
Hirundo abyssinica 226
Hirundo daurica 226
Hodotermes spec. 252
Homa Bay (K) 79, 80
Honey Badger 152
Honigdachs 152

Hooded Vulture 192
Horussegler 222
Hunters Leierantilope 172
Hyänenhund 152
Hylambates maculatus 250
Hyphaene compressa 264

Impala 170
Impala Lily 270
Iringa (T) 121
Isabellsteinschmätzer 68
Ishasha River (U) 142
Isiolo River (K) 94

Jacaranda 270
Jacaranda mimosifolia 270
Jackson's Chamaeleon 248
Jackson's Kuhantilope 172
Jimela 172
Jinja (U) 75
Juma's Mosque (K) 40
Jumba la Mtwapa (K) 39

Kabale (U) 143
Kaffernadler 194
Kaffernbüffel 162
Kaffernhornrabe 224
Kaffernsegler 222
Kagera River (U) 75
Kakamega Forest Reserve (K) 82
Kalambo Falls (T) 126
Kalanga Valley (K) 49
Kalenga (T) 121
Kammbläßhuhn 202
Kampala (U) 75, 134 ff., **135**
Kampfadler 194
Kandelabereuphorbie 268
Kapente 188
Kaphase 150
Kapohreule 216
Kappengeier 192
Kap-Ralle 202
Karakal 156
Karmesinpieper 226
Karminspint 220
Kasese (U) 140
Kassina senegalensis 250
Katavi National Park (T) 125
Katuma River (T) 125
Katunguro (U) 142
Katwe (U) 141 f.
Kazinga Channel (U) 140, 142, **142**
Kendu Bay (K) 80
Kenya Marineland (K) 37, 38
Kenyatta Beach (K) 38
Kericho (K) 81
Kerio River (K) 81
Kibale National Park (U) 140
Kidepo Valley National Park (U) 136
Kiebitzregenpfeifer 68
Kigelia africana 270
Kigoma (T) 125
Kikuyu 20
Kilifi (K) 39
Kilombero (T) 120
Kilwa (T) 6 ff., 114 ff., **115**
Kimhandu (T) 120
Kinagop (K) 91
Kinixys belliana 242
Kirk's Dik-Dik 166
Kirkdikdik 166
Kisii (K) 81

Kisite Mpunguti Marine National Park (K) 36
Kisumu (K) 79 f.
Kitale (K) 82
Kittlitz's Plover 208
Kiwira River (T) 123
Klaffschnabel 184
Kleine Streifenschwalbe 226
Kleiner Kudu 164
Klippschliefer 158
Klippspringer 166
Kniphofia thomsonii 260
Knob-billed Goose 188
Kob 168
Kobalteisvogel 218
Kobus ellipsiprymnus 168
Kobus e. defassa 168
Kobus e. ellipsiprymnus 168
Kobus kob 168
Koitoboss Peak (K) 83
Koitogor (K) 94
Koobi Fora (K) 7, 97
Kora National Park (K) 95
Korallenstrauch 268
Kori Bustard 204
Krallenfrosch 250
Kronenducker 166
Kronenkiebitz 206
Kronenkranich 202
Kuckuck 68
Küstenpavian 148
Kuhantilope 172
Kuhreiher 180

Lachseeschwalbe 68
Lake Albert (U) 137 f.
Lake Amboseli (K) 52
Lake Baringo (K) 81, 99, 101
Lake Bogoria (K) 101, **101**
Lake Burungi (T) 59
Lake Chada (T) 125
Lake Chala (K) 53
Lake Edward (U) 140
Lake George (U) 140
Lake Jipe (K, T) 53, **53**
Lake Katavi (T) 125
Lake Kyoga (U) 75
Lake Magadi (T) 63
Lake Malawi 123
Lake Manyara (T) 60, **61**
Lake Manyara National Park (T) 60 f.
Lake Mburu National Park (U) 145, **145**
Lake Naivasha (K) 100
Lake Nakuru (K) 100
Lake Nakuru National Park (K) 100 f.
Lake Ndutu (T) 65
Lake Paradise (K) 96
Lake Rukwa (T) 124
Lake Sindi (K) 80
Lake Tanganyika (T) 124 ff., 127 ff., **127**
Lake Turkana (K) 96 ff., **99**
Lake Victoria (K, T, U) 72 ff., **74, 75**
Lamprotornis hildebrandti 228
Lamprotornis mevesii 228
Lamprotornis purpuropterus 228
Lamprotornis shelley 228
Lamprotornis superbus 228
Lamu Town (K) 41 ff., **42**
Langzehenkiebitz 208
Lanius collurio 232
Lanius excubitorius 232
Lanner Falcon 198

Lannerfalke 198
Lantana 258
Lantana camara 258
Lappenchamäleon 248
Lappet-faced Vulture 190
Larus cirrocephalus 212
Laughing Dove 214
Leakey 7, 63, 80, 101
Leberwurstbaum 270
Leierantilope 172
Leierschwanzwida 238
Lenana Point (K) 92
Leonotis nepetifolia 258
Leopard 156
Leopard Toad 250
Leopard Tortoise 242
Leptailurus serval 154
Leptoptilus crumeniferus 180
Lepus capensis 150
Lerai Forest (T) 63
Lesser Flamingo 182
Lesser Kudu 164
Lesser Striped Swallow 226
Lichtensteins Kuhantilope 172
Lilac-breasted Roller 222
Limnocorax flavirostra 202
Lion 156
Lions Head 258
Litocranius walleri 170
Little Bee-eater 220
Little Egret 178
Little Swift 222
Livingstone Mountains (T) 123
Livingstone, David 113, 127
Lobelia spec. 256
Locusta spec. 252
Löffelhund 152
Löwe 156
Löwenköpfchen 258
Lonchura griseicapella 240
Lonchura malabrica 240
Long-tailed Shrike 232
Long-tailed Widowbird 238
Longtoed Plover 208
Loxodonta africana 158
Lugard's Falls (K) 48
Lumi River (K) 53
Lupanga (T) 120
Luwego (T) 120
Lyacon pictus 152

Mabuya quinquetaeniata 246
Maccoa Duck 186
Maccoa-Ente 186
Macronyx amelia 226
Macronyx croceus 226
Macronyx fuelleborni 226
Madoqua kirki 166
Magpie Shrike 232
Mahale Mountains (T) 130 f.
Mahale Mountains National Park (T) 130 f.
Maji moto ndogo (T) 61
Makingeny-Höhle (K) 83
Malachite Kingfisher 218
Malagarasi River (T) 127, 131
Malariamücke 254
Malindi (K) 7, 40, 40
Malindi Marine National Park (K) 40
Mantis spec. 252
Mara River (K) 70, 70
Marabou Stork 180

Marabu 180
Maralal National Sanctuary (K) 99
Maramagambo Forest (U) 142
Marigat (K) 81, 101
Marsabit National Park (K) 96
Marsabit National Reserve (K) 96
Marsh Terrapin 242
Martial Eagle 194
Masai Mara National Reserve (K) 25, 70 f.
Masaka (U) 145
Masked Weaver 238
Massaigiraffe 162
Mauersegler 68
Mbarara (U) 145
Mbeya (T) 123
Mbizi Mountains (T) 125
Mbozi Meteorite (T) 123
Mdonya (T) 122
Melierax canorus 198
Melierax metabates 198
Mellivora capensis 152
Merops bullockoides 220
Merops hinrundineus 220
Merops nubicoides 220
Merops nubicus 220
Merops pusillus 220
Mevesglanzstar 228
Mfangano Island (K) 80
Mgahinga Gorilla National Park (U) 143 f.
Micronisus gabar 198
Microparra capensis 206
Migratory Locust 252
Mikumi National Park (T) 106
Milvus migrans 192
Mirafra africana 226
Mittelreiher 178
Mkata River (T) 106
Mkwawa 122
Mlala Hills (T) 124
Mocking Chat 234
Mönchsgrasmücke 68
Mohrenralle 202
Mombasa (K) 29 ff., 31, 46
Momela Lakes (T) 58
Moschusböckchen 168
Moshi (T) 57
Mosquito 254
Mount Elgon National Park (K) 83, 83
Mount Gahinga (U) 144
Mount Kenya (K) 91 f., **92**
Mount Kenya National Park (K) 92
Mount Kilimanjaro (T) 51, 56 f., **57**
Mount Kilimanjaro National Park (T) 56 ff.
Mount Margherita (U) 139
Mount Meru Forest Reserve (T) 58
Mount Muhabura (U) 144
Mount Nkungwe (T) 131
Mount Sabyingo (U) 144
Mountain Bamboo 264
Mto wa Mbu (T) 60
Mtwapa Creek (K) 38
Mudanda Rock (K) 48
Mungos mungo 152
Murchison Falls National Park (U) 137 f.
Mwachema River (K) 35
Mwagusi (T) 122
Mwanza (T), 66, 76
Mycteria (Ibis) ibis 184
Mzima Springs (K) 50

Nachtreiher 180
Nackkehlfrankolin 200
Nairobi (K) 84 ff.
Nairobi National Park (K) 89
Naja nigricollis 244
Naja n. nigricinctus 244
Naja n. nigricollis 244
Naja n. woodi 244
Nashornkäfer 252
Necrosyrtes monachus 192
Nelion Point (K) 92
Neotis denhami 204
Neotragus moschatus 168
Nephron percnopterus 192
Nettapus auritus 186
Netzgiraffe 162
Neuntöter 232
Ngare Mara (K) 94
Ngorongoro Conservation Area (T) 62 f.
Ngorongoro Crater (T) 62 f., **63**
Ngozi Crater Lake 123
Ngulia-Spitze (K) 49
Ngurdoto Crater (T) 58
Ngurdoto Forest Reserve (T) 58
Nil 131, 137 f.
Nile Crocodile 246
Nile Monitor 246
Nilgans 186
Nilkrokodil 246
Nilwaran 246
Nimmersatt 184
North Pare Mountains (T) 53, **53**
Northern White-crowned Shrike 232
Numida meleagris 200
Nyamakuyu-Stromschnellen (T) 122
Nyandarua (K) 91
Nycticorax nycticorax 180
Nyika Plateau 17, 123
Nymphaea caerulea 256

Ochre Bush Squirrel 150
Ockerbuschhörnchen 150
Oenanthe pileata 236
Östliches Zwergichneumon 152
Östliches Weißbartgnu 170
Ohrengeier 190
Ol Doinyo Lesatima (K) 91
Ol Doinyo Lolokwe Sabachi (K) 94, **96**
Ol Tukai (K) 51
Olduvai (T) 63
Oloitokitok (K) 50, 53
Olokenya Swamp (K) 52
Oloololo Escarpment (K) 70
Open-billed Stork 184
Orange-bellied Parrot 214
Oreobambos buchwaldii 264
Oreotragus oreotragus 166
Oryx 172
Oryx gazella 172
Oryx g. beisa 172
Oryx g. callotis 172
Oryxweber 238
Ostafrikanischer Spießbock 172
Ostrich 174
Otocyon megalotis 152
Oxyura maccoa 186

Palisanderbaum 270
Pallied Harrier 198
Palmensegler 222
Palmtaube 214

283

Pangani (T) 113
Panthera leo 156
Panthera pardus 156
Pantherkröte 250
Pantherschildkröte 242
Papio cynocephalus 148
Papio c. anubis 148
Papio c. cynocephalus 148
Papyrus 262
Paradiesschnäpper 234
Paradiesvogelblume 256
Paradise Flycatcher 234
Passatwinde 26
Passer griseus 240
Passer motitensis rufocinctus 240
Paxerus ochraceus 150
Pearl-spotted Owl 216
Pelecanus onocrotalus 174
Pelomedusa subrufa 242
Pemba Channel (K) 36
Peregrine Falcon 198
Perlhalsamadine 240
Perlkauz 216
Pferdeantilope 172
Phacochoerus aethiopicus 160
Phalacrocorax carbo 176
Phoenicopterus minor 182
Phoenicopterus ruber 182
Phoenix dactylifera 264
Phoenix reclinata 264
Pied Crow 230
Pied Kingfisher 218
Pillendreher 254
Pin-tailed Whydah 240
Pirol 68
Platalea alba 182
Plectropterus gambensis 186
Plegadis falcinellus 182
Ploceus cucullatus 238
Ploceus intermedius 238
Podiceps nigricollis 174
Poicephalus meyeri 214
Poicephalus rufiventris 214
Polemaëtus bellicosus 194
Poroto Mountains 123
Porphyrio porphyrio 202
Pratincole 210
Praying Mantis 252
Prinia erythroptera 236
Prinia subflava 236
Procavia capensis 158
Proteles cristatus 154
Pterocles decoratus 212
Pterocles exustus 212
Pterocles gutturalis 212
Pterocles lichtensteinii 212
Pterucles quadricinctus 212
Puff Adder 244
Puffotter 244
Purple Gallinule 202
Purple Heron 178
Purple Roller 222
Purpurhuhn 202
Purpurreiher 178
Pycnonotus barbatus 230
Pyjama Lily 260
Pyjamalilie 260
Python sebae 242
Pyxicephalus adspersus 250

Queen Elizabeth National Park (U) 140 ff.

Rahmbrustprinie 236
Rallenreiher 180
Rallus caerulescens 202
Raphicerus campestris 166
Rappenantilope 172
Raubadler 194
Rauchschwalbe 68
Recurvirostra avosetta 210
Red and yellow Barbet 226
Red Bishop 238
Red Hot Poker 260
Red Hot Poker Tree 268
Red-backed Shrike 232
Red-billed Duck 188
Red-billed Hornbill 224
Red-cheeked Cordon-Bleu 240
Red-knobbed Coot 202
Red-necked Spurfowl 200
Red-rumped Swallow 226
Redunca redunca 168
Rennvogel 210
Rhinoceros Beetle 252
Riedbock 168
Riesenkreuzkraut 258
Riesenlobelie 256
Riesensperling 240
Riesentrappe 204
Rift Valley (K) 16, 100 f., 100
Roan Antelope 172
Roaring Rocks (K) 50
Rock Dassie 158
Rock Monitor 246
Rötelschwalbe 226
Rosapelikan 174
Rostsperling 240
Rotbauchdrosselschmätzer 234
Rotbauchpapagei 214
Rotbüffel 162
Rotbrustzwerggans 186
Rothschildgiraffe 162
Rotkehlpieper 68
Rotnackenlerche 226
Rotschnabelente 188
Rotschnabelmadenhacker 228
Rotschnabeltoko 224
Rotschopftrappe 204
Rotzügelmausvogel 218
Rough-scaled Plated Lizard 246
Ruaha National Park (T) 121 f., 121
Ruaha River (T) 122
Rubondo Island National Park (T) 76, 78
Rüppell's Griffon Vulture 190
Rüppell's Long-tailed Starling 228
Rüppellwürger 232
Rufiji River (T) 118, 120
Rufous Sparrow 240
Rufous-naped Lark 226
Ruhmeslilie 260
Rukwa Game Reserve (T) 124
Ruma National Park (K) 80
Rungwa River (T) 124
Rusinga Island (K) 80
Ruwenzori Mountains (U) 17, 139, 139
Ruwenzori Mountains National Park (U) 139
Rwonyo (U) 145

Sable Antelope 172
Sacred Ibis 182
Saddlebill Stork 184
Säbelschnäbler 210
Saggitarius serpentarius 190

Saiwa Swamp National Park (K) 83
Samburu National Reserve (K) 93 f.
Sarkidiornis melanotos 188
Sattelstroch 184
Saucage tree 270
Saxicola torquata 236
Scadoxus multiflorum 260
Scarabaeus sacer 254
Schabrackenschakal 150
Scharlachspint 220
Schelladler 194
Schildrabe 230
Schimpansen 130, 130
Schirmakazie 22, 266
Schirrantilope 164
Schlangenadler 196
Schlangenhalsvogel 176
Schmetterlingsastrild 240
Schmetterlingsfink 240
Schmuckflughuhn 212
Schmutzgeier 192
Schreiadler 68, 194
Schreiseeadler 196
Schuppenköpfchen 240
Schwalbennektarvogel 236
Schwalbenschwanzspint 220
Schwarzbauchtrappe 204
Schwarzbürzeltrappe 204
Schwarzbrustschlangenadler 196
Schwarze Mamba 244
Schwarze Speikobra 244
Schwarzfersenantilope 170
Schwarzflügelkiebitz 208
Schwarzhalsreiher 176
Schwarzhalstaucher 174
Schwarzkehlchen 236
Schwarzmilan 192
Schweifglanzstar 228
Scopus umbretta 180
Secretary Bird 190
Seerose 256
Seidenaffe 148
Seidenreiher 178
Sekretär 190
Selous Game Reserve (T) 118 ff., 118
Semiliki (U) 138
Senecio spec. 258
Senegal-Kassina 250
Senegalkiebitz 206
Senegaltrappe 204
Senna didymobotrya 268
Serengeti National Park (T) 64 ff., 65
Serval 154
Serval Cat 154
Shaba National Reserve (K) 93, 95
Shanzu Beach (K) 38
Shelley-Glanzstar 228
Shelly Beach (K) 34
Shetani (K) 50
Shimba Hills National Reserve (K) 33
Sibloi National Park (K) 96 f.
Side-striped Jackal 150
Siedleragame 248
Silberreiher 178
Silberschnäbelchen 240
Silberschnäpper 234
Silberwangenhornvogel 224
Silverbird 234
Silvery-cheeked Hornbill 224
Sitatunga 164
Snake Lily 260
Sonnenprinie 236

South Kitui National Reserve (K) 48
Spatelracke 222
Speckled Mousebird 218
Speckle-fronted Weaver 240
Speke, John Hanning 8
Sperbergeier 190
Spießbock 172
Spitzmaulnashorn 63, 160
Sporengans 186
Spornkiebitz 206
Sporopipes frontalis 240
Spotted Hyena 154
Spurwing Plover 206
Spur-winged Goose 186
Squacco Heron 180
Stanley, Henry Morton 9, 113
Stanleytrappe 204
Starrbrustpelomeduse 242
Starweber 238
Steenbuck 166
Steinböckchen 166
Steinschmätzer 68
Stelzenläufer 210
Steppenadler 68, 194
Steppenpavian 148
Steppenschliefer 158
Steppenwaran 246
Steppenweihe 198
Steppenzebra 158
Stonechat 236
Strahlnektarvogel 236
Strauß 174
Streifenliest 218
Streifenschakal 150
Strelitzia reginae 256
Strelitzie 256
Streptopelia capicola 214
Streptopelia decipiens 214
Streptopelia semitorquata 214
Streptopelia senegalensis 214
Strichelracke 222
Striped Kingfisher 218
Struthio camelus 174
Sudanhornrabe 224
Sudan-Schildechse 246
Sudek Peak (K) 83
Südliche Zwergichneumon 152
Sugota Valley (K) 99
Sumbawanga (T) 124, **125**
Sumpfantilope 164
Suni 168
Superb Starling 228
Swahili 6 ff., 37, 42
Swainsonfrankolin 200
Swallow-tailed Bee-eater 220
Sycamore Fig 266
Sykomore 266
Sylvicapra grimmia 166
Syncerus c. nanus 162
Syncerus caffer 162

Tabaka (K) 81
Tachybaptus ruficollis 174
Taita Hills Game Sanctuary (K) 50
Talek River (K) 70
Tanga (T) 113
Tarangire National Park (T) 59 f., **59**
Tarangire River (T) 59
Tawny Eagle 194
Tawny-flanked Prinia 236
Temminck's Courser 210
Temminckrennvogel 210

Textor 238
Thamnolaea cinnamomeiventris 234
Theratopius ecaudatus 196
Therpsiphone viridis 234
Thomson's Gazelle 170
Thomsongazelle 170
Three-banded Plover 208
Threskiornis aethiopicus 182
Tiang 172
Tiputip 214
Tiwi (K) 34 f.
Tockus erythrorhynchus 224
Tockus flavirostris 224
Tockus nasutus 224
Tongoni (T) 113
Topi 172
Torgos tracheliotus 190
Trachyphonus erythrocephalus 226
Tragelaphus euryceros 164
Tragelaphus imperbis 164
Tragelaphus oryx 164
Tragelaphus scriptus 164
Tragelaphus spekii 164
Tragelaphus strepsiceros 164
Trauerdrongo 230
Trauerkiebitz 208
Tree Agama 248
Tree Rhacophorid 250
Tree Senicio 258
Treron australis 214
Trigonoceps occipitalis 190
Tropical House Gecko 248
Tsavo East National Park (K) 47 ff.
Tsavo West National Park (K) 47, 49 ff., **49**
Tsetse Fly 254
Tsetsefliege 254
Tüpfelhyäne 154
Tugen Hills (K) 81
Tukuyu (T) 123
Tunduma (T) 124
Turk's Cap 260
Two-banded Courser 210

Ugalla River Game Reserve (T) 125
Ugandagiraffe 162
Uganda-Grasantilope 168
Uganda-Kob 168
Ujiji (T) **9**, 126
Ukerewe Island (T) 77
Ukunda (K) 35
Uluguru Mountains (T) 120
Umbrella Thorn 266
Unabhängigkeit 11 ff.
Uraeginthus angolensis 240
Uraeginthus bengalus 240

Vanellus armatus 206
Vanellus coronatus 206
Vanellus crassirostris 208
Vanellus lugubris 208
Vanellus melanopterus 208
Vanellus senegallus 206
Vanellus spinosus 206
Varanus exanthematicus 246
Varanus niloticus 246
Vasco da Gama 7 f., **7**, 40
Verreaux's Eagle 194
Vervet Monkey 148
Vidua macroura 240
Virunga Conservation Area (U) 144
Vulturine Guinea-Fowl 200

Waffenkiebitz 206
Wagagai (K) 83
Waldbüffel 162
Waldschliefer 158
Wandelblume 258
Wanderfalke 198
Wanderheuschrecke 252
Wart Hog 160
Warzenschwein 160
Wasini Island (K) 36
Wasserbock 168
Watamu Beach (K) 15
Watamu Marine National Park (K) 39 f.
Water Lily 256
Waterbuck 168
Wattled Plover 206
Weißbauchlärmvogel 216
Weißbrauenrötel 234
Weißbrustkormoran 176
Weißbürzel-Singhabicht 198
Weißflankenbuntschnäpper 230
Weißgesichtmausvogel 218
Weißrückengeier 190
Weißscheitelwürger 232
Weißstirnspint 220
Weißstorch 68
Wellenastrild 240
Wellenflughuhn 212
Wermutregenpfeifer 68
Whistling Thorn 266
White Pelican 174
White Rhinoceros 160
White-backed Vulture 190
White-bellied Bustard 204
White-bellied Go-away-bird 216
White-breasted Cormorant 176
White-browed Coucal 214
White-browed Robin Chat 234
White-fronted Bee-eater 220
White-headed Buffalo Weaver 238
White-headed Vulture 190
Wiesenweihe 68, 198
Wild Date Palm 264
Wild Dog 152
Wildebeest 170
Winam Gulf (K) 79
Wollhalsstorch 184
Wollkopfgeier 190
Woolly-necked Stork 184
World's End (K) 82
Wüstenluchs 156
Wüstenrose 270

Xenopus laevis 250

Yellow-billed Duck 188
Yellow-billed Heron 178
Yellow-billed Hornbill 224
Yellow-billed Oxpecker 228
Yellow-billed Stork 184
Yellow-necked Spurfowl 200
Yellow-throated Longclaw 226
Yellow-throated Sandgrouse 212

Zanzibar (T) 107 ff.
Zebramanguste 152
Zwergblatthühnchen 206
Zwergfischer 218
Zwergflamingo 182
Zwergichneumon 152
Zwergspint 220
Zwergtaucher 174

Bildnachweis

AKG 9, 10, Anders/Juniors 243/2, Angermayer 245/1, 253/2, Arndt 253/3a, 257/2, Balfour/NHPA 165/2b, Baumann 17, Beck 259/2, Brehm 183/1, 203/3, 227/1, 239/2, Brehm/Silvestris 209/4, 241/4, Breuning 157/1, Brown/FLPA 253/3b, Carlyon/Aquila 187/4a, 187/4b, 217/4, Clark/FLPA 199/2b, Cramm 243/4, Dalton/Silvestris 199/3, Dennis 253/1, Dennis/NHPA 237/4, Dennis/Silvestris 155/2, 193/1a, 249/3, Dossenbach 22, 49, 251/3, 255/4, Eriksen/Aquila 231/1, Fischer/Silvestris 181/1, Fleck 1, 132 u. 133, FLPA/Silvestris 189/1, 235/4, Fogden/Oxford Scientific Films 231/4, Franklin/Oxford Scientific Films 251/4, Fredriksson/Bruce Coleman 165/1b, Frey 72 u. 73, 77, 92, 113, 115, 125, 127, Friedhuber 25, 99, Gartung 7, 70, Gore/FLPA 235/2, 235/3, Hamblin/FLPA 241/3, Hamblin/Oxford Scientific Films 239/1, Heckel-Merz, 269/1a, 269/1b, Hecker/Silvestris 217/3, 221/3, Hellier/A-Z Botanical Collection 259/4a, 259/4b, Heuclin/NHPA 249/5, Hill/Oxford Scientific Films 215/1, Hofmann 179/2, 231/3, Hosking/FLPA 195/3, 217/2, 223/4, Hosking/Silvestris 169/4, 187/2, 207/2, Hubacher/Silvestris 193/3b, Kapp/Silvestris 255/2, Karmali/FLPA 241/2, Kehrer/Silvestris 167/1, König 247/1, 251/1, 251/2, Kostrzewa 4 u. 5, 59, 65, Kremnitz 263/2, Lacz/Silvestris 149/1, Lane/Silvestris 151/1, 175/2, Martin/Look 2 u. 3, 102 u. 103, Mattison/FLPA 245/3, 247/2, Miller/FLPA 237/1, Osolinski/FLPA 227/3, Perry/FLPA 155/4, Pölking 155/5, 239/4, 261/4, Pölking/Angermayer 151/2, Pölking/FLPA 263/1, Pölking/Silvestris 219/2, 261/2, Pott 161/4, 241/1, 255/1, 257/1, 267/4, Puchinger 135, 139, Rebmann 215/4, 239/5, Reinhard, H. 245/4, 249/4, 259/3, 269/2a, Reinhard, N. 269/3, Rohdich/Silvestris 251/5, Schmidt/Angermayer 211/2, Schönfelder 271/4, Shaw/NHPA 165/2a, Smith/FLPA 223/3, Sohns 165/5, 167/4, 215/5, 243/3, Sohns/Silvestris 155/1, Staebler 44 u. 45, 54 u. 55, 67, 74, 90, 101, 146 u. 147, 269/2b, Synatzschke 253/4, Tidman/FLPA 227/5, Trummer 15, 86, van Nostrand/FLPA 169/1, Volmer/Natur im Bild 233/4, Waterkamp 14, 16, 19, 20, 21, 28 u. 29, 31, 32, 33, 35, 37, 39, 40, 42, 43, 51, 53, 57, 61 beide, 63, 64, 79, 80, 83, 84 u 85, 88, 89, 93, 94, 96, 98, 106, 107, 109, 111 beide, 116 u. 117, 118, 121, 138, 141, 142, 143, 145, Wharton/FLPA 213/1, Wilkes/Aquila 199/2a, 219/3, 235/1, Willner 261/1, Wilmshurst/Silvestris 189/2b, 189/4, Wirz 130, Wisniewski 149/2, 149/3, 149/4, 151/3, 151/4, 151/5, 153/1, 153/2, 153/4, 153/5, 155/3, 157/2a, 157/2b, 157/3, 157/4, 159/1, 159/2, 159/3, 159/4, 161/1, 161/2, 161/3, 163/1a, 163/1b, 163/1c, 163/2, 165/1a, 165/3, 165/4, 167/2, 167/3, 169/3a, 169/3b, 171/1, 171/2, 171/3, 171/4, 171/5, 173/1, 173/2, 173/3, 173/4, 173/5, 175/1a, 175/1b, 175/3, 177/1, 177/2, 177/3, 177/4, 179/1, 179/3, 179/4, 179/5, 181/2, 181/3, 181/4, 181/5, 183/2, 183/3, 183/4, 183/5, 185/1, 185/2, 185/3, 185/4, 187/1, 187/3, 189/2a, 191/1, 191/2, 191/3, 191/4, 191/5, 193/1b, 193/2, 193/3a, 193/4, 195/1, 195/2, 197/1, 197/2, 197/3, 199/1, 199/4, 201/1, 201/2, 201/3, 201/4, 201/5, 203/1, 203/2, 203/3, 205/1, 205/2, 205/3, 205/4, 207/1, 207/3, 207/4, 207/5, 209/1, 209/2, 209/3, 211/1, 211/3, 211/4, 211/5, 213/2, 213/3, 213/4, 215/2, 215/3, 217/1, 219/1, 219/4, 221/1, 221/2, 221/4, 223/1, 223/2, 225/1, 225/2, 225/3, 225/4, 227/2, 227/4, 229/1, 229/3, 229/4, 231/2, 233/1, 233/2, 233/3, 237/1, 237/2, 239/3, 243/1, 247/3, 247/4, 247/5, 249/1, 249/2, 257/3, 257/4, 259/1, 261/3, 263/3, 265/1, 265/2, 265/4, 267/1a, 267/1b, 267/2, 267/3, 269/4, 271/1, 271/2, 271/3, 271/5, Withers/FLPA 153/3, 169/2, 225/5, 245/2, Woods/FLPA 189/3, Wothe/Look 149/5, Wothe/Silvestris 229/2, 255/3.

Mit zwei Farbtafeln von Gerhard Kohnle und einer Zeichnung (S. 272 ff.) von Marianne Golte-Bechtle.

369 Farbfotos, 41 Farbzeichnungen und 23 Karten

Umschlagsgestaltung von Atelier Reichert, Stuttgart, und Friedhelm Steinen-Broo, eSTUDIO CALAMAR, unter Verwendung von sieben Aufnahmen von Fleck: Queen Elizabeth National Park, Uganda (Klappe), Frey: Frauen mit Kopflast, Chinula (kl. Bild ro), Kostrzewa: Serengeti National Park, Tanzania (Umschlagrückseite oben), Meyers/Silvestris: Afrikanische Elefanten vor dem Kilimanjaro (Titelbild), Waterkamp: Murchison Falls, Uganda (kl. Bild ru), Wisniewski: Feuerballilie (Umschlagrückseite unten), Löwin mit Jungen im Masai Mara Game Reserve, Kenia (kl. Bild oben).

Legenden zu den doppelseitigen Abbildungen:
S. 4/5 Ngorongoro Crater, Tanzania
S. 28/29 Dhaus
S. 44/45 Elefanten vor dem Kilimanjaro
S. 54/55 Masai Mara, Kenia
S. 72/73 Kisorya am Lake Victoria
S. 84/85 Vulkanlandschaft bei Isiolo, Kenia
S. 102/103 Zanzibar, Tanzania
S. 116/117 Ruaha National Park, Tanzania
S. 132/133 Kraterhochland im Queen Elizabeth National Park, Uganda
S. 146/147 Elefanten in der Masai Mara, Kenia

Die Deutsche Bibliothek – CIP-Einheitsaufnahme

Ostafrika : Kenia, Tanzania, Uganda ; Tiere und Pflanzen entdecken ; [Reiseführer & Bestimmungsbuch] / Rainer Waterkamp ; Winfried Wisniewski. [In Zusammenarbeit mit Natur-Studienreisen]. – Stuttgart : Kosmos, 1999
  (Kosmos-NaturReiseführer)
  ISBN 3-440-07837-X

KOSMOS Bücher · Videos · Cds · Kalender · Experimentierkästen · Spiele · Seminare
Natur · Natur Reiseführer · Garten und Zimmerpflanzen · Heimtiere · Astronomie · Pferde & Reiten · Kinder- und Jugendbuch · Eisenbahn/Nutzfahrzeuge
Informationen senden wir Ihnen gerne zu:
KOSMOS Verlag · Postfach 10 60 11 · 70049 Stuttgart · Telefon 07 11-21 91-0 · Fax 07 11-21 91-4 22

© 1999, Franckh-Kosmos Verlags-GmbH & Co., Stuttgart
Alle Rechte vorbehalten
ISBN 3-440-07837-X
Grundlayout: Atelier Reichert, Stuttgart
                Friedhelm Steinen-Broo, eSTUDIO CALAMAR
Seitenlayout: Guido Schlaich, München
Kartographie: Jochen Fischer, Fürstenfeldbruck
Lektorat: Angelika Holdau, Stefanie Tommes
Textredaktion Bestimmungsteil: Dr. Christa Söhl
Herstellung: Lilo Pabel
Printed in Germany / Imprimé en Allemagne
Satz: Typomedia Satztechnik GmbH, Ostfildern
Druck und Buchbinder: Westermann Druck Zwickau GmbH, Zwickau

Verwendete Abkürzungen und Symbole:
G	Gewicht
H	Höhe
KR	Kopf-Rumpf-Länge
L	Länge
K	Kenia
T	Tanzania
U	Uganda

Die Zeichnungen auf den Farbtafeln entsprechen nicht den exakten Größenverhältnissen, wie sie in der Natur vorzufinden sind.

KOSMOS
SERVICE

Postfach 10 60 11, 70049 Stuttgart, Tel. 0711/21 91 342, Fax 0711/21 91 350

Zubehör rund um Natur, Botanik und Mikroskopie

www.kosmos.de

KOSMOS Naturreiseführer
Mit großem Bestimmungsteil

Australien
ISBN 3-440-07666-0

Südliches Afrika
ISBN 3-440-07665-2

Ostafrika
ISBN 3-440-07837-X

USA West
ISBN 3-440-07669-5

Westkanada/Alaska
ISBN 3-440-07671-7

Spanien/Balearen
ISBN 3-440-07836-1

Bücher • Videos • CDs • Kalender